Alfred Tack
Der Supermanager

Alfred Tack

Der Supermanager

McGraw-Hill Book Company GmbH
Hamburg · New York · St. Louis · San Francisco · Auckland · Bogotá · Guatemala · Lissabon · London · Madrid · Mailand · Mexiko · Montreal · New Delhi · Panama · Paris · San Juan · São Paulo · Singapur · Tokio · Toronto

Titel der Originalausgabe:
The High Quality Manager

Aus dem Englischen übersetzt von Jürgen Scheler

CIP-Kurztitelaufnahme der Deutschen Bibliothek

Tack, Alfred:

Der Supermanager / Alfred Tack. [Aus d. Engl. übers. von Jürgen Scheler]. – Hamburg; New York [u. a.]: McGraw-Hill, 1987
Einheitssacht.: The high quality manager ‹dt.›
ISBN 3-89028-083-8

Umschlag: Grafik Design Studio, Hamburg
Gesamtherstellung: Druckerei Clausen & Bosse, Leck

Printed in Germany
ISBN 3-89028-083-8

Inhalt

1 Die Vorstandssitzung

„Wir brauchen ein Wunder“, sagte Donald Linklater, aber ein Wunder vorauszusagen ist sogar Bankiers versagt. Das Druck-Unternehmen Linklater wurde 1882 gegründet von Samuel Linklater. Seit dieser Zeit war ein Familienmitglied im Vorstand.

1976 unterlag der alternde Vorstandsvorsitzende Donald Linklater dem Einfluß seines 30jährigen Enkels Lionel, und es wurden Bürohilfsmittel in das Produktprogramm aufgenommen. Lionel suchte nach neuen Marktlücken, und er war sich sicher, in Henrik Lundt – einem schwedischen Ingenieur – den erfolgreichen Manager gefunden zu haben. Lundt hatte Patente für revolutionäre Verbesserungen von Bürokopierern.

Der Lundt-Kopierer vereinigte in sich die besten Eigenschaften der Mitbewerbsprodukte und zusätzlich eine computergesteuerte Fernbedienungseinheit. Mit Hilfe dieser Fernbedienungseinheit konnten Dokumente, Zeichnungen, Fotografien usw. in Geräte eingelegt werden, die an strategisch wichtigen Stellen in einem Gebäude aufgestellt waren. Die Fernbedienungseinheit konnte programmiert werden, so daß der Kopierer das benötigte Papier auswählte, die korrekte Anzahl der Kopien erstellte, um sie dann zu ordnen und zu lagern. Auch wenn eine Reihe von Befehlen an zwei oder drei Fernbedienungseinheiten gleichzeitig eingegeben wurde, konnte der Zentralkopierer so gesteuert werden, daß er die Befehle nach Dringlichkeit ausführte. Die Kopien wurden ebenfalls mit unvergleichbarer Geschwindigkeit, Klarheit und Vollendung hergestellt, zusätzlich in Farbe – und all dies in einem vergleichsweise kleinen Gerät.

Lionel hatte dem Vorstand die Zukunft der neuen Kopierergeneration in rosigen Farben geschildert und gleichzeitig die Probleme der Druckindustrie besonders stark betont. Endlich hatte er die Direktoren in seinem Schlepptau, um sie – die noch der Vergangenheit nachhingen – in eine große, neue Zukunft von Kopierern und Computern zu führen.

Die Investition war groß, aber die konservative Unternehmenspolitik war die Ursache, daß erhebliche Bargeldreserven in der Vergangenheit aufgebaut wurden. Eine Fabrik wurde in einem Randgebiet von Southampton erworben, vergrößert, modernisiert und mit den neuesten automatischen Maschinen ausgerüstet.

Damals hatten die Erfahrungen Lundts aus der Kopiererindustrie einen unschätzbaren Wert, und zwei Jahre später wurden die Kopierer in den Markt eingeführt, unterstützt durch große Werbekampagnen. Die Ergebnisse rechtfertigten die kühnsten Erwartungen. Die Verkäufe waren grandios. Lionel wurde beglückwünscht, und es wurde immer wieder darauf hingewiesen, was für ein Glück es für das Linklater-Unternehmen bedeutete, einen solchen brillanten, jungen Industriemanager zu haben. Aber viele Hindernisse mußten noch überwunden werden. Drei Jahre später waren die liquiden Mittel von Linklater aufgezehrt, die Produktions- und Investitionsplanung stellte sich als hoffnungslos falsch heraus. Finanzielle Beteiligungen mußten mit Banken ausgehandelt werden, die nur allzu bereit waren, Linklater zu unterstützen.

Dann ergaben sich ernsthafte Probleme mit den Kopierern. Fast wöchentlich fielen Kopierer aus, meistens verursacht durch den Computer. Lundt arbeitete hart und fand eine Lösung nach der anderen, aber sie konnten nur zeitweilig Abhilfe schaffen. Die Kundendienstabteilung konnte mit der Zahl der Reklamationsanrufe nicht mithalten. Der Vorstand stand vor einer kritischen Entscheidung: die Produktion einzustellen, bis die Probleme gelöst waren, die Verschuldung zu erhöhen oder aber Bargeld zu beschaffen durch den Verkauf der 100 Jahre alten Druckerei.

Die endgültige Entscheidung war, zu verkaufen. Die Druckerei wurde schnell verkauft, aber es folgte ein Rückschlag nach dem anderen. Ein Jahr später ergab sich erneut die Notwendigkeit, mit den Banken zu verhandeln. Weitere Monate vergingen, und auch die massive Unterstützung der Banken war nicht ausreichend, um dem in Schwierigkeiten geratenen Unternehmen zu helfen.

Jeder, einschließlich scharfsinniger Bankiers, glaubte, daß der Erfolg sich bald einstellen werde. Neue Maschinen, eine vergrößerte Forschungs- und Entwicklungsabteilung sowie eine Fabrikerweiterung, die es erlaubte, angekaufte Teile selbst zu fertigen, würden das Liquiditätsproblem rechtzeitig lösen. Dies trat nicht ein! Schließlich wandte sich Linklater an die Bank Scott & Ballinger.

Nach einer Untersuchung und in Kooperation mit den Linklater-Bankiers wurde ein Konsortium gegründet, um die notwendigen finanziellen Mittel für die Übergangszeit zu beschaffen. Scott & Ballinger bestanden darauf, daß ihr eigener Kandidat, Richard Hemmings, zum Finanzdirektor ernannt werden sollte.

Nach 18 Monaten weiterer Verluste, trotz Kostensenkungsmaßnahmen, erklärte Hemmings dem Vorstand, daß das Unternehmen auf einen Konkurs zusteuere. Die Banken würden keine Unterstützung mehr geben, und die einzige Chance für Linklater, zu überleben und Arbeitsplätze zu erhalten, läge darin, einen Käufer für das Unternehmen zu finden. Die Alternative sei nur – Liquidation. Hemmings hatte mit Hilfe seiner Bankfreunde einen solchen Käufer gefunden.

Um Hemmings Gelegenheit zu geben, über Details zu informieren, wurde eine Sitzung im Vorstandszimmer einberufen. Am Chippendale-Mahagoni-Tisch saß der Vorstandsvorsitzende, der 80jährige Donald Linklater, mit rosigem Gesicht, grauen Haaren und von schmächtiger Statur. Vor fast 60 Jahren war er ein ergebener Offizier in der schottischen Garde, und er folgte dem Ruf seiner Familie, nach dem Tod seines Vaters in das Unternehmen zurückzukehren. Er verzichtete auf sein Offizierspatent und trat in das Linklater-Unternehmen ein. Zu seiner Rechten saß der Produktionsdirektor Harold Denton. Seinen Titel als Direktor erhielt er für die langjährigen, treuen Dienste und wegen seiner Loyalität.

Im Druckereibereich war er in seinem Element. Aber er schaffte es nie, den Anforderungen des Bürogerätebereiches gerecht zu werden. Daneben saß der Exportdirektor, John Ogilvie, ein Cousin Lionel Linklaters.

Auf der linken Seite von Donald Linklater saß der Finanzdirektor Richard Hemmings, bleich und mit zusammengepreßten Lippen. Er wußte, daß er die Funktion des Prellbocks zu übernehmen hatte. Neben Hemmings saß Jonathan Burley, der Planungsdirektor. Jonathan war der Schwiegersohn von Donald Linklater, ein qualifizierter Rechtsanwalt, der seine Rechtsanwaltslaufbahn aufgegeben hatte, um in das Familienunternehmen einzutreten. Ihm gegenüber saß Henrik Lundt, der Direktor für Forschung und Entwicklung, und am Ende des Tisches, gegenüber Donald, saß Lionel Linklater.

Der Vorsitzende eröffnete die Sitzung mit den Worten: „Dies ist ein trauriger Tag in der Geschichte unseres Unternehmens. Aufgrund der Situation, in der wir uns befinden, müssen sich meine Vorfahren vor Gram in ihren Gräbern umdrehen. Wir dürfen allerdings nicht nach einem Schuldigen suchen. Es war eine einstimmige Entscheidung, aus dem Druckereibereich in den Bürogeräte- und Computerbereich zu wechseln. Möglicherweise war der Enthusiasmus von Lionel so ansteckend, daß wir dazu neigten, zukünftige Probleme zu übersehen. Henrik, so erfahren er auch war, konnte die Probleme nicht vorhersehen, welche entstehen würden und welche wir bis heute nicht lösen konnten. Ohne die Rezession hätten wir vielleicht überleben können. Nun, das ist unmöglich, es sei denn, eine gute Fee versorgt uns mit Bargeld – aber es gibt keine guten Feen in der Bankenwelt, die bereit sind, uns Geld zu leihen ohne Sicherheiten.

Es scheint unsere einzige Chance zu sein, einer Unternehmensübernahme zu einem vernünftigen Preis zuzustimmen, damit wir unseren Angestellten Arbeitslosigkeit ersparen. In der Tat, es ist sehr traurig, aber wir müssen uns den Fakten stellen. Ich erbitte Ihre Kommentare."

Lundt, der blondhaarige Schwede, dessen bleiches Gesicht seine Streß-Situation widerspiegelte, sagte: „Ich trage die Schuld. Ich hätte auf härteren Tests bestehen müssen, aber ich bin mir sicher, daß wir nun alle Probleme gelöst haben. Können wir nicht neue Banken in Europa oder in den USA finden, die bereit sind, uns zu unterstützen?"

„Henrik", antwortete Donald Linklater, „wir haben so viele Banken aufgesucht, sowohl hier als auch in Übersee. Es gibt zur Zeit niemanden, der uns Geld leiht. Denke daran, Henrik, ich bin in einem Alter, um in der Lage zu sein, von meinem Vermögen zu leben, und ich finde, daß der wertvollste Vermögensteil nun fast wertlos ist. Gott sei Dank habe ich andere Sicherheiten, um mich durchzuschlagen – deshalb verschwende keine Tränen für mich!"

„Es tut mir leid", entschuldigte sich Lundt.

„Darf ich etwas sagen?" fragte Lionel Linklater.

Donald zuckte mit seinen Schultern und murmelte: „Wir sind hier, damit jeder Direktor seine Ansichten vortragen kann."

„Gut", sagte Lionel, „dann beschuldige ich Richard Hemmings, gegen die Interessen unseres Unternehmens gearbeitet zu haben. Er wurde uns, das ist wahr, von Scott & Ballinger aufgezwungen, aber wir alle haben ihn akzeptiert und geglaubt, daß er in bestem Interesse unseres Unternehmens agieren würde. Es war seine Aufgabe, unsere finanzielle Lage in Ordnung zu bringen. Statt dessen begann er sehr schnell mit Bob Brennan zu verhandeln, der bereit ist, Linklater zu einem lächerlichen Preis zu kaufen. Ich habe den Vorstand überredet, aus der Druckereibranche auszusteigen, um in eine Wachstumsbranche einzutreten. Wir haben die Entscheidung getroffen, in den Bürogerätemarkt hineinzugehen, und diese Entscheidung, glaube ich, war damals richtig, und ich glaube, sie ist immer noch richtig. Niemand von uns erkannte allerdings, welche Kapitalmenge benötigt werden würde, um die Geburtswehen zu überstehen."

Hemmings saß in seinem Stuhl, vollkommen entspannt. Er hatte sich oft ähnliche Feststellungen in der Vergangenheit anhören müssen, und zwar immer von Führungskräften, die niemals zugeben würden, einen Fehler gemacht zu haben. Es waren immer „unglückliche Ereignisse, die eingetreten sind" oder „die Rezession" oder „der Wettbewerb" oder eine „militante Arbeiterbewegung" – niemals aber das schlechte Beurteilungsvermögen der Manager. Lionel war keine Ausnahme.

Hemmings hörte weiter zu, denn er wußte, daß Donald Linklater sich bereits seine Meinung über die Zukunft des Unternehmens gebildet hatte.

Lionel fuhr fort: „Ich glaube, daß Scott & Ballinger bereits von Anfang an planten, uns zu übernehmen. Sie bestanden darauf, daß Richard Hemmings engagiert wurde, und nun kommt Bob Brennan, der ebenfalls von den Bankiers gefördert wird. Wer, langfristig gesehen, wird davon profitieren? Wer? Die Bankiers natürlich! Wenn dieser Brennan glaubt, daß wir erfolgreich sein können, dann brauchen wir ihn sicherlich nicht; was wir brauchen, ist eine Bank, die uns vertraut. Wir sollten weiterkämpfen. Ich wiederhole, wir sollten weiterkämpfen!“

Lionel, schmächtig, blond, mit einem schmalen Schnurrbart, imitierte gut den finsteren Blick der Herausforderung eines Churchill.

Donald Linklater sagte ruhig: „Ich verstehe deine Gefühle, Lionel, vergiß aber nicht, als Richard uns darauf hinwies, daß unsere finanzielle Situation sich rapide verschlechtert, baten wir ihn, zuerst zu versuchen, jemand anderes als Bankiers zu finden, der uns aus der Situation herausboxt. Erst nachdem er den gesamten Markt hier und in Übersee vergeblich abgesucht hatte, schlug schließlich die Bank Brennan vor. Ich kann Brennans Gedanken nicht lesen – ich kann mir nicht vorstellen, was er beabsichtigt, um Linklater wieder erfolgreich zu machen, aber er hat eine sehr erfolgreiche Vergangenheit, und er hat ein beträchtliches Vermögen angehäuft. Möglicherweise macht er Einschränkungen und reduziert Überflüssiges, wo wir aus Loyalitätsgründen vermieden haben, solche Möglichkeiten auszuschöpfen, und er könnte fähig sein, Probleme zu lösen, die wir nicht lösen konnten. Ich stimme zu, daß seine Forderungen monströs sind, aber, um einen Armeeausdruck zu gebrauchen, es gibt keinen Grund für ihn, die Gefühle oder Wünsche der Feinde zu berücksichtigen, nachdem sie sich ergeben haben. Ich bewundere deinen Standpunkt, Lionel. Deine Absichten sind ehrenvoll, aber die Alternative zur Kapitulation ist der Bankrott. Nun, gibt es noch andere Kommentare?“

Er schaute den Produktionsdirektor an, der sagte: „Ich gehöre nicht zur Familie, aber ich habe mein ganzes Leben in diesem Unternehmen gearbeitet. Was wird meine Position sein?“

Harold Denton, 63 Jahre, machte sich keine Gedanken mehr über die Zukunft des Unternehmens. Er war nur besorgt über seine eigene Zukunft. Würde er weiter beschäftigt werden? Ziemlich zweifelhaft!

Richard Hemmings antwortete: „Alle Pensionsansprüche werden berücksichtigt werden."

„Natürlich", sagte Denton, „aber wie sieht es mit einer finanziellen Abfindung beim Ausscheiden aus?"

„Wie ich dir bereits gesagt habe, wird es keinen finanziellen Ausgleich geben!"

Denton explodierte: „Aber das ist unfair! Ich habe neulich in einer Zeitung gelesen, daß der Vorsitzende eines Unternehmens, das erhebliche Verluste gemacht hat, trotzdem eine sehr gute Abfindung bekam, als er entlassen wurde. Natürlich war er klug genug gewesen, eine solche Vereinbarung auszuhandeln, solange er noch beschäftigt war. Wir sollten ähnliche Vereinbarungen treffen."

Donald Linklater antwortete ihm: „Brennan hat seine Position klar ausgedrückt, und es würde nichts nutzen, ob wir solche Vereinbarungen haben oder nicht. Er glaubt, wenn ein Unternehmen Mißerfolge hat, daß es ein Fehler des Managements ist, und die Führungskräfte sollen nicht von ihrer Ineffizienz, von ihrer Unfähigkeit profitieren. Aber", seine Stimme wurde weicher, „Bob Brennan hat mir versichert, daß er für unsere Arbeiter sein Bestes tun wird, allerdings wird es einige Entlassungen geben."

„Es ist schändlich!" schrie Lionel Linklater. „Wir haben uns für das Unternehmen abgerackert und bekommen nichts!"

Richard Hemmings beobachtete nachdenklich die Szene. Donald Linklater zeigte so viel Verständnis, während Lionel, von seinen eigenen Emotionen beherrscht, keinerlei Gemeinsinn zeigte, obwohl er verantwortlich war für die meisten, wenn nicht für alle Probleme, die entstanden waren.

Da er deshalb emotional befangen war, hatte Lionel offensichtlich den Vorstand immer wieder in die Irre geführt, und der

Vorstandsvorsitzende war vielleicht zu alt, um sich den Forderungen seines Neffen zu widersetzen, was er sicherlich getan hätte, wenn er jünger gewesen wäre. Lionel war dabei abzutreten, und er versuchte zu diesem Zeitpunkt nur noch, seinen Onkel zu beeindrucken.

Es fanden weitere Besprechungen statt, an denen sich jeder beteiligte, mit Ausnahme des Finanzdirektors. Nach einer Weile sagte Donald ruhig: „Ich glaube, wir haben genug geredet. Wir können einen Bankrott nicht riskieren, weil er den Namen Linklater beflecken würde. Meine Frau und ich sowie unsere beiden Töchter haben die Mehrheit der Aktien ..."

Bevor er fortfahren konnte, unterbrach ihn Lionel. „Onkel", sagte er, „du darfst dich nicht erpressen lassen!"

Donald unterbrach ihn seinerseits: „Benutze nicht solche häßlichen Worte mir gegenüber, Lionel, es gibt keine Erpressung." Dann wandte er sich an seinen Finanzdirektor und fügte hinzu: „Richard, gibt es in diesem letzten Stadium noch eine Alternative?"

„Nein", antwortete Hemmings mit Nachdruck. „Wenn wir so weitermachen, könnten wir alle einen betrügerischen Bankrott begehen. Bald haben wir nicht mehr genug in der Kasse, um die Löhne und unsere Gläubiger zu bezahlen."

„Sehr gut", sagte Donald Linklater und lehnte sich in seinem Stuhl zurück. „Wir als Familie werden alle unsere Anteile an Brennan verkaufen, und ich werde ebenfalls allen anderen Anteilseignern empfehlen, das gleiche zu tun. Nun laßt uns sofort Schritte unternehmen, um diese Entscheidung einzuleiten ..."

2 Bob Brennan steigt ein

Die palastartigen Büros der Bankiers Scott & Ballinger spiegelten ihren Standard und den Reichtum in den Augen der Stadt wider.

Das Bankhaus wurde gegründet nach den napoleonischen Kriegen durch einen Emigranten aus Österreich. In den zwanziger Jahren arbeitete die Bank zunächst mit Scott & Ballinger zusammen und wurde schließlich ganz übernommen. Es war eine Gruppe von Bankiers, aufgeschlossen und unternehmerisch denkend. Stewart Scott, der Enkel eines der Gründer der Gruppe, hatte vor kurzem die meisten Finanzmittel aufgebracht, um für Linklater zu bürgen. Jetzt stand sein Ruf als scharfsinniger Bankier auf dem Spiel. Er war entschlossen, eine schnelle und gewinnbringende Lösung zu finden.

Scott, Leiter des Rechnungswesens, hatte seine Sporen im Unternehmen von Richard Hemmings verdient, und er empfahl auch Hemmings für den Vorstand von Linklater. Als es sich aufgrund von Hemmings' Berichten herausstellte, daß die Sanierungsaufgabe jenseits der Möglichkeiten von Linklater lag, suchte Scott eine Alternative – und diese Lösung war Bob Brennan.

Brennan, 38 Jahre alt, hatte das Geschick, aus Verlierern

Gewinner zu machen. Mit 28 Jahren trat er bei Shepney Machine Tools ein. Diese Firma machte Verluste, und er verwandelte sie innerhalb von drei Jahren in ein höchst gewinnbringendes Unternehmen. Aber alles, was er für seinen Einsatz und seine Effizienz bekam, war ein hochbesteuertes Einkommen und einige Nebenverdienste. Brennan entschied damals, daß es das letzte Mal war, für andere ein Vermögen zu machen.

Er erkannte die zukünftige steigende Nachfrage nach Computern – die Mikrocomputerzeit begann gerade –, und er eröffnete eine Reihe von Computerläden. Er war zuerst auf dem Markt. Als der Boom abflachte und der Wettbewerb schärfer wurde, entschied Brennan, zu kapitalisieren und alles zu verkaufen. Sein Unternehmen wurde von einer nationalen Gruppe im Fernsehergroßhandel gekauft, die auf anderen Märkten expandieren wollte.

Verheiratet, setzte er sich mit 33 Jahren als Millionär zur Ruhe. Er erkannte aber schnell: Um jemals glücklich zu leben, mußte er ins Geschäftsleben zurückkehren. Es war keine Befriedigung für ihn, auf einer Yacht in Cannes zu leben oder in seinem luxuriösen Haus in Sunningdale herumzulaufen.

Wieder suchte er nach einer neuen Chance. Er reiste durch Europa und in den Fernen Osten und suchte nach Dienstleistungen oder Produkten, die von britischen Unternehmen nicht angeboten wurden. Endlich entdeckte er einen Markt für Getriebemotoren. Mit Hilfe der Bank Scott & Ballinger, die auch seine Computergeschäfte finanziert hatte, konnte er mit dem Hersteller verhandeln, dessen Geschäftsführer in den Ruhestand gehen wollte. Brennan verhandelte nur einen Monat, dann kaufte er und machte das relativ kleine Unternehmen zu einem Marktführer in der Branche.

Ein Kunde war der Grund für seine Erfolge auf dem Getriebemotorenmarkt: Brian Moss von NuAire Ltd., Hersteller von Lüftungsgeräten. Moss war einer der Pioniere für Qualitätsnormen, und seine Begeisterung für Qualitätskontrolle war ansteckend. Sehr schnell hatte Brennan eine Abteilung für Qualitätsverbesserung aufgebaut. Er glaubte, daß dies der Angelpunkt war, das Vertrauen der Vertragspartner, Hersteller und Distributoren überall in der Welt zu gewinnen. Schließlich verkaufte er an einen italienischen Hersteller, um auf dem britischen Markt einzusteigen.

Brennan war Multimillionär. Der Verkauf war nur wenige Monate vor der Anfrage von Scott & Ballinger abgewickelt worden. Die Anfrage kam zum richtigen Zeitpunkt, denn er suchte eine neue Herausforderung für eine längerfristige Aufgabe. Er stellte tiefgehende Nachforschungen über Linklater an, entdeckte die Schwachstellen, von denen er wußte, daß er sie beseitigen konnte. Und er glaubte fest daran, innerhalb von 18 Monaten – wenn nicht weniger – das Blatt zu wenden.

Zu dem Zeitpunkt, als Scott und Hemmings an ihn herantraten, hatte Brennan entschieden, kein Unternehmen mehr zu kaufen, um es zu verkaufen. Der Hauptgrund für diese Entscheidung war sein Sohn Simon, damals 5 Jahre alt. Brennan wollte ein großes Unternehmen aufbauen, das sein Sohn später übernehmen sollte, damit er beweisen konnte, ein würdiger Nachfolger seines Vaters zu sein. Er war sicher, daß Linklater das Mittel war, sein Ziel zu erreichen. Und er wußte auch, daß er nur zu seinen Bedingungen kaufen würde, die hart, ja sogar knallhart sein würden. Brennans Ausspruch lautete, daß unfähige Direktoren den Mißerfolg verdient haben und für ihre Mißerfolge keine Kompensation erhalten sollten. Sie sollten bestraft werden; erfolgreiche und verdiente Angestellte hingegen sollten großzügig unterstützt werden. Brennan schätzte die Fähigkeiten der Linklater-Familie nicht sehr hoch ein.

Das Vorstandszimmer von Scott & Ballinger bestand aus dem eigentlichen Büroraum und einem Empfangsbereich. Der Empfangsbereich hatte eine gut ausgestattete Bar, an der während der Sitzungen ein Barmann zur Verfügung stand.

Das Vorstandszimmer selbst hatte nicht den konventionellen Vorstandstisch, um den die Direktoren herum saßen. Dafür gab es komfortable Sessel, jeder mit einem kleinen Beistelltisch. Dies führte zu einer informellen Atmosphäre.

Die Zeit: 9.00 Uhr morgens. Anwesend waren Stewart Scott und Charles Ballinger; Sir Whitney Bowers, ehemals Mitglied der Regierung, jetzt Vorstandsvorsitzender; Finanzdirektor Paul Lancotte und der Leiter des Kreditwesens der Gruppe, Arthur Mailey.

Ebenfalls war Bob Brennan anwesend. Er saß gegenüber Sir Whitney Bowers, dessen ausdruckslose Augen und strenge Gesichtszüge schon manchen Gegner geängstigt und zu einer Meinungsänderung gebracht hatten. Aber alle waren erfahrene Verhandlungskünstler. Sie verstanden die Formel „Geben und Nehmen" – „Gib wenig, nimm viel"! Jeder von ihnen konnte Härte zeigen, falls notwendig, aber jederzeit auch flexibel sein. Sie alle kannten die Stärken und Schwächen von Brennan – und Brennan vertraute darauf, das gleiche über die anderen zu wissen.

Beide Seiten waren entschlossen, mit Zugeständnissen zurückzuhalten – sie könnten nicht notwendig sein. Der Vorstand hatte sich darauf eingestellt, Brennan für jedes Zugeständnis das Leben schwerzumachen. Sie alle konnten bluffen, und sie wußten, daß sie ihr Temperament zügeln mußten, es sei denn, sie wollten diese Rolle spielen.

Scott eröffnete die Sitzung mit den Worten: „Wir alle sind vollständig im Bilde. Es scheint, daß nur wenige Punkte zu diskutieren sind; ich bin sicher, wir werden sie leicht lösen. Aber zunächst, Bob, lassen Sie mich unsere wichtigsten Forderungen aufzählen. Danach können wir um die Knochen streiten." Brennan erkannte, worum es ging – Forderungen kleinzuhalten, als ob sie nur von geringer Tragweite wären. Scott fuhr fort: „Wir sind bereit, einen Teil unseres Darlehens gegen Linklater-Anteile zu ersetzen, daß heißt zu verkaufen. Aber unsere Anteile, Bob, müssen 55 Prozent betragen und Ihre Anteile 45 Prozent. Wir stimmen allerdings zu, innerhalb von 3 Jahren, wenn bestimmte Forderungen erfüllt sind, Ihnen unsere Anteile von 55 Prozent zu verkaufen. Sie wissen, welche Ziele dies sind: Rückzahlung der Darlehen und ein gewinnbringendes Linklater-Unternehmen. Dies war alles in unserer Absichtserklärung enthalten.

Bob, Sie werden über zusätzliche Kostensenkungsmaßnahmen beraten und uns eine genaue Aufstellung von mindestens 50 Entlassungen geben, die, wie wir glauben, notwendig sind. Der Vorstand von Linklater erhält keine Kompensation. Wenn diese Vereinbarungen durchgeführt sind, werden wir die zusätzlichen finanziellen Mittel garantieren, damit das Unternehmen diese Übergangsperiode durchsteht.

Da es keine Sicherheiten für die zusätzlichen Finanzmittel gibt, erwarten wir von Ihnen, Bob, uns eine persönliche Bürgschaft zu geben. Ich bin sicher, Sie stimmen dieser Forderung zu – sie braucht nicht diskutiert zu werden." Danach fügte er schnell hinzu: „Aber Sie haben einige Streitpunkte angeführt, für die wir – ich bin mir sicher – Kompromißlösungen finden werden. Ich werde beginnen mit..."

Brennan hob seine Hand. „Stewart", sagte er, „Sie gehen zu schnell vor, wenn Sie glauben, ich hätte das Schreiben vom 3. April voll akzeptiert. Sie sind irregeleitet worden. Sicherlich hat Paul Ihnen erzählt, daß ich Ihren Entscheidungen nicht zustimme."

„Ich weiß, ich weiß", bestätigte ihm Scott. „Paul hat uns Ihren Standpunkt klargemacht. Aber als erfahrener Verhandler würden Sie unvermeidlich einen Teil unseres Schreibens ablehnen. Sie wissen ebenfalls, daß es Bankgrundsätze gibt, die sich nicht ändern lassen; weshalb hauen Sie auf den Busch? Wir müssen schnell vorankommen."

„Ich stimme Ihnen zu“, sagte Brennan. „Ich stimme Ihnen ebenfalls zu, daß Sie Bankregeln haben, die Ihnen – verflucht noch mal – fast eine hundertprozentige Sicherheit geben. Aber diese Regeln haben Ihnen nicht das Linklater-Desaster erspart – auch nicht, um einige Jahre zurückzugehen, den Zusammenbruch des Grundstücksmarktes. Manchmal müssen Regeln gebrochen werden, um Verluste zu vermeiden. Darf ich deshalb meine Forderungen klarstellen, da ich mit keinem Ihrer Punkte übereinstimme.

a) Ich werde nicht weniger als 55 Prozent der Anteile halten; ich werde kontrollieren und nicht Scott & Ballinger.
b) Ich werde persönlich für nichts bürgen.
c) Ich werde unnötigen Entlassungen nicht zustimmen, und
d) am Ende der ersten 12 Monate werden Sie, wenn es gefordert wird, mir oder dem von mir Beauftragten Ihre Anteile von Linklater verkaufen. Und Sie werden sie zum heutigen Preis verkaufen.“

Sir Whitney Bowers sagte: „Herr Brennan, wenn Sie meinen, an diesen Entscheidungen festhalten zu müssen, wird es wenig Raum geben, die Zukunft von Linklater zu diskutieren.“

„Wie Sie wollen“, entgegnete Brennan, der in diesem Moment das Bedürfnis nach einer Zigarette hatte, obwohl er seiner Frau zuliebe das Rauchen aufgegeben hatte. „Es ist einzig und allein von Ihnen abhängig, ob sie einige Millionen verlieren wollen. Es gibt bei Linklater nichts zu retten, wie Ihnen Parfitt & Clews zweifelsohne erklärt haben.“ Es herrschte drückendes Schweigen.

Dann fragte Scott: „Was meinen Sie?“

„Sie wissen, was ich meine, Stewart. Sie haben diese allseits bekannten Liquidatoren Parfitt & Clews beauftragt, Linklater zu überprüfen. Sie taten es unter dem Vorwand, Wege zu finden, diesem Unternehmen zukünftige finanzielle Hilfen zu geben. Das sind harte Geschäftsleute, sie würden sonst auch nicht zu

Liquidatoren berufen werden. Aber sie haben Ihnen gesagt, daß sie von diesem Firmenwrack nur herzlich wenig bergen können. Es gibt keine verkäuflichen Teilbereiche, keine Grundstücke, um Bargeld daraus zu machen; Ihr einziges wirkliches Guthaben ist der gute Name und eine Chance, höchst gewinnträchtig unter einer neuen Führung zu werden."

Scott wendete ein: „Ich weiß nicht, wie Sie zu solchen Schlußfolgerungen gekommen sind. Parfitt & Clews haben sich nur einen Überblick verschafft."

„Liquidatoren verschaffen sich selten einen Überblick, wenn sie nicht offiziell gerufen werden."

„Und woher wissen Sie das alles?" fragte Sir Whitney.

„Indem ich die richtigen Leute gefragt habe, das ist alles! Stellen Sie die richtigen Fragen, und Sie werden unausweichlich die richtigen Antworten bekommen. Aber es spielt keine Rolle, woher ich es weiß. Worum es geht, ist, daß Sie jetzt eine qualvolle Entscheidung treffen müssen. Entweder liquidieren Sie das Unternehmen, und Sie verlieren den größten Teil Ihrer Investitionen, oder Sie geben mir die Rückendeckung, die ich brauche, wenn ich mein Geld und meinen Ruf riskiere, Linklater zu kaufen und teilzufinanzieren."

Nach einer weiteren Diskussion sagte Scott: „Würden Sie uns bitte für eine kurze Zeit verlassen, Bob? Die Bar ist offen und..."

„Zu früh für mich", betonte Brennan. „Macht nicht zu lange, denn ich habe eine Verabredung zum Mittagessen."

Scott lächelte grimmig. Er war es nicht gewohnt, so gedrängt zu werden, stand auf und begleitete Brennan zum Empfangsraum.

Dreißig Minuten später bat Scott Brennan zurückzukommen. Sir Whitney Bowers war vom Sieg überzeugt. Seine Jahre in der Regierung hatten ihn das Gefühl gelehrt, wenn der Sieg über einen Kollegen, einen Minister oder einen Bürgerrechtler nahe war. Er hatte dem Vorstand gesagt, daß Brennan Linklater kaufen wollte, um geschäftlich zu expandieren. Er brauche den Namen und guten Ruf eines eingesessenen Unternehmens. Brennan habe herausgefunden, daß er nur Ineffizientes effizient zu machen brauche, Kosten senken und die Lieferanten rücksichtslos behandeln müsse, um sein Ziel erfolgreich durchzusetzen. Sir Whitney hatte betont, daß Brennan sich seines Erfolges zu 90 Prozent sicher sein müsse, sonst wäre er nicht bereit, sein eigenes Geld zu investieren. Er fuhr fort mit den Worten: „Ich mache keine Fehler – ich beurteile die Leute richtig. Er ist ein typischer Industriemanager, und ich hatte mit vielen von ihnen in meinem Leben zu tun. Wir haben ihn dort, wo wir ihn hinhaben wollen; da können Sie sicher sein. Wir müssen die Kontrolle haben; wir müssen seine Bürgschaft haben, um sicher zu sein, daß er das Unternehmen nicht melkt."

Scott, der sich dessen nicht so sicher war, wies darauf hin, daß Brennan die letzte Hoffnung war. Er stimmte den Vorschlägen Sir Whitneys zu, aber er fügte den Vorbehalt seiner Entscheidung hinzu. „Sie brauchen den Vorbehalt nicht, wir werden gewinnen", sagte Sir Whitney!

Ein entspannter Brennan kehrte zu seinem Sessel zurück, sicher wissend, welche Haltung der Vorstand einnehmen würde.

Scott begann: „Bob, es ist Halbzeit. Wir haben entschieden, daß wir unsere Bedingungen substantiell nicht ändern, obwohl kleinere Zugeständnisse berücksichtigt werden."

Ungewöhnlich für Scott schweifte er mehr und mehr ab. Brennan wußte, Scott war mit den Ansichten des Vorstandes nicht glücklich. Als er geendet hatte, fragte Brennan: „Und ist das Ihr letztes Wort?"

„Ja, das letzte!"

„Gut!" Brennan stand auf und sagte: „Die älteste Weisheit beim Verhandeln besteht darin, so zu tun, als ob man ginge. Man nimmt den Hut, wie man sagt, und man weiß, wenn es schiefgeht, kann man sich wieder setzen und den bestmöglichen Vorschlag akzeptieren. Gut, meine Herren, ich bluffe nicht. Wenn ich durch diese Tür gehe, ist die Verhandlung beendet. Ich werde unter keinen Umständen neu verhandeln. Ich werde an keiner anderen Sitzung teilnehmen. Ich werde an keinem privaten Abendessen teilnehmen in der Hoffnung, man kommt wieder zusammen. Der Plan ist vergessen – zu Ende!

Bitte verstehen Sie mich nicht falsch, und beurteilen Sie mich nicht falsch. Als ich Paul meinen Standpunkt erklärte, habe ich nicht die Verhandlungstrommeln benutzt. Ich habe meine eindeutige Position festgelegt. Das ist es, meine Herren.

Sie möchten bei Ihren Bankregeln bleiben; ich möchte bei meinen Geschäftsprinzipien bleiben, die in der Vergangenheit erfolgreich waren und die, glaube ich, auch bei Linklater den Erfolg bedeuten könnten. Es fällt mir nicht leicht zu gehen. Diese Entscheidung war für mich schwer."

Sir Whitney Bowers sagte: „Herr Brennan, Sie schulden uns etwas, so können wir sicherlich verhandeln. Wir haben Sie bei früheren Engagements unterstützt..."

„Sir Whitney, dem stimme ich nicht zu. Sie waren damals nicht in dieser Gruppe, aber sie haben mich unterstützt, nachdem sie alle Arten von Sicherheiten gefordert hatten. Sie wollten fast von jedem Bürgschaften, der nur auftauchte. Sie haben mir keinen Gefallen getan – und das ist auch aus Sicht der Bankiers richtig. Der Vorstand hat sich im besten Interesse von Scott & Ballinger verhalten. Aber einen Gefallen? Nein!

Jetzt verhalte ich mich im besten Interesse für Bob Brennan, und ich glaube, die Situation hat sich geändert. Dieses Mal habe ich alle Asse auf der Hand. Aber es liegt an Ihnen." Brennan stand auf.

Niemand gab einen Kommentar, als er zur Tür zum Empfangsraum ging. Er betrat den Empfangsraum, und als er gerade die Tür zum Korridor erreicht hatte, hielt ein schnaufender Stewart Scott ihn fest.

„Okay, Bob", sagte Stewart. „Sie haben gewonnen! Aber Sie können es uns nicht verübeln, es versucht zu haben. Ich machte einen Vorbehalt, als der gesamte Vorstand von seiner guten Verhandlungsposition überzeugt war, daß, wenn der Bluff mißlingt, wir nachgeben. Wir werden zu 90 Prozent Ihren Forderungen zustimmen."

Brennan lachte zum ersten Mal. „Ich freue mich, Stewart", sagte er. „Ich freue mich! Sie verlieren Ihre Investitionen nicht – und ich werde mit Linklater ein weiteres Vermögen verdienen."

3 Der Erfolgsplan

Die Stimmung im Vorstandszimmer von Linklater unterschied sich erheblich gegenüber früher, nachdem die Direktoren entschieden hatten, ihr Unternehmen an Bob Brennan zu verkaufen. Jetzt war die Stimmung geprägt durch Erwartungen, Aufregung und in einem gewissen Maße sogar durch Furcht. Am Vorstandstisch saßen der Leiter der Arbeitsvorbereitung Mike Spurling, der Verkaufsleiter Harvey Strong, Hauptabteilungsleiter Laurie Wallace, Leiter des Kundendienstes Victor Clayton und der Finanzdirektor Richard Hemmings.

Punkt 9.00 Uhr betrat der neue geschäftsführende Direktor energisch das Vorstandszimmer und nahm am Kopfende des Tisches Platz.

„Meine Herren", begann er, ohne Zeit mit Nettigkeiten zu verschwenden, „Sie werden sich wohl wundern, warum ich Sie als unser zukünftiges Führungsteam betrachte – trotz der Fehler in der Vergangenheit. Die Antwort ergibt sich aus den gründlichen Nachforschungen und aus der Tatsache, daß jeder von Ihnen durch Interviews in die Mangel genommen wurde. Hart genug, nicht wahr?" Sie stimmten alle zu, daß „in die Mangel nehmen" noch eine milde Bezeichnung war. „Ich glaube kaum, ein besseres Team mit Hilfe von Kopfjägern oder Zeitungsanzeigen zu finden."

Es ist üblich bei einer Unternehmensübernahme – wie in diesem Falle –, daß die meisten Direktoren gehen müssen. Gut, dies geschah auch hier. Die Direktoren, mit Ausnahme von Richard Hemmings, sind gegangen. Sie alle aber haben gemäß deren Anordnungen gehandelt. Sie erhielten keine adäquate Unterstützung, und gegen die von Ihnen vorgeschlagenen Änderungen wurden Vetos eingelegt, weil die Geldmittel fehlten. Ich sehe deshalb keinen Grund, warum ein Herr X, der effizient in seiner jetzigen Firma sein mag oder nicht, für mich besser sein sollte als irgend jemand von Ihnen.

Im Augenblick besteht der Vorstand aus mir, Richard Hemmings und zwei Direktoren ohne Geschäftsführungsbefugnisse, die von Scott & Ballinger ernannt wurden, um deren Interessen zu vertreten. In zwölf Monaten, wenn wir unser Ziel erreichen, werden diese beiden Direktoren gehen, und ich werde sie ersetzen. Muß ich mehr über diese Angelegenheit sagen? Gibt es irgendwelche Fragen bis zu diesem Punkt?"

Der Leiter der Arbeitsvorbereitung, Mike Spurling, sagte: „Es werden offensichtlich Veränderungen stattfinden, aber Sie haben uns bis jetzt nicht gesagt, welcher Art diese Veränderungen sein werden."

Brennan antwortete: „Denken Sie an die vielen Male in der Vergangenheit, als jeder von Ihnen etwa sagte, ‚wenn sie nur auf mich hören würden, dann könnte ich dies oder jenes tun, und alles würde wieder ins Lot kommen!' Gut, ich bin darauf vorbereitet, Ihnen zuzuhören, und werde vieler Ihrer Vorschläge realisieren."

Niemand bat um das Wort, deshalb fuhr Brennan fort: „Aber Sie möchten wissen, welche Veränderungen ich beabsichtige. Hier sind einige. Wir werden die Londoner Zentrale schließen, und alle Beschäftigten werden gebeten, nach Southampton umzuziehen. Natürlich werden wir die Beschäftigten finanziell unterstützen. Ich werde ebenfalls alle Zweigniederlassungen schließen."

„Einen Moment bitte, Herr Brennan“, unterbrach Harvey Strong, ein bärtiger Zweimeterriese, „ich bin abhängig von unseren Bezirksleitern, um erneut Verkaufsaktivitäten einzuleiten.“

„Natürlich sind Sie das“, sagte Brennan, „und so wird es auch sein! Aber einige von ihnen müssen umziehen. Ich habe vor, in nicht profitablen Bezirken den Verkauf einzustellen. Wir werden uns auf jene Bezirke konzentrieren, wo wir auch ins Geschäft kommen können und wo wir wissen, daß wir erfolgreich unseren Kundenservice erfüllen. Wir werden uns nur auf die größeren Industrieschwerpunkte des Landes konzentrieren – aber mehr darüber später.“

Kundenserviceleiter Clayton sagte: „Aber wir müssen ebenfalls in all den anderen Bezirken die Einheiten warten, in denen Sie vorhaben, die Verkaufsbüros zu schließen!“

„Ich habe dafür die Lösung“, antwortete Brennan. „In allen Bezirken, wo es zu kostspielig ist, den Kundenservice durch uns zu erfüllen, wird dies von Trex Ltd. übernommen. Trex Ltd. – wie Sie vielleicht wissen oder nicht – ist der Hersteller von Aufzügen und Garagentoren. Trex fand, daß es extrem kostspielig ist, einen guten Service im ganzen Land zu haben – wie Linklater es tat. Es meisterte das Problem, indem es andere Unternehmen, die vor dem gleichen Problem standen, aufforderte, Trex diese Serviceleistungen zu übertragen. Das bedeutete, daß die Trex-Ingenieure voll ausgelastet werden konnten, indem vielleicht drei nicht konkurrierende Produkte mitbetreut wurden. Vorher waren die Ingenieure im gleichen Bezirk nur teilzeitbeschäftigt. Diese Idee wurde ein großer Erfolg.

Ich hatte bereits Kontakt mit Trex, und sie sind gerne bereit, den Kundendienst zu übernehmen. Wir werden deren Personal schulen müssen. Trex ist teuer, aber die Kosten werden gering sein, verglichen mit den Verlusten, die wir hinnehmen mußten, um in diesen Bezirken zu verkaufen und den Kundenservice sicherzustellen.

Sie müssen mir verzeihen, daß ich so kurz angebunden bin, aber wir haben noch so viele Dinge zu besprechen. Ich kann Ihnen versichern, daß zu einem späteren Zeitpunkt alles diskutiert wird und Ihre Meinungen beachtet werden. Ebenfalls versichere ich Ihnen, daß ich meine Hausaufgaben gemacht habe und genau weiß, wie wir Linklater sehr schnell vom Verlierer zu einem Gewinner machen."

Mike Spurling sagte: „Ich möchte nicht, daß Sie glauben, wir suchen für uns Entschuldigungen, aber wir haben Ähnliches dem letzten Vorstand vorgeschlagen, aber diese Idee wurde abgelehnt."

Brennan nickte: „Linklater war sehr festgefahren!" Er fuhr fort: „Der nächste Punkt ist kontrovers. Wir werden sofort die gesamte Produktion der computergesteuerten Kontrolleinheiten stoppen – die Ursache der meisten ernsthaften Probleme. Ebenfalls werden wir die Produktionsgeschwindigkeit drosseln. Ebenfalls liegt ein Teil unserer Schwierigkeiten mit der Farbe darin, daß entschieden wurde, eine kleinere Einheit als die der Wettbewerber zu verkaufen. Die Größe der Einheit wird jetzt angepaßt."

Hauptabteilungsleiter Laurie Wallace, schwergewichtig, mit rosigem Gesicht, das sich plötzlich rötete, sagte: „Aber das ist unmöglich! Als Hauptabteilungsleiter war es meine Aufgabe, jeden Aspekt der Unternehmensangelegenheiten zu sehen – und war nur dem Vorstand Rechenschaft schuldig. Seit der Einführung des Kopiererkonzeptes bin ich beim Unternehmen und stelle kategorisch fest, daß der Hauptgrund, gegen etablierte Wettbewerber zu bestehen, darin lag, daß wir etwas anderes anbieten konnten. Harvey wird darauf jede Wette eingehen.

Jedes Fotokopierunternehmen erstellt eine Liste von 12 und mehr Forderungen, beginnend mit der Kopiergeschwindigkeit bis zur einwandfreien Kopie. Wir bieten das gleiche Dutzend an, aber wir hätten uns nicht von der Stelle bewegen können ohne unsere zusätzlichen Vorteile. Darf ich mit allem Respekt, Herr Brennan, es so formulieren: Haben Sie jemals ein relativ kleines Unternehmen kennengelernt, das einem Giganten auf dessen Gebiet gegenüberstand, ohne Preisvorteile, ohne Servicevorteile, ohne Werbeanstrengungen, ohne zusätzliche Nutzenvorteile, und das dennoch erfolgreich wurde?

Es ist immer möglich, in den Krümeln zu suchen, aber wir suchen doch nicht in den Krümeln, oder?"

„Ich stimme Ihnen zu", sagte Brennan, „aber Tatsache ist, daß die Servicekosten, um diese speziellen Vorteile zu ermöglichen, sich als tödlich herausstellen. Wir warteten – und tun es noch jetzt – einige Einheiten fast jeden Tag. Ich beabsichtige, eine Reihe unserer Kunden persönlich aufzusuchen, um ihnen die Wahrheit zu sagen, und werde sie bitten, bis wir eine Lösung gefunden haben, die computergesteuerten Kontrolleinheiten nicht zu benutzen. Weiterhin werden unsere Ingenieure die Kopiergeschwindigkeit drosseln. Als Ausgleich werden wir für 12 Monate die Standardkopiergebühren senken. Dies bedeutet ebenfalls Verluste für uns, aber es kann weniger kostspielig sein, als den gegenwärtigen Zustand aufrechtzuerhalten. Ich bin ziemlich sicher, daß ich einen Großteil unserer Kunden überzeugen kann, meinem Plan zuzustimmen. Es ist überraschend, wie vernünftig Leute sein können, wenn wir in der richtigen Art und Weise auf sie zugehen. Die einzige Zielsetzung liegt zur Zeit darin, einen großen Marktanteil auf dem florierenden Markt zu gewinnen, Gewinne zu machen, alle kurzfristigen Verbindlichkeiten zu begleichen – und dann können wir die Welt erobern."

Harvey Strong unterbrach. Brennan hatte bereits erkannt, daß es schwierig war, mit Strong umzugehen, insbesondere bei Besprechungen liebte er es, sich Geltung zu verschaffen.

„Herr Brennan", begann er.

„Sag Bob – es geht schneller. Und das gilt auch für alle in der Runde.“

„Okay, dann Bob. Unser Problem war zu verkaufen, obwohl unser Ruf durch die Wettbewerber in Stücke zerrissen wurde. Aber wir haben es nicht schlecht gemacht, und wir verkaufen immer noch – trotz aller Schwierigkeiten. Du glaubst, daß du andere übertreffen kannst, und ich will es nicht in Abrede stellen, aber Mark Cornell von den Kanada-Kopierern ist ein richtiger Draufgänger. Er haut uns am stärksten in die Pfanne, und er hat eine hochmotivierte Verkaufsmannschaft. Gerade jetzt ist er mit 20 seiner besten Verkäufer und deren Ehefrauen in Miami. Jetzt müssen wir gegen ihn ankämpfen und die Verkaufsumsätze steigern. Gleichzeitig verkleinern wir unsere Verkaufsmannschaft, und das kann nicht gutgehen.“

„Es wird gutgehen, Harvey. Einer deiner Fehler“ – Strongs Gesicht wurde rot, und sein Bart schien noch stärker hervorzutreten – „war es, die Energien gleichmäßig zu verteilen. Du wolltest an Hinz und Kunz überall in England verkaufen. Ich glaube, du hast es tatsächlich einmal so gesagt. Das war, meiner Ansicht nach, das Rezept für das Desaster. Die Kosten hätten dich aufgefressen, auch wenn die Serviceabteilung hätte mithalten können. Du versuchtest, das Problem durch Dezentralisierung zu lösen, indem du Bezirksverkaufsbüros eröffnet hast. Das ist ein sicherer Weg, die Kosten zu erhöhen. Ein Büro beginnt mit einem Büroleiter und endet mit einer Sekretärin, einer Telefonistin und wachsendem Mitarbeiterstab – ein ständig wachsender Wasserkopf.“

„Das ist nicht fair“, widersprach Strong.

Nun war Brennan an der Reihe: „Harvey, wann war das Leben jemals fair? Wenn Fairneß eine Rolle gespielt hätte, wäre Linklater immer noch ein prosperierendes Unternehmen. Aber laß uns nicht über Details reden. Warte mit deinen Kommentaren, bis du die ganze Geschichte kennst.“

„Du batest um Fragen“, bestand Strong darauf.

„Richtig! Aber das war vor 15 Minuten. Jetzt bitte ich darum, mir bis später keine Fragen mehr zu stellen. Laßt mich unsere Strategie umreißen. Ich verspreche auch eine Reihe von Besprechungen, in denen jeder Aspekt behandelt werden kann. Es gibt drei Ziele, die uns, wenn wir sie erreichen, erfolgreich machen:

Das erste Ziel ist kostenbewußtes Management, und ich habe bereits einige Einsparungen in dieser Richtung angedeutet.

Das zweite Ziel sind Verkaufsanstrengungen in begrenzten Märkten, wie bereits umrissen.

Das dritte Ziel ist eine strenge Qualitätskontrolle, damit wir niemals wieder in die gleichen Risiken wie Linklater hineinrennen, als sie begannen, Kopierer zu produzieren. Mit dem Namen Linklater muß Spitzenqualität verbunden sein.“

Verkaufsleiter Victor Clayton sagte fast rechtfertigend: „Wir haben immer nach Qualität gestrebt. Erinnere dich, der einzige ernsthafte Fehler war es, zu schnell mit Lundts Patenten voranzumarschieren.“

„Das ist teilweise wahr“, meinte Brennan, „aber ich glaube, daß du – je weiter unsere Diskussionen vorangehen – herausfinden wirst, daß Qualität in vielen anderen Bereichen ebenfalls fehlte.“

Richard Hemmings meldete sich: „Bob, ich möchte auf das zurückkommen, was Harvey sagte. Wie können wir mehr Umsatz machen, während wir gleichzeitig die Zahl der potentiellen Kunden verringern?“

„Richard“, antwortete Brennan, „laß es mich deutlich sagen – und mein Glaube basiert auf Erfahrungen und auf meinen bisherigen Erfolgen. Linklater gewann einen beträchtlichen Marktanteil auf dem Kopierermarkt, und das war ein schöner Erfolg. Das

Unternehmen aber verkaufte nur an einen Bruchteil des Gesamtmarktes. Wir vergessen unsere Verpflichtung gegenüber unseren Kunden nicht, wie ich bereits sagte. Was wir tun werden, ist sicherzustellen, daß ein weit größerer Teil von Bürogerätekäufern die Gelegenheit hat, Linklater-Kopierer zu kaufen. Indem wir uns auf einen kleineren, spezifischen Markt konzentrieren, können wir genau das erreichen. Die größte Zeitverschwendung für Verkäufer ist die Reisezeit. Wir werden die Konkurrenz schlagen – wie ich es vorher getan habe –, weil in vielen Riesenorganisationen die Verkäufer vergessen zu verkaufen und die Verkaufsleiter vergessen, ihre Verkäufer für das Verkaufen zu trainieren – sie leben von ihrem Ruf. Unsere Leute werden große Überzeugungsexperten sein.

Ich habe gehört, daß Verkaufen die vornehmste Kunst ist, anderen Menschen unsere Überzeugung zu geben. Ich verspreche dir, wir werden diese Aussage voll anwenden."

Strong sagte: „Ich glaube, ich verstehe eine ganze Menge vom Verkaufen."

Brennan unterbrach wieder: „Bitte, fasse nicht alles als persönliche Kritik auf, Harvey. Wenn wir keine Änderungen durchsetzen, wird es keine Überlebenschancen geben, und wenn wir nicht ausreichend motivieren, gibt es auch keine Überlebenschancen. Es gibt noch einen großen unberührten Markt, unberührt deshalb, weil niemand die Kunden besucht. Unsere Wettbewerber verlassen sich meistens auf die Werbung, die die Anfragen hereinbringen. Wir werden in den Markt gehen und verkaufen, während unsere Wettbewerber immer noch Angebote bearbeiten. Ich weiß, daß bei einem unserer Wettbewerber es manchmal eine Woche – und sogar länger – dauert, um ein Angebot abzugeben, und ein bis zwei Wochen vergehen, bevor ein Kundenbesuch stattfindet. Das ist kein qualitätsbewußtes Verkaufen – worüber wir später noch reden werden. Wir werden alle Anfragen am gleichen Tag beantworten, und unsere Verkäufer werden innerhalb von 24 Stunden den Kunden besuchen. Dies können wir tun, wenn wir uns auf kleinere Gebiete unseres Landes konzentrieren."

Plötzlich entspannte sich sein Gesicht, und auch die Stimme veränderte sich. Lachend sagte er: „Ich bemerke in diesem Augenblick, daß ihr mich nicht sehr mögt. Ich bin ein Störenfried, ein Störenfried in einem alteingesessenen Unternehmen. Das ist in Ordnung! Ich stelle fest, daß ihr denkt, daß ich vielleicht in diesem Geschäft einen schnellen Gewinn machen will und Linklater schnell weiterverkaufen werde, sobald es aufgebaut ist. Und ich weiß, daß ihr alle in Betracht gezogen habt, woanders eure Zukunft zu suchen.

Wie kann ich das wissen? Weil ich genau wie ihr unter gleichen Umständen so reagieren würde, wäre ich an eurer Stelle.

Zieht Erkundigungen über mich ein, wenn ihr wollt, und ich glaube, ihr werdet herausfinden, daß ich die Wahrheit sage – und ich bluffe meine eigenen Leute nicht. Glaubt mir deshalb, wenn ich sage, daß ich jetzt die Wahrheit spreche: Ich beabsichtige mit eurer Hilfe, dieses Unternehmen aufzubauen. Ich beabsichtige nicht, es zu verkaufen, es sei denn, es tauchen nicht vorhersehbare Umstände auf. Deshalb bitte ich euch zunächst, eure Meinungen zurückzustellen. Wenn ich euch fallenlasse, könnt ihr mir immer noch sagen, was ihr von mir denkt. Richard kennt mich gut genug; er weiß, daß ich an das Ehrenwort eines Mannes glaube. Ich gebe euch mein Wort, daß ich peinlich genau meinen Erfolgsplan ausgearbeitet habe, und ich bin überzeugt, daß wir Erfolg haben werden, wenn ihr mir eure volle Unterstützung gebt. Erleichtert das eure Meinungsbildung?"

Der Hauptabteilungsleiter Laurie Wallace erhob sich von seinem Stuhl, ging um den Tisch herum und schüttelte Brennans Hand: „Das war genau das, was wir zu hören wünschten."

„Danke schön", sagte Brennan. „Nun wollen wir uns auf ein anderes Problem und dessen Lösung konzentrieren. Unser Ziel ist, das Qualitätsimage für Linklater und seine Produkte zurückzugewinnen. Denkt daran, daß die Maschinen unserer Wettbewerber ebenfalls ausfallen und einige von ihnen nicht sofort die Maschinen warten. Meine Zielsetzung ist es, unsere Produktqualität so zu verbessern, daß wir nur so wenig Service wie möglich zu geben brauchen – in der Tat arbeite ich an einem Plan, daß unsere Kunden eine Entschädigung erhalten, wenn sie unseren Service in Anspruch nehmen müssen. Das ist Qualitätsvereinbarung, wie ich sie mir vorstelle.

Laßt mich jetzt allgemein über Qualität reden. Danach können wir diskutieren, und dies wird zu einer Überraschung führen, die euch gefallen wird. Üblicherweise wird vermutet, daß Qualitätskontrolle ausschließlich eine Sache der Produktion ist, aber dem ist nicht so. Natürlich hat Qualitätskontrolle Vorrang in der Produktion; allerdings, wie gut auch immer die Service- oder Verkaufsabteilung sein mag, es gibt keine Zukunft für ein Produkt, wenn es keine Qualität bietet, gemessen an den Marktanforderungen. Es gibt in der Tat einen anderen Aspekt für Qualität. Ihr könnt das beste Produkt produzieren – unser Kopierer zum Beispiel wird dem bald entsprechen –, doch endet die Qualität, beim Kundendienst, wird der Vorteil der Produktqualität aufgehoben. Wir brauchen deshalb auch den Qualitätsservice. Es sei denn, jemand hat ein Monopol. Selbst Produkte der höchsten Qualität, zu vernünftigen Preisen im Markt angeboten, verkaufen sich nicht von selbst. Wir brauchen deshalb Qualitäts-Marketing. Vielleicht gab es eine Zeit, da Käufer sich in einer langen Reihe anstellten, um die bessere Mausefalle zu kaufen, aber diese Zeiten sind vorbei. Ein Unternehmen – stark marketingorientiert, mit professionellen Verkäufern – wird öfters als vermutet dem Unternehmen Aufträge wegschnappen, das tatsächlich die ‚bessere Mausefalle' baut.

Unsere Zielsetzung muß es sein, einen hohen Qualitätsstandard für alle Bereiche unseres Unternehmens zu bieten – angefangen bei der Verkaufsebene über jede Abteilung bis zum Vorstand. Wenn es uns nicht gelingt, jeden Mitarbeiter zu einem eifrigen ‚Evangelisten' zu machen, der ständig kostenbewußte Qualität predigt – im Büro, im Markt, in der Produktion, am Telefon, beim Briefeschreiben –, dann wird es unmöglich sein, unsere Ziele zu erreichen. Qualität muß vorgelebt werden und auch eine bessere Lebensqualität für alle Angestellten.

Wann immer ich – von jetzt an – von der qualitätsbewußten Führungskraft rede, meine ich nicht notwendigerweise die Qualitätskontrolle in der Produktion, sondern jene Führungskraft, die wirklich qualitätsorientiert ist, mit vielseitigen Fähigkeiten. Eine hervorragende Führungskraft muß jene spezifische Qualität haben, die leicht von den Mitarbeitern erkannt wird – einschließlich des geschäftsführenden Direktors."

Er begann um so schneller zu reden, je mehr er über sein Thema sprach. „Qualität", fuhr er fort, „bedeutet nicht Luxus. Es umfaßt, nur nach vorgegebenen Standards zu arbeiten, und diese Standards müssen zu jeder Lebenseinstellung passen. Dies ist ein Auszug aus der ‚New York Times'."

Brennan begann laut vorzulesen: „Die Überschrift lautet ‚Taxifahrer mit Krawatten verdienen mehr'! Taxifahrer in San Francisco fanden heraus, daß diejenigen Fahrer, die sauber angezogen waren, ein Hemd mit Krawatte trugen und nicht wie ein ungemachtes Bett aussahen, erheblich mehr Trinkgeld pro Woche erhielten. Dies stellte sich nach einem zweiwöchigen Experiment der ‚Yellow Cab Company' heraus. Ein Dutzend Taxifahrer wurden gebeten, Krawatte, Hemd und Jackett zu tragen, ebenfalls ihre Haare schneiden zu lassen. Ihr Verdienst während des Experimentes, verglichen mit einem Dutzend ‚Schmutzfinken', betrug 1600 zu 1040 Dollar. Ein Taxifahrer, um seinen Kommentar gebeten, sagte kurz und bündig: Das ist Qualität! Wir schauen gut aus, deshalb fühlt der Gast sich wohl."

„Ein gutes Beispiel", fügte Hauptabteilungsleiter Laurie Wallace hinzu. „Ich möchte diese Geschichte nicht übertrumpfen, aber darf ich ebenfalls ein Qualitätsbeispiel erzählen?“

„Natürlich!“

„Mein Bruder ist Direktor von Swann-Verpackung. Er erzählte mir, daß sein Unternehmen entschied, auf elektronische Schreibmaschinen mit Datenspeicher umzustellen. Er bat seine Sekretärin, verschiedene Modelle auszuprobieren und ihn dann über die Ergebnisse zu informieren. Zuerst telefonierte sie mit einem Unternehmen, das in Anzeigen eine Schreibmaschine für 2000 DM anbot. Ich will keine Namen nennen, weil Jack es vielleicht nicht haben will. Die Schreibmaschine wurde von einem vermutlich trainierten Verkäufer geliefert. Aber er erklärte der Sekretärin sofort, daß er noch neu im Unternehmen und deshalb nicht in der Lage sei, ihr im vollen Umfange die Vorteile dieser Schreibmaschine zu erklären. Er überließ es der Sekretärin, die Vorteile selbst herauszufinden. Das war nicht einfach für sie, da die Beschreibung weder die Möglichkeiten der Schreibmaschine klar genug erklärte noch wie sie gehandhabt werden sollte. Drei Tage lang versuchte die Sekretärin erfolglos, mit der neuen Technik fertig zu werden. Sie telefonierte mit dem Lieferanten und bat um Unterstützung. Zwei Tage später erschien der Experte, entschuldigte sich, weil er drei Stunden zu spät kam. Er begann mit der Lehrstunde, aber fünf Minuten später versagte die Schreibmaschine. Der Experte versicherte der Sekretärin, daß dies eine Ausnahme sei und er einen Mechaniker holen müsse. Drei Tage später erschien der Mechaniker, ebenfalls eine Stunde später als verabredet, und reparierte die Schreibmaschine. Dann rief ein Verkäufer an, ob er diese Schreibmaschine für eine dringende Demonstration für einen Tag ausleihen könne, und versprach, sie einen Tag später zurückzubringen. Die Schreibmaschine wurde erst zehn Tage später zurückgebracht.

Die Sekretärin telefonierte, annullierte den Probevertrag und bat, die Schreibmaschine abzuholen. Dies geschah erst vier Wochen später. Genau das, Bob – ich bin mir sicher –, verstehst du unter schlechtem Qualitäts-Marketing."

Brennan war von Laurie Wallace beeindruckt. Sein Beispiel erklärte kurz und mit Nachdruck, worauf es ankam.

Brennan sagte: „Laurie, eine Frage, wie hätte sich Linklater in einer ähnlichen Situation verhalten?"

„Ziemlich schlecht!" war die Antwort.

„Halt, eine Minute", unterbrach Strong, „als Verkaufsleiter widerspreche ich dieser Feststellung."

„Das brauchst du nicht, Harvey", sagte Wallace. „Du hast deine Arbeit immer gut gemacht. Du hast dein Bestes getan, um mit den vorhandenen Möglichkeiten jeden zu schulen, und du hast deinen Verkäufern geholfen, soviel du konntest. Aber ich habe gesehen, was im Büro gelaufen ist."

„Warum hast du dann nichts getan? Du warst der Hauptabteilungsleiter."

Wallace zuckte mit den Schultern. „Ich möchte niemanden zur Verantwortung ziehen, und Bob kennt unsere Probleme. Aber Lionel Linklater wollte niemals Kritik hören, und er verringerte das Personal, so daß Auszubildende die Anfragen beantworten mußten. Erinnere dich daran, daß ich nicht direkt mit der Verkaufsabteilung zu tun hatte – und ich mich mehr um die allgemeinen Dinge im Büro kümmern mußte."

Brennan stellte fest: „Es wäre heilsam, wenn Geschäftsführer von Zeit zu Zeit ihre Verkaufsabteilung überprüfen würden. Aber vergessen wir die Vergangenheit und konzentrieren uns auf die Zukunft. Wir haben festgestellt, daß Qualität für alle Bereiche eines Unternehmens gilt.

Brian Moss von NuAire faßte es für seine Angestellten wie folgt zusammen:

- Die Art und Weise, wie ein Telefonanruf beantwortet und geführt wird.

- Die Geschwindigkeit, mit der ein Angebot erstellt wird, die Genauigkeit, das äußere Erscheinungsbild, die Vollständigkeit und die unterstützenden Informationen eines Angebotes.
- Die Bedeutung und der Gehalt der Briefe.
- Das Erscheinungsbild, die Kompetenz und die Begeisterung des Verkaufsingenieurs.
- Das Einhalten von Lieferterminversprechen und die Art der Ausführung.
- Die Wirksamkeit der Verkaufsabwicklung, der Serviceingenieure, der Buchhaltung...
- Jeder in einem Unternehmen ist für die Qualität des Unternehmens verantwortlich.
- Es kann nicht über unsere Produkte argumentiert werden – es sei denn, wir haben nachweislich die Auszeichnung der BSI (British Standards Institution) verdient; aber wie steht es mit unseren Serviceleistungen?
- Wie schätzen Sie den Qualitätsmaßstab ein? Wie wird über NuAire gedacht, als Ergebnis Ihres Beitrages?
- Würde BSI Sie auszeichnen, weil sie überzeugt sind, daß sie ständig Ihre Qualität den Kunden versichern können?“

Brennan legte eine Pause ein, dann fuhr er fort: „Warum glaubt ihr, daß ich Geschichten mag, die beweisen, daß Qualität sich bezahlt macht? Wir alle fordern, qualitätsbewußt zu sein; warum Eulen nach Athen tragen? Der Grund liegt darin, daß fast alle Unternehmen – die schlechten, die indifferenten, die guten – für sich in Anspruch nehmen, an Qualität zu glauben, aber ihre Begeisterung erhält schnell einen Dämpfer, wenn ein Problem in der Produktion auftaucht – oder ein Verkäufer sich beschwert, daß der Wettbewerb hart ist. Ich möchte den Willen zur Qualität beweisen, damit wir niemals wieder auf kluge, selbstsüchtige Berechnungen hereinfallen.“

Brennan nahm einen Schluck Wasser und beobachtete seine

Kollegen. Er wußte, daß es Zeit kosten würde, sie zu überzeugen.

Es gab den kleinen Mike Spurling, bekannt bei den Arbeitern als ‚Wurfpfeil', dieser schien sich auf alles zu stürzen – einmal hier, mal dort und überall. Er hatte blaue Augen, blondes Haar und war mit seinen 41 Jahren im Vollbesitz seiner Kräfte.

Harvey Strong, Mittvierziger, schien mit seinem struppigen Bart und seiner imposanten Erscheinung hart im Nehmen. Aber war er wirklich so hart – oder bluffte er nur?

Hauptabteilungsleiter Laurie Wallace, 47 Jahre, übergewichtig, weil er gutes Essen und Trinken schätzte, schien einen scharfen Verstand zu haben. Oder war er nur ein guter Schauspieler?

Dann war da noch der Leiter der Serviceabteilung, Victor Clayton, groß, dünn und mit Glatze. Mit 35 Jahren eine Führungskraft – mit vielen Fähigkeiten. Daneben saß Richard Hemmings, ein Mann, der schwer zu verstehen war. Er besaß einen eiskalten Verstand und gab sich offensichtlich absolut unempfindlich gegen Kritik anderer. Ein ausgezeichneter Finanzleiter – aber konnte man ihm trauen? Könnte er zu jemandem loyal sein? Brennan wunderte sich... Dann fuhr er fort: „Ich möchte euch bitten – jeden von euch –, jeden Aspekt eurer Arbeit zu berücksichtigen, wie die Qualität eurer Abteilung verbessert werden kann. Aber selbst das ist nicht genug. Dies ist die Ära der multifunktionalen Führungskraft, und um die Qualität überall zu verbessern, ist es notwendig, daß wir alle mehr über die Aufgaben der anderen Führungskräfte unserer Gruppe lernen.

Macht eure Hausaufgaben schnell. Forscht, soviel ihr wollt, aber ihr alle müßt für ein Treffen vorbereitet sein, das in vier Wochen beginnt und das alle Aspekte hochqualitativer Führung abdeckt." Er lachte laut und sagte: „Jetzt kommt die Überraschung. Wir werden die Besprechung an Bord der Queen Elizabeth II., kurz QE 2, abhalten, die in 4 Wochen nach den USA fährt. Und ich hoffe, eure Ehefrauen werden uns begleiten."

Die Gesichter seiner Führungsmannschaft spiegelten die Freude über diese Idee wider. Brennan fuhr fort: „Ein Trick, wird mancher sagen. Eine Schaumschlägerei durch einen Schaumschläger, werden meine Verleumder erklären. Möglicherweise! Allerdings denke ich anders darüber. Dies ist der Anfang einer neuen, dynamischen Linklater-Ära. Ein weiterer Grund, weshalb ich möchte, daß wir so eng zusammen sein werden, liegt darin, daß wir alle uns besser kennenlernen. Um Erfolg zu haben, müssen wir als Team arbeiten. An Bord werden wir sehr hart arbeiten, aber es wird auch viel Zeit für Entspannung geben."

Plötzlich klatschte jeder in die Hände, applaudierte der Entscheidung des neuen Vorstandsvorsitzenden.

Später an diesem Tag telefonierte einer der Abteilungsleiter mit Mark Cornell von den Kanada-Kopier-Werken.

4 Persönliche Probleme

Vivienne Brennan, eifrig beim Packen, sagte: „Bist du sicher, das Richtige zu tun? Erinnerst du dich noch an die Probleme während deiner Geschäftspartys mit den Männern, die ihren Machismo vor den Augen ihrer Frauen breittreten? Auf dem Schiff wird es noch schlimmer sein, wenn alle nicht nur drei Stunden, sondern fünfeinhalb Tage zusammen sein werden. Ich denke mit Schrecken daran!"

Blond, blauäugig, mit fein gemeißelten Gesichtszügen und der Figur einer Fitneß-Fanatikerin, wurde Vivienne von Bob verehrt, der ihre Ansichten respektierte. „Du könntest recht haben, Viv", antwortete er, „aber ich muß meine Beurteilung absichern. Ich muß etwas mehr über meine Leute herausfinden – was hinter ihren Fassaden vorgeht. Ich muß den Alkoholiker kennen, sofern es einen gibt. Ich muß wissen, ob ihre Ehefrauen bereit sind, ihre Männer zu unterstützen während der nervenaufreibenden Tage, die vor uns liegen. Ich muß herausfinden, wie sich jemand verhält, wenn er entspannt ist und kein Trugbild vortäuscht. Und ich muß Gelegenheit haben, meine Botschaft immer wieder zu verkünden."

„Ich hoffe, es gelingt dir", sagte Vivienne.

Harvey Strong war nicht in guter Stimmung. Er hatte Bob Brennan gefragt, ob er seine Freundin mitbringen dürfe. Sie lebten seit 8 Monaten zusammen, nachdem er geschieden war. Brennan hatte sofort zugestimmt, aber dann begann der Ärger.

Harvey Strongs Freundin, Pat Moore, weigerte sich, die Einladung anzunehmen wegen der unmöglichen Situation – wie sie es nannte. Wie sollte sie vorgestellt werden? Lebensgefährtin? Gräßlich! Freundin? Schrecklich! Verlobte? Wenn sie seine Verlobte wäre, wäre es etwas anderes...

Als die Romanze begann, hatten sie vereinbart, daß es keinerlei gegenseitige Verpflichtungen geben sollte, außer sich zu respektieren. Dennoch kam es anders. Nach sechs Monaten begann sie darauf zu bestehen, daß es besser für beide wäre, zu heiraten und Kinder zu haben. Harvey wollte aber so schnell nicht wieder heiraten. Er war aber ganz glücklich, ein liebenswertes Mädchen um sich zu haben.

Das Problem, das beide seit ein paar Monaten beschäftigte, tauchte erneut auf, als er ihr die überraschende Neuigkeit, sie könne ihn auf der QE 2 begleiten, mitteilte. Fälschlicherweise hatte er angenommen, daß sie hocherfreut über den Gedanken einer Reise in die USA wäre. Trotz seiner Größe und seiner Prahlerei war Harvey in Wirklichkeit nicht hart und stimmte schließlich grollend einer Heirat zwei Monate später zu. Er hatte weniger etwas dagegen, Pat zu heiraten, als sich mit dem Gedanken abzufinden, einem Ultimatum nachgegeben zu haben. Er, Harvey Strong, der große Überzeugungsexperte, der größte Verkäufer, der große Charmeur hatte aufgegeben.

Wie oft, wenn er seine Verkäufer schulte, konnte er sagen: „Wenn Sie nicht den Mumm haben, weiterzukämpfen, um den Auftrag zu bekommen, sollten Sie die Finger vom Verkaufen lassen. Verkaufen heißt Durchstehvermögen." Und er, Harvey Strong, hatte sich einwickeln lassen, als Pat einen Koller bekam und sich weigerte, mit ihm zu schlafen. Außerdem würde sie ausziehen, wenn er sich nicht sofort entscheiden würde.

Als jedoch einige Zeit vergangen war, fühlte er sich besser. Er kannte Brennan – und auch er würde dem Zauber von Pat verfallen. Jedem ging es so, und vielleicht würde sich alles zum Guten wenden.

Laurie Wallace war ziemlich sicher, daß seine Frau Dorothy Brennan erobern würde. Sie war Brennans Typ – ein resoluter Charakter mit klaren Vorstellungen und einem guten Allgemeinwissen – vom Sport bis zur Politik.

Dorothy war erfreut, fünfeinhalb Tage mit Brennan zu verbringen. Sic war sich so sicher wie ihr Ehemann, daß Brennan sie schnell als eine außergewöhnliche Frau einschätzen würde und nicht, wie Pat Moore, hohlköpfig; oder Mary Clayton, die so schwerfällig war, oder Penny Hemmings, die sich über ihr Landleben langweilte. Sie wünschte sich nur, daß Laurie etwas energischer wäre, mehr erfolgsorientiert. Sie war stolz darauf, daß er sich als Rechtsanwalt qualifizierte, bevor er in die Industrie ging und anschließend bei Linklater eintrat.

Victor Clayton beschäftigte sich intensiv mit Details. Er glaubte daran, Alternativen zu haben. Er war in der Tat ein Praktiker, aber seine Voraussicht – oder seine Besessenheit – war der Grund, daß er nur wenige Fehler machte. Victor hatte es ausgezeichnet verstanden – selbst unter schwierigen Bedingungen –, die Servicebereitschaft aufrechtzuerhalten. Er sah seine Zukunft als Planungsdirektor – seine eigentliche Stärke – und weniger als Leiter der Serviceabteilung. Seine Frau Mary hatte nur zwei Neigungen: eine gute Ehefrau zu sein und erfolgreich ihre vier Kinder großzuziehen. Sie war nicht belesen und wußte nur wenig Bescheid über Sport, Politik oder die laufenden Affären. Aber sie konnte endlos über Babys oder das Kochen reden.

Als Mike Spurling seiner Frau Tina erzählte, daß Brennan eine Reise mit QE 2 plante, sagte sie sofort: „Ich habe nichts anzuziehen!“ Dann fügte sie hinzu: „Wenn Dorothy Wallace wieder mit ihrer Vornehmtuerei beginnt, bekommt sie von mir ein paar Wahrheiten zu hören.“

Flehend sagte Mike: „Bitte, Tina, bitte – keinen Streit, kein Debattieren. Geh und kaufe dir Kleider – wenn es das ist, was du willst.“

„Das ist aber nicht so leicht, wie du glaubst.“

Dann folgte eine Diskussion über die Schwierigkeiten, die richtigen Kleider für diese Gelegenheit zu finden, ohne genügend Zeit zu haben, sich umzusehen.

Tina, klein, zart, mit großen, leuchtenden, braunen Augen, sagte: „Und noch etwas, Mike, ich streite niemals mit irgend jemand, es sei denn, man ärgert mich.“

Mike wollte erwidern: „Aber einer ärgert dich immer, und meistens weil du so taktlos bist.“ Doch er behielt es für sich. Mike wußte, er konnte keinen Streit mit Tina gewinnen, hauptsächlich deswegen, weil er sie nicht aufregen wollte.

Seit ihr Sohn auf die Ganztagsschule ging, arbeitete sie als Programmiererin. In einer geschäftlichen Diskussion konnte sie sich gegen jedermann behaupten, aber sie konnte sehr leicht ihre Beherrschung verlieren, und Mike hoffte, daß dies bei Brennan nicht geschehen würde.

Penny Hemmings arbeitete als Buchhalterin, bevor sie Richard heiratete, aber sie gab ihren Beruf auf, als Richard nach dem Tod seines Vaters Geld erbte. Sie kauften ein Gut mit einem Gutshaus, und Penny und Richard erfreuten sich daran, Gutsherr und Gutsherrin im Dorf Downton in Kent zu spielen.

Als sie das Haus kauften, verschlang die Restaurierung und Möblierung einen ziemlich großen Teil der Erbschaft, aber das kümmerte Penny wenig, obwohl es Richard Sorgen bereitete.

Penny liebte es, Feste zu organisieren, Geld für Wohltätigkeitsveranstaltungen zu sammeln und in einer Eheberatungsstelle zu arbeiten. Sie konnte nett und extrem freundlich zu denjenigen sein, die sie mochte, und sehr, sehr abweisend zu denjenigen, von denen sie meinte, daß sie ihr nicht den Respekt entgegenbrachten, den sie verdiente.

„Oh, mein Lieber“, sagte sie zu Richard, „was für eine Plage, was für eine unaussprechliche Plage! Ich glaube nicht, daß ich es fünf Tage mit der Frau von Wallace aushalten und Mary Clayton zuhören kann, wenn sie von ihren Kindern erzählt.“

Sie zankten eine Weile, dann meinte Richard: „Okay, wenn du nicht mitkommen willst, werde ich dich entschuldigen.“

„O nein, das brauchst du nicht“, sagte Penny. „Dann suchst du in mir den Schuldigen, wenn etwas schiefgeht. Das tust du immer. Ich werde mitkommen, aber ich werde jede Minute hassen.“

5 An Bord der QE 2

Stewards schoben gepäckbeladene Karren, Lichter flammten außerhalb der Kabinen auf, da Passagiere nach der Hilfe ihrer Stewards verlangten, und Stimmen wurden laut – einige in Befehlston, andere bittend. „Mein Koffer fehlt, Steward." „Wie kann ich die Klimaanlage einstellen?" „Um welche Zeit öffnet der Friseur?"

Brennan und Vivienne saßen in ihrer Kabine und ruhten sich aus. Kaffee war ihnen durch die Stewardeß gebracht worden, die gerne bereit war, ihn zu servieren, obwohl sie und ihr Kollege unter extremem Arbeitsdruck waren. Die Kabine war luxuriös – in pastellfarbigem Rot und cremefarbigen Tapeten mit passenden Decken, Vorhängen und Polstermöbeln. Alle Einrichtungsgegenstände – einschließlich Beleuchtung und Schalter – waren vergoldet. Auf der Veranda gab es tief gepolsterte Sessel.

Alle paar Minuten klingelte das Telefon. Die Anrufer, es waren die Abteilungsleiter, berichteten über ihre Ankunft. Bob hieß jeden herzlich willkommen, fragte, ob es ihnen und ihren Frauen gutgehe, und informierte sie: „Das Mittagessen wird ab ein Uhr serviert. Tische sind für uns im Queens Grill reserviert, und der Nachmittag wird frei sein, so daß sich jeder eingewöhnen kann. Ich habe veranlaßt, daß ein Teil des Computer-Trainings-Centers uns zur Verfügung steht, und wir werden uns dort um 18.30 Uhr heute abend zu einer allgemeinen Diskussion treffen. Wenn ihr zum oberen Deck und den Passagiergang auf der Hafenseite entlanggeht, weg von den Geschäften, liegt das Besprechungszimmer direkt vor euch. Bringt eure Ehefrauen mit. Getränke stehen bereit."

Um 18.25 Uhr warteten Brennan und seine Frau auf das Team. Er vermutete, daß sie alle gleichzeitig ankommen würden, und so war es auch. Die erste, die auf sie zuging, die Hände ausgestreckt, mit einem Lachen, war Dorothy Wallace. Abendkleidung war nicht vorgeschrieben, aber sie trug ein sehr teures, figurbetontes, braunes Dior-Kleid, während ihr Mann einen passenden dunkelbraunen Anzug trug. Dem Hauptabteilungsleiter und seiner Frau folgten Harvey Strong und Pat. Brennan bemerkte, daß sie ausgezeichnet in dem grünen Hosenanzug aussah. Sie hatte dunkle Haare, graugrüne Augen und die Figur eines Modells, und tatsächlich war das auch ihr Beruf. Strong trug noch seinen Reiseanzug.

Vivienne bemerkte den weichen Sexyblick, den Pat Bob zuwarf.

Harvey sagte schnell: „Darf ich dir schnell die guten Nachrichten bekanntgeben – die anderen wissen es bereits: Wir werden in zwei Monaten heiraten." „Glückwünsche!" sagten die Brennans gleichzeitig.

Danach kamen die Claytons. Mary, prall, sah etwas aufgeregt aus, trug ein schwarzes Kleid, da sie glaubte, daß dies für die Gelegenheit das Richtige sei; und danach kamen die Spurlings. Fast ein bißchen gehetzt. Vivienne mochte Tina sofort. Sie hatte diesen undefinierbaren Charme, der schnell Leute überzeugte.

Die Hemmings kamen an, so glaubten sie, wie der typische Landgutsherr und seine Gutsherrin. Er trug einen maßgeschneiderten, braunen Blazer mit einer gelben Krawatte und rehfarbenen Hosen. Penny trug ihr Reisekostüm, sie hatte sich nicht umgezogen. Es war ein Zweiteiler von St. Laurent in der Bond Street.

Im Raum hatte Brennan für eine gutbestückte Bar gesorgt, und der Steward stand bereit. Bald hatten alle ihren Drink in der Hand. Nach etwa 30 Minuten allgemeiner Floskeln ergriff Brennan das Wort: „Ich möchte die Party nicht verderben, aber ich möchte für ein paar Minuten um eure Aufmerksamkeit bitten. Ich bin sicher, daß jeder gerne die Agenda der nächsten paar Tage kennen möchte.

Soweit es unsere Frauen betrifft, gibt es keine Arrangements. Sie können tun, was sie wollen, und ich bin sicher, daß es ihnen Spaß machen wird, nach Belieben ihre Zeit einzuteilen. Ich fürchte allerdings, daß es für uns anders aussieht", und sein Gesicht nahm einen traurigen Ausdruck an. „Wir Männer müssen hart für unseren Lebensunterhalt arbeiten – gut, vielleicht nicht zu hart. Ich bin sicher, wir werden alle auch unseren Spaß haben.

Es gibt verschiedene Sitzungen jeden Tag, beginnend um 9 Uhr morgens. Mittagessen, wie ihr wißt, wird um 13 Uhr im Queens Grill serviert, und wir müssen dort rechtzeitig sein. Übrigens, wenn ihr nur ein leichtes Mittagessen haben wollt, könnt ihr Salate usw. auf dem Lidodeck bekommen. Die Nachmittagssitzungen starten um 14 Uhr jeden Tag und werden zwischen 17.30 Uhr und 18 Uhr beendet sein. Es wäre sehr schön, wenn wir uns alle auf einen Drink am Abend an der Queens Grill Bar treffen, sagen wir zwischen 19 und 19.30 Uhr. Wir können dann gegen 20.30 Uhr zum Abendessen gehen. Danach seid ihr frei, und ihr könnt tun, was ihr wollt. Ihr könnt im Casino spielen, ins Cabaret gehen, Bridge spielen ..."

Er machte eine Pause, um einen Schluck zu trinken, dann fuhr er fort: „Nun, meine Herren, einige Details zur ersten Sitzung. Morgen werden wir uns dem Thema Führung widmen. Jeder von euch wird seinen Beitrag bringen. Ich bin sicher, daß ihr alle eure

Hausaufgaben gemacht habt. Für den zweiten, dritten und vierten Tag werde ich euch das Programm später geben. Nun, gibt es irgendwelche Fragen?"

„Was passiert, wenn wir seekrank werden?" fragte Harvey Strong.

„Ihr geht zum Arzt, und er wird euch eine Spritze geben, aber ihr werdet rechtzeitig wieder auftauchen!

Nun laßt uns zum Abendessen gehen."

6 Qualität auf der Führungsebene

Alles war in Ordnung. Jeder zeigte sich von seiner besten Seite während des Abendessens, obwohl Brennan den warnenden Blick von Dorothy Wallace bemerkte, als der Kellner das Weinglas ihres Mannes zum vierten Male füllte. Am anderen Tisch wurde die Lebhaftigkeit von Pat nicht beeinträchtigt, trotz der ständigen Bemühungen von Penny Hemmings, ihre Bildung zu beweisen. Penny studierte die Weinkarte und diskutierte die verschiedenen Weinlagen mit dem Steward. Sie erfreute jeden mit ihren Geschichten über die vielen berühmten Restaurants, die sie in Florenz und Paris kennengelernt hatte.

Nach dem Abendessen gingen alle ihre eigenen Wege, und wie spät sie auch zu Bett gingen, alle kamen pünktlich zur ersten Sitzung am nächsten Morgen.

Es war beschlossen worden, daß es keine Kleiderordnung gab. Wallace sah tadellos aus in der rehbraunen Jacke mit einem dunkelbraun und gelb gemusterten Hemd, dazu die passende Krawatte, während das andere Extrem Harvey Strong war, der zerknitterte Jeans trug und einen dicken Wollpullover. Die Männer saßen im Halbkreis Brennan gegenüber, der seine Rede mit den Worten begann:

„Führungsprinzipien gelten gleichermaßen für die Führungskraft eines kleinen Unternehmens, das nur sechs oder sieben Mitarbeiter beschäftigt, wie für ein Schiff, ein Schiff wie dieses, mit einer Mannschaft von fast tausend Leuten. Cunard glaubt, daß die Qualität der QE2 einzig und allein von den Menschen abhängt, genauso wie es bei Linklater ist. Die Führungskräfte an Bord müssen kreativ sein, müssen Streßsituationen erkennen, müssen Veränderungen rechtfertigen und müssen Entscheidungen treffen ohne die unmittelbare Hilfe von unterstützenden Teams, genauso wie wir in der Industrie. Obwohl die QE2 den Atlantik in fünfeinhalb Tagen überquert, ist die Schiffsmannschaft für viele Wochen von zu Hause fort.

Wir alle kennen die kleinen Kümmernisse und die närrischen Ärgernisse, die sich in unseren Büros und Fabriken ereignen. Unsere Angestellten allerdings gehen abends nach Hause, und sie können dann Dampf ablassen oder ihre Frustrationen loswerden, indem sie sich mit Gartenarbeiten beschäftigen, ihr Heim verschönern oder am Wochenende zum Golfspielen gehen. An Bord eines Schiffes gibt es auch Bereiche zur Entspannung, aber sie können sicherlich nicht mit der Kneipe zu Hause um die Ecke verglichen werden, wo jeder die Probleme anderer in einer freundlichen Atmosphäre lösen kann.

Das Führungsteam der QE2 ist deshalb täglich mit Problemen konfrontiert, und ihre Zielsetzung ist, sicherzustellen, daß keines dieser Probleme die Freude der Passagiere beeinträchtigt.

Das, meine Herren, ist es, was Qualität bedeutet." Brennan machte eine Pause und fuhr fort: „Ihr könnt rauchen, wenn ihr wollt. Ich habe es aufgegeben."

Niemand rauchte.

„Solange wir uns daran erinnern", sagte er, „daß die Regeln, andere Menschen zu führen, für alle Führungskräfte gelten – werden wir unsere Zielsetzung eines hochqualifizierten Führungsteams bei Linklater erreichen. Ob wir Arbeiter oder einen Transportfahrer führen, Büroangestellte oder einen Verkäufer, es gibt keinen Unterschied, einen Kellner, einen Ingenieur oder einen Steward zu führen. Die Regeln der Menschenführung ändern sich nicht."

Brennan schaute jeden seiner Führungskräfte der Reihe nach direkt an und meinte: „Jeder von uns wird heute seinen Beitrag leisten in dieser Sitzung über Menschenführung, aber es gibt noch einen Punkt, bevor wir beginnen. Ihr werdet alle zustimmen, daß wahrscheinlich die allerwichtigste Funktion einer Führungskraft darin liegt, andere zu motivieren. Wir brauchen darüber nicht lange zu diskutieren; mit Motivation wird sich eine besondere Sitzung befassen, und das wird am Donnerstag sein."

Er legte eine Pause ein und fuhr dann fort: „Um Qualitätsprodukte zu haben, brauchen wir einen hochqualifizierten Produktionsleiter, und dies – im Augenblick – bist du, Mike. Unsere Marketing-Strategie muß unseren Wettbewerbern voraus sein. Harvey, du bist unser hochqualifizierter Verkaufsleiter, und ich werde davon ausgehen, daß du wie ein Marketingleiter agierst."

Diese Feststellung gefiel Strong außerordentlich, obwohl sie nicht den gleichen Effekt auf die anderen hatte.

„Wir müssen sicher sein", machte Brennan weiter, „daß das Linklater-Unternehmen niemals wieder überexpandiert und in die Hände der Bankiers gelangt. Wir haben in Richard Hemmings einen hochqualifizierten Finanzleiter, um dafür Sorge zu tragen. Wir müssen sicher sein, daß unsere Verwaltung das ist, was sie sein soll. Für die qualitative Verwaltung haben wir einen Hauptabteilungsleiter, Laurie. Und derjenige mit der schwierigsten Aufgabe ist möglicherweise Victor Clayton, der sicherlich ein hochqualifizierter Service-Leiter sein muß."

Wie schätzt ihr euch selbst ein? Es ist so einfach, das Wort Qualität zu benutzen, aber wir müssen danach leben, nicht wahr. Einige glauben, die Wahrheit über uns selbst herauszufinden liegt darin, von Vorgesetzten beurteilt zu werden. Bei solchen Beurteilungsgesprächen pflegen wir zu glauben, daß derjenige, der beurteilt wird, über die Kritik glücklich ist und vielleicht sagen mag: Ich habe nicht bemerkt, daß ich zuviel rede; ich glaubte wirklich, daß ich ein guter Verwalter bin; oder, ich bemerke jetzt, daß ich die Lagerbestände reduzieren muß...

All dies ist schierer Unsinn. Niemand von uns kann wirklich solche Kritik akzeptieren, denn wir glauben nicht, daß sie stimmt. Erinnert euch daran, was diejenigen, die beurteilt werden, ihren Vorgesetzten sagen, ist nicht das gleiche, was sie ihren Kollegen und ihren Familien erzählen. Das ist der Grund, weshalb einige Vorgesetzte – und andere, die beurteilt werden – daran glauben, daß Beurteilungen so bemerkenswert erfolgreich sind.

Ich glaube daran, daß wir die Dinge nur ins Lot bringen können, wenn wir selbst unsere Schwächen erkennen, die wir nicht bereit sind, anderen einzugestehen.

Wie können wir lernen, diese Wahrheiten über uns anzuerkennen? Es ist unmöglich, es sei denn, wir haben die innere Kraft, manchmal einzugestehen, daß wir falsch reagieren –nämlich zu unserem, aber nicht zum Nutzen unseres Unternehmens. Wir treffen manchmal Entscheidungen, um unsere Autorität zu zeigen, und wir verschwenden Zeit, um falsche Begründungen zu suchen.

Wir halten eine Idee nur deshalb für nutzlos, weil wir denjenigen nicht mögen, der die Idee eingebracht hat...

Glauben wir wirklich, daß wir immer recht und daß andere immer unrecht haben? Kümmern wir uns wirklich um unsere Angestellten, oder machen wir scheinheiliges Theater, um andere zu beeindrucken? Die einzigen Menschen, die glauben, daß sie perfekt sind und immer recht haben, sind die Militärs, die Fanatiker und die Dickschädel – für sie können wir nichts tun!

Aber vernünftige, denkende Menschen können anfangen, sich zu heilen, und der Test liegt in der Frage: ‚Trifft es auch auf mich zu?‘ Laßt uns probieren; wenn wir diesen Eigentest nicht anwenden können, ist diese Sitzung reine Zeitverschwendung.

Wir werden beginnen, indem wir berücksichtigen, was möglicherweise unsere Angestellten über uns denken. Sind wir für sie Wenn-nur-Menschen? Zum Beispiel:

Wenn er mir nur sagen würde, wo ich ihn treffen kann...

Wenn er nur lernen würde zu diktieren und nicht ständig äh-äh und ah-ah sagen würde...

Wenn er nur verstehen würde, daß auch ich ein Familienleben habe...

Wenn er nur aufhören würde, anderen die Schuld zu geben, wenn er selbst Fehler macht...

Wenn er nur bemerken würde, daß eine 20jährige Stenotypistin keinen Wortschatz wie ein Professor haben kann...

Wenn er nur aufhören würde, sich zu beschweren, weil ich ein bißchen zu spät komme, während er sich zwei oder drei Stunden für ein sogenanntes Geschäftsessen Zeit nimmt...

Wenn er nur nicht alles bei sich behalten würde...

Wenn er nur aufhören könnte, mit seiner Meinung in der Öffentlichkeit zu hausieren...

Wenn er nur ab und zu einmal sagen würde, es tut mir leid...

Wenn er nur darauf bestehen würde, alle Fakten zu kennen, bevor er entscheidet, wer recht hat...

Wenn er nur keine Favoriten hätte...

Wenn er nur nicht so dogmatisch wäre..."

Brennan machte eine Pause und sagte dann: „Nun, für den Beginn keine schlechte Auflistung. Wie sieht es mit etwas Selbstkritik aus. Laßt uns nachdenken, und ihr seid eingeladen, noch mehr Wenn-nur-Beispiele hinzuzufügen."

Einige Minuten später sagte Strong: „Ich weiß, was mancher über mich sagt: Wenn er nur sein Büro besser aufräumen würde, dann könnte er sich nicht so beschweren, daß ich seine Briefe und Papiere verliere."

Dies verursachte allgemeine Fröhlichkeit. Sie alle wußten, daß es wahr war. Strong war dafür bekannt, sich darauf zu berufen: Ich weiß, wo alles ist! Plötzlich wollten alle mitmachen.

Wallace sagte: „Wenn er nur keine zehn Worte benutzen würde, wenn ein Wort genügt. Sicherlich beweist das, daß ich den Test ‚Trifft-das-auch-auf-mich-zu' anwende!"

Es gab wieder Applaus! Brennan wußte, daß sie Kritik akzeptierten, genauso wie sie Selbstkritik übten – wieder ein Beweis, daß die meisten Menschen bei passender Gelegenheit bereit sind, ihre Schwächen zuzugeben, aber sie werden hart dagegen ankämpfen, wenn ihnen diese Schwächen von anderen vorgehalten werden.

Nachdem Spurling einige Augenblicke nachgedacht hatte, sagte er: „Ich wurde in der Vergangenheit kritisiert, und ich konnte es nicht akzeptieren. Vielleicht habe ich unrecht. Laßt es mich in die Wenn-nur-Form bringen: Wenn er nur nicht so lange brauchen würde, um alle Fakten zu sammeln, und wenn er sie dann hat, noch nach mehr Informationen zu suchen – und dann alles noch einmal von vorne, bevor er eine Entscheidung trifft. Vielleicht handle ich deshalb so, um Entscheidungen hinauszuzögern. Ich werde darüber nachdenken."

Jeder wußte, daß eine der Schwächen Spurlings darin lag, Entscheidungen hinauszuzögern bzw. nicht sofort zu handeln.

Clayton meldete sich: „Wenn er nur aufhören würde, die Ausgabenkontrolle der Ingenieure an andere zu delegieren. Manchmal könnten sie ihn umbringen."

„Meinst du das wirklich?" fragte Brennan.

„Ja, und ich gebe es nur zu, weil Richard herausfand, was los war, und mich darauf aufmerksam machte. Und Richard hatte recht. Meine Ingenieure wußten sehr schnell, daß Lustfahrten vorbei waren."

Brennan fragte weiter: „Wie sieht es mit einem letzten Beispiel von Richard aus?"

Hemmings antwortete: „Ich habe nichts zu gestehen. Ich bin perfekt!“ Buhrufe waren die Antwort.

Brennan dachte, was soll's? Wir sind alle Kinder im Herzen.

Hemmings fuhr fort: „Danke für die freundlichen Grüße. Nun muß ich meinen Standpunkt klarstellen. Ich kann kein Wenn-nur-Beispiel angeben, da ich als Finanzdirektor und Oberbuchhalter von jedem kritisiert werde. Der Vorstand wartet begierig auf die monatlichen Ertragszahlen, aber ist der Gewinn nicht groß genug, streiten sie um jede Zahl und glauben, daß ich die Fakten durcheinanderbringe. Sobald die Kosten ansteigen, werde ich beschuldigt, nicht die Vergehen anderer aufgezeigt zu haben. Wenn wir entschieden haben, daß es richtig ist, unsere Zahlungen so lange wie möglich hinauszuzögern, um liquide zu bleiben, werde ich fast von jedem kritisiert. Der Produktionsleiter bekommt keine Lieferungen, der Büroleiter bekommt sein Büromaterial nicht. Wenn wir die Prozedur umkehren, unseren Zahlungsverpflichtungen prompt nachkommen und Anstrengungen machen, unser Geld schneller hereinzubekommen, dann schießt die gesamte Verkaufsmannschaft und beschwert sich bitterlich, daß wir ihre Kunden verärgern. Wenn es keine Gehaltserhöhung gibt, wie man es sich vorgestellt hat, teilen wir die Schuld mit dem Geschäftsführer. Ihr seht, es gibt so viele Wenn-nur-Beispiele, soweit es mich betrifft. Seid ihr zufrieden?“

„Nicht ganz“, entgegnete Spurling. „Einige Wenn-nur-Beispiele sind berechtigt, weil, um es noch einmal zu sagen, ein Finanzdirektor Entschuldigungen sucht wie jeder andere. Sie fürchten sich davor, möglicherweise einen Fehler gemacht zu haben. Vielleicht solltest du auf einige dieser ‚Wenn-nurs‘ hören, Richard. Vielleicht könnten andere Maßnahmen ergriffen werden, statt die Produktion oder den Verkauf zu verärgern.“

Hemmings sagte: „Möglicherweise hast du recht, aber es ist besser, wenn der Finanzdirektor nicht der beliebteste Mann im Unternehmen ist. Zuviel Schulterklopfen könnte ihn daran hindern, die richtigen Zahlen mit der richtigen Begründung zur richtigen Zeit zu erstellen."

Brennan lächelte, und es war die Art des Lächelns, die Frauen veranlaßt zu sagen: ‚Ist er nicht lieb!' Und Männer denken: ‚Er ist ja gar nicht so übel!' Brennan ergriff wieder selbst das Wort: „Jetzt laßt uns über die Beziehungen der Abteilungsleiter zum Geschäftsführer nachdenken. Was kann der Geschäftsführer dazu beitragen, um die Fähigkeiten seiner Abteilungsleiter zu verbessern, die Qualität, die Eignungen...? Wer will anfangen? Bitte sprecht aus, was ihr meint. Ich betone, daß es keine sofortigen Entlassungen gibt."

Wieder ein befreiendes Lachen – und wieder eine entspannte Atmosphäre. Brennan wußte, daß entspannte Menschen eher geneigt sind zu sagen, was sie denken, als Menschen unter Streß.

Wallace sagte: „Vergib uns dieses Mal im voraus, Bob. Ich meine jetzt nicht dich, aber es gibt einige Geschäftsführer, die sich nichts sagen lassen. Woran liegt es, wenn sich ein Geschäftsführer ein neues Konzept ausdenkt, dieses immer perfekt ist und keine Widersprüche enthält? Kommt hingegen ein Abteilungsleiter zu ihm mit der gleichen Idee, lautet die Antwort meist: Ich werde darüber nachdenken, d. h., daß die Idee abgewertet wird. Ist das Psychologie? Glauben Geschäftsführer wirklich, daß sie alles wissen? Ich übertreibe natürlich, aber ich bitte inständig den Geschäftsführer, bereitwilliger von seinen Abteilungsleitern Ratschläge anzunehmen."

„Du hast wieder recht, Laurie. Ich stimme dir zu. Ihr alle seht nur meine beste Seite, die schlechte wird sich noch herausstellen. Was ist mit dir, Richard?"

Hemmings sagte: „Noch einmal, laßt mich draußen. Wenn mir etwas einfällt, laß ich es euch wissen." „Und du, Victor? Was hast du gegen einen Geschäftsführer einzuwenden, der möglicherweise Abteilungsleiter daran hindert, qualifizierte Führungskräfte zu werden."

Clayton zögerte, dann brach es heraus: „Aus meiner früheren Erfahrung will kein Geschäftsführer – genau wie du – ‚Ja-Leute' um sich haben. Aber stimmt das? Geschäftsführer haben Favoriten, und das sind gewöhnlich diejenigen, die dazu neigen, ihnen zuzustimmen. Sie sind bereit, mit ihnen über Mitarbeiter zu sprechen, die schwierig sein mögen, und das frustriert die fähigen Abteilungsleiter, die vielleicht nicht so bereitwillig ihrem Vorgesetzten zustimmen."

„Das ist ein guter Hinweis", antwortete ihm Brennan, „und er ist so wahr. Ich kann nicht von mir behaupten, daß ich keinen bevorzuge – oder keine Vorurteile gegenüber manchen Menschen habe. Aber jeder Geschäftsführer, der zuläßt, daß persönliche Gefühle sein Urteilsvermögen beeinflussen, ist nicht wert, Geschäftsführer zu sein."

„Danke", sagte Clayton, der wußte, daß er sich manchmal häßlich gegenüber der oberen Führungsebene benahm und nicht besonders beliebt war, während jeder Laurie Wallace bewunderte und mochte, der niemals anzuecken schien.

„Gibt es weitere Kommentare?"

Es gab keine, deshalb sprach Brennan weiter: „Dann laßt uns einige Aspekte der Führung überdenken, in denen ihr vielleicht Schwächen habt. Wer will anfangen?"

Hemmings meldete sich als erster: „Es gibt eine Forderung an Führungskräfte, die die meisten nicht erfüllen können. Ich ersuche alle Führungskräfte, sich um ein größeres Verständnis für die Finanzen zu bemühen. Zu wenige von ihnen können eine Bilanz oder eine Gewinn- und Verlustrechnung voll verstehen – sie wissen zu wenig über die Effekte eines negativen Cash-flows. Es wurde vorhin darum gebeten, daß der Geschäftsführer seinen Abteilungsleitern mehr zuhören sollte, aber wie kann er sorgfältig zuhören, wenn so viele Maßnahmen, die von Abteilungsleitern gefordert werden, Geldausgaben verursachen – dieses neu, jenes neu, größere Ausgaben, größere Autos. Ich kannte einmal einen Abteilungsleiter, der glaubte, daß der Kassenbestand am Ende des Jahres der tatsächliche Gewinn sei. Unglaublich, nicht wahr! Die Finanzierung der Renten wird kaum verstanden, und die Gefahr einer zu schnellen Expansion könnte leicht von jedem vermieden werden, der Finanzkenntnisse besitzt.

Ich weiß, daß dieses Thema nicht in einer Stunde behandelt werden kann, und außerdem, Bob, steht es nicht im Programm, wenn ich richtig informiert bin. Aber ich möchte alle Abteilungsleiter in dieser Gruppe bitten, entweder sich selbst Finanzkenntnisse anzueignen oder ein Seminar zu besuchen – oder, um Geld zu sparen, ich werde für euch ein Seminar abhalten."

„Ich stimme dem hundertprozentig zu", betonte Clayton. Die anderen nickten ebenfalls zustimmend.

Brennan war zufrieden: „Richard, deine Idee wird ausgeführt. Du machst die notwendigen Vorbereitungen. Darf ich vorschlagen – wegen deiner knappen Zeit –, ein externes Seminar zu besuchen."

Harvey Strong sagte: „Ich stimme Richard zu, daß wir alle ein besseres Verständnis für Finanzen und Rechnungswesen brauchen, aber ich glaube, das Zweitwichtigste, was ein Abteilungsleiter braucht, ist zu verstehen, was Verkaufen heißt."

„O Gott", unterbrach ihn Wallace. „Wir sind keine Verkäufer!"

„Das ist eine typische Antwort", stellte Strong mit Nachdruck fest. „Wenn vor zwanzig Jahren einem Bankier gesagt worden wäre, er müsse lernen zu verkaufen, hätte er seinen Rücktritt eingereicht, wenn es ihm möglich gewesen wäre. Das Wort verkaufen war wie ein Kirchenbann für alle Bankiers. Dann kamen die Kreditkarten, und die Abteilungsleiter mußten soviel Kunden wie möglich anwerben. Eine Bank schickte ihre Abteilungsleiter auf ein externes Verkaufstraining, obwohl der Seminartitel lautete ‚Besseres Verhandeln'. Eine Wortspielerei, um die Würde der Bankiers nicht zu verletzen.

Heutzutage verkaufen alle Führungskräfte, ob es um Versicherungen, Finanzen oder Bankgeschäfte geht. Aber sie ziehen es vor, immer noch zu glauben, daß sie verhandeln und nicht verkaufen. Der Grund, warum so viele Verkäufer nicht die Unterstützung bekommen, die sie verdienen, liegt darin, daß Führungskräfte nicht wissen, was Verkaufen bedeutet.

Kürzlich wurde ein Brief in der ‚Times' von einem britischen Importeur in Singapur abgedruckt. Er stellte die Frage: Woran liegt es, daß wir sofort Antwort von Unternehmen aus fast jedem Land bekommen – sofern es um Preise und Angebote geht –, ausgenommen von Großbritannien, wo es vier bis fünf Wochen durchschnittlich dauert – wenn wir Glück haben!"

Wallace unterbrach: „Einen Moment, du bist zu schnell. Bankiers, Versicherungsleiter, Finanzleiter – ja, sie verkaufen heutzutage. Aber Mike Spurling muß nicht verkaufen, und ich auch nicht. Und Angebote zu machen gehört mehr zur Verwaltung als zum Verkauf."

„Du liegst falsch, Laurie, zu hundert Prozent falsch! Du und Mike, ihr verkauft ständig."

Brennan schaltete sich ein: „Harvey, ich stimme dir zu. Aber die anderen tun es nicht, schau sie an. Du kannst eine Sitzungsstunde am Donnerstag oder Freitag haben, um sie zu überzeugen, daß jede Führungskraft ein Verkäufer ist. Gut so?"

„Danke", sagte Strong. „Das war's, was ich hören wollte."

Spurling gab zu: „Möglicherweise ist es richtig, daß wir in der Produktion mehr über die Probleme wissen sollten, die Harveys Verkäufer haben, aber sollte er nicht auch über unsere Probleme Bescheid wissen?"

Bevor Strong antworten konnte, sagte Brennan: „Du hast recht, Mike, deshalb wird der ganze morgige Tag Produktionsproblemen gewidmet sein."

Nach einer kurzen Diskussion fragte Wallace: „Wie steht es mit zwischenmenschlichen Behiehungen – der richtigen Art, andere Menschen zu beeinflussen? Werden wir eine Sitzung darüber haben?“

„Ich glaube nicht“, antwortete ihm Brennan.

„Oh, warum nicht?“ fragte ein überraschter Wallace, der wirklich versuchte, nach den Grundsätzen zwischenmenschlicher Beziehungen zu leben.

„Weil“, sagte Brennan langsam, „zwischenmenschliche Beziehungen zu praktizieren fast ausschließlich abhängig vom gesunden Menschenverstand ist.“ Er legte eine Pause ein, um die Spannung zu steigern, bevor er fortfuhr. „Ich glaube nicht, daß wir Menschen überzeugen können, sich an die Prinzipien zwischenmenschlicher Beziehungen zu halten. Man kann sie auflisten und dann das Beste erhoffen, aber alles läßt sich auf den gesunden Menschenverstand zurückführen, und gesunder Menschenverstand ist in der Tat ein seltenes Gut.

Wenn, zum Beispiel, eine überarbeitete Führungskraft die Beherrschung verliert und beginnt, einem Mitglied seiner Mannschaft eine Standpauke zu halten, wird er zumindest wissen, daß er sich nicht korrekt verhält, sondern wie ein Narr. Jeder weiß, daß er unrecht hat, aber gesunder Menschenverstand verschwindet manchmal, wenn Gefühle ins Spiel kommen.

Es ist gesunder Menschenverstand, zu loben, wo Lob angebracht ist, weil Lob eine große Macht bedeutet, um andere Menschen für sich zu gewinnen. Wenn aber eine Führungskraft keinen gesunden Menschenverstand hat, kann man der Führungskraft zwar sagen, was sie tun soll, aber sie wird es nicht tun.

Gesunder Menschenverstand heißt, andere Menschen nicht zu kritisieren, es sei denn, daß es unumgänglich ist – selbst dort, wo es notwendig ist, sollte die Kritik wohlausgewogen sein. Aber wenn jemand dieses Fingerspitzengefühl nicht hat, mag er zwar die Regel lernen, aber er wird dennoch vergessen, daß sie auch auf ihn zutrifft.

Es ist gesunder Menschenverstand, gute Manieren zu haben. Es ist gesunder Menschenverstand, sich nicht pompös und überheblich zu geben, nur weil man Abteilungsleiter ist. Es ist gesunder Menschenverstand, nur dann hart zu verhandeln, wenn man die richtigen Karten hat und weiß, wie sie gespielt werden. Es ist gesunder Menschenverstand, sich nicht nach oben zu bücken und nach unten zu treten. Es ist gesunder Menschenverstand, sich zu entschuldigen, wenn wir einen Fehler gemacht haben, und es ist gesunder Menschenverstand, zuzuhören und weniger zu reden...

Du siehst, Laurie, ich glaube, jeder hier kennt die Grundsätze zwischenmenschlicher Beziehungen, und wir alle wenden sie von Zeit zu Zeit an; aber zu Zeiten, wenn unser gesunder Menschenverstand uns verläßt, dann verschwindet auch der menschliche Faktor. Ich weiß nicht, wieviel gesunder Menschenverstand jeder von euch hat, aber ob man immer zwischenmenschliche Beziehungen im Geschäftsleben praktizieren kann, ist eine Frage der eigenen Persönlichkeit, Erziehung und natürlich eine Frage des gesunden Menschenverstandes.

Ich versuche es zu praktizieren, und möglicherweise habe ich zu siebzig Prozent Erfolg. Es läßt sich alles auf einen einfachen Nenner bringen: Wir müssen uns anderen gegenüber so verhalten, wie wir es von den anderen erwarten, wenn die Rollen vertauscht wären. Beantwortet dies deine Frage, daß ich nicht glaube, daß wir eine Stunde oder mehr über zwischenmenschliche Beziehungen reden müssen?“

Wallace lächelte. „Kein Wunder, daß man sagt, du seist brillant, und ich mache jetzt keinen Bückling! Du hast so viele Aspekte zwischenmenschlicher Beziehungen aufgezeigt – indirekt hast du uns herausgefordert, diese Grundsätze anzuwenden und zu beweisen, daß uns gesunder Menschenverstand nicht fehlt. Du hast wahrscheinlich recht, wir Menschen können lernen, eine gute Rede zu halten, bessere Briefe zu schreiben, Fähigkeiten zu entwickeln und Techniken zu beherrschen, aber jeder von uns muß selbst herausfinden, welch eine große Macht in der Fähigkeit liegt, andere Menschen zu beeinflussen, indem wir uns ihnen gegenüber so verhalten, daß sich unser Verständnis zwischenmenschlicher Beziehungen widerspiegelt."

„Ich danke dir, Laurie, laßt uns alle versuchen, diese Macht zu schätzen", antwortete Brennan. „Nun, wenn es keine Streitpunkte mehr gibt, möchte ich am Ende dieser Sitzung den Unterschied zwischen einer durchschnittlichen Führungskraft und einer hochqualifizierten Führungskraft beleuchten. Wir werden ein Wettspiel machen. Ich werde wie Herr Durchschnitt agieren, und ihr werdet wie Herr Qualität reagieren. Es geht los:

Er arbeitet emsig daran, den Status quo beizubehalten."

Die sofortige Antwort von Strong war: „Die hochqualifizierte Führungskraft muß ständig nach neuen Gelegenheiten zum Nutzen des Unternehmens Ausschau halten."

„Das ist ein guter Anfang", sagte Brennan, „aber es war auch einfach. Ein anderes Beispiel:

Er betrachtet sich für Veränderungen als nicht zuständig – dies ist das einzige Vorrecht von denen ‚dort oben'."

Wieder reagierte Strong schnell: „Der hochqualifizierte Manager glaubt, daß alle Veränderungen eine Herausforderung sind. Wenn er eine Veränderung einführt, die zunächst nicht annehmbar erscheint, wird er trotz vieler Rückschläge daran festhalten, mehr und mehr Fakten anführen und darauf hoffen, letzten Endes zu gewinnen."

Laurie Wallace unterbrach: „Dies ist kein Wettspiel, es gibt einfach Harvey Strong die Möglichkeit, uns mit seinen Talenten zu beeindrucken. Er hat einen solch schnellen Verstand, weil er sein ganzes Leben im Verkauf verbracht hat."

„Das stimmt genau", sagte Strong, nicht sehr galant. „In der Verkaufswelt muß jeder Verkäufer einen hellen Verstand haben, aber bei vielen Gelegenheiten in der Vergangenheit habe ich dein ziemlich schnelles Auffassungsvermögen kennengelernt, Laurie."

Brennan beendete diese Diskussion, indem er unterbrach: „Noch ein weiteres Beispiel. Er gerät außer Fassung, wenn unerwartete Probleme entstehen."

Wallace legte schnell los, bevor Strong antworten konnte. „Dies paßt zu einer meiner liebsten Maximen. Eine Führungskraft sollte niemals überrascht sein, niemals schockiert. Das bedeutet einfach, daß er die Zeichen zur rechten Zeit erkennt. Er kann Probleme voraussehen, die zu irgendeinem Zeitpunkt in der Zukunft entstehen können. Wann immer er Anweisungen gibt, wird er wissen, ob irgendwelche zukünftigen Schwierigkeiten entstehen. Deshalb ist er niemals überrascht, wenn die Produktion nachhinkt zum Beispiel, weil er Vorkehrungen getroffen hat, dieses Problem in einem solchen Fall zu lösen."

Jeder Abteilungsleiter strebte nun danach, der erste zu sein, um die nächste Frage zu beantworten.

„Hier ist ein weiteres, einfaches Beispiel", machte Brennan weiter. „Herr Durchschnitt liebt Systeme, Detailarbeit, Berichtsformulare; glaubt daran, jede Anweisung bestätigen zu müssen, und ist natürlich ein ‚Memo-Mann'."

Richard Hemmings sagte: „Du sprichst schon wieder über mich, Bob. Ich gebe zu, daß ich immer ein Papiertiger war, ich glaubte immer an die Notwendigkeit, daß alles bestätigt werden muß, jede Anweisung detailliert sein muß, weil es so viele Narren gibt. Es gab immer zuviel Papierflut in den Büros, für den Fall, daß jemand eine mündliche Anfrage vergißt. Meine Briefe waren alle zwei Seiten lang – statt einer. Ich habe darauf bestanden, Papiere zu stapeln, um die gestapelten Papiere zu kontrollieren.

Ich verdanke es dem alten Linklater, mich davon geheilt zu haben! Als ich eine Kostensenkungsmaßnahme untersuchte, erzählte er mir die Geschichte, wie Marks & Spencer ihre Papierflut um siebzig Prozent einschränkten und daß niemand zum Verlierer wurde. Er erzählte mir, daß ich von niemandem erwarten könne, Kosten zu senken, während ich ständig so viel Papier verschwendete.

Und er hatte recht, um es in deine Worte zu kleiden, Bob. Die hochqualifizierte Führungskraft hält nicht allzuviel von Papierarbeit."

Spurling fügte hinzu: „Und ich saß am anderen Ende. Du hättest hören sollen, was ich von Zeit zu Zeit über dich zu sagen pflegte!"

„Ich kann es mir vorstellen", sagte Hemmings mit einem Lachen.

Brennan beendete diese Diskussionsrunde: „Laßt uns alle von Richards Lektion lernen. Noch jemand, der ein Geständnis machen möchte?"

Wallace war an der Reihe: „Ich glaubte, daß alles strukturiert sein muß, indem man Schritt für Schritt vorangeht. Das stammt aus meiner juristischen Erziehung. Ein strukturiertes Interview war, daran glaubte ich, notwendig. Es sollte ein strukturiertes Schreibzimmer geben. Keine Regel sollte jemals gebrochen werden, alle Sitzungen sollten strukturiert sein, aber ich bin nicht länger mehr ein vollständig strukturierter Mensch. Wißt ihr warum?"

Brennan antwortete schnell: „Weil strukturieren sehr oft die Initiative tötet, genauso wie die Freude im Geschäftsleben, und es kann Freude im Geschäftsleben geben, die Aufregungen, Neuerungen einzuführen, die Freude, Regeln zu brechen und trotzdem erfolgreich zu sein..."

„Hundert Prozent richtig!" bestätigte Wallace.

„Ich möchte einen Punkt aufgreifen", fuhr Clayton fort. „Die durchschnittliche Führungskraft sucht zuerst nach Sicherheit, und deshalb vermeidet sie, Chancen zu erkennen. Richtig oder falsch?"

„Richtig!" sagte Strong. „Die hochqualifizierte Führungskraft nimmt ihre Sicherheit aus dem Wissen, daß sie die Arbeit besser als irgend jemand anderes tun kann."

Für einen Augenblick schien ein gewisses Unwohlsein unter den Abteilungsleitern zu entstehen.

Da sagte Brennan: „Es ist richtig, aber es gibt keine wirkliche Sicherheit für irgendeinen von uns. Wie Harvey sagte, die einzige Sicherheit ist die, die wir uns selbst verschaffen. Ein für allemal, ich würde niemand beschuldigen, der ein kalkuliertes Risiko übernimmt – dies zeichnet eine effektive Führungskraft aus. Aber es gibt nur wenig Sicherheit für eine Führungskraft, die Risiken auf Kosten des Unternehmens übernimmt, ohne in der Lage zu sein, diese Risiken zu bewerten.

Das Denken einer solchen Führungskraft kann mit diesen Worten zusammengefaßt werden: Sie haben genügend Geld, Gewinne sind gut. So, was macht es, wenn etwas schiefgeht? Aber laßt es uns richtigstellen. Niemand von uns kann erfolgreich sein, ohne von Zeit zu Zeit ein kalkuliertes Risiko einzugehen. Aber die Frage, die wir uns selbst stellen sollen, wenn es um Investitionen geht, lautet: Würde ich das gleiche Risiko eingehen, wenn es um mein eigenes Geld ginge?

Nun, laßt uns noch ein letztes Beispiel nennen."

Spurling meldete sich: „Ich bin an der Reihe. Die durchschnittliche Führungskraft verbündet sich oft mit den Mitarbeitern, insbesondere, wenn sie aus ihren Reihen befördert wurde. Sie ist sich ständig der Tatsache bewußt, daß, bevor sie befördert wurde, auch sie oft das Unternehmen kritisiert, Regeln gebrochen hat. Nun muß sie ihrerseits den Mitarbeitern sagen, daß sie die gleichen Regeln nicht brechen dürfen.

Die Regel sollte sein, daß eine hochqualifizierte Führungskraft bei einer Auseinandersetzung immer auf der Seite des Unternehmens steht. Später mag sie die Angelegenheit mit der oberen Führungsebene diskutieren, und wenn sie sie überzeugen kann, daß die Mitarbeiter im Recht sind, kann sie zu ihren Leuten zurückkommen und zugeben, daß vielleicht ein Fehler gemacht wurde. Aber sie kann nicht Mitarbeiter sein und gleichzeitig eine Führungskraft."

Brennan kündigte eine kurze Pause an, als ein Steward mit Kaffee und Plätzchen kam.

7 Mit Streß leben

Nach der Kaffeepause sagte Brennan: „Mike, ich weiß, du möchtest über Streß reden und wissen, wie Streß die Arbeitskraft und die Führungskraft beeinträchtigt.“

Spurling war sofort bereit. „Für mich“, erklärte er, „ist die bedeutsamste Eigenschaft eines qualifizierten Führungsteams, mit Streß und Veränderungen umgehen zu können. Ich habe sehr eng mit Victor auf diesem Gebiet zusammengearbeitet, und ich möchte über Streß als Faktor im Führungsmanagement reden – und Victor wird aufzeigen, wie Streß und Veränderungen integriert werden können.“

Spurling wartete, daß Brennan ihm zunickte, dann fuhr er fort: „Ich bin sicher, wir wissen alle, daß die Qualität immer leidet, sobald jemand unter Streß steht, aber sehr oft bemerken wir nicht den Streß, den wir verursachen. Eine Mitteilung vom Hauptabteilungsleiter kann Abteilungsleiter in Streß-Situationen bringen. Ebenso kann eine Mitteilung eines Abteilungsleiters an seine Mitarbeiter Streß erzeugen. Warum? Weil die meisten Memos eine Art von Veränderung beinhalten. Machen Sie dies, tun Sie das, stellen Sie sicher, daß rechtzeitig geliefert wird, verhindern Sie Bruch. Neue Maßnahmen gegen Diebstahl, Begründungen für Ausgaben werden verlangt usw. Veränderungen müssen gemacht werden.

Wenn das Memo verschickt wird, erkennt der Empfänger am Umschlag und an der Schrift sofort, wo es herkommt, und das bedeutet bereits Streß, noch bevor der Umschlag geöffnet wurde."

Brennan fragte nach: „Aber wie können wir anders kommunizieren, insbesondere wenn wir verschiedenen Mitarbeitern die gleiche Information geben wollen?"

„Und dies", antwortete Spurling, „ist sehr oft ein anderer Streßfaktor. Der Empfänger weiß, daß die Kollegen die damit verbundene Kritik an ihm lesen. Gut, Bob, wir hatten Körbe voll Memos bei Linklater, so daß sich jeder darüber erzürnte. Ich habe die Zahl der Memos um neunzig Prozent abgebaut und nur noch zur Information benutzt. Jede Kritik wurde mündlich gegeben – und schriftliche nur, wenn es absolut notwendig war. Es wirkte Wunder."

Hemmings, ein überzeugter Memo-Schreiber, unterbrach ihn: „Ich stimme nicht zu. Memos sind wesentliche Bestandteile im praktischen Geschäftsleben!"

„Informative Memos, ja, dem stimme ich zu, aber es gibt kaum Veranlassung für Memos, wenn eine Veränderung notwendig ist oder wenn kritisiert werden muß.

Reden, reden, reden, denn wir können dadurch viele Gegensätzlichkeiten vermeiden, weil – wenn wir reden – wir erklären können, lachen können, Hände schütteln können . . . Ein Memo kann dies nicht.

Ich weiß, daß dies nicht auf dich zutrifft, Richard, aber es werden so viele Memos verschickt, um Autorität zu zeigen." Das war Spurlings Überzeugung.

Bevor Hemmings ein Argument hervorbringen konnte, unterbrach ihn Brennan: „Du brauchst nicht fortzufahren, wir sind hier, um Entscheidungen über Qualität zu treffen, und du hast etwas entdeckt. Du wirst zukünftig von mir nur wenige Memos erhalten." Dann fügte er hinzu: „Aber Mike, du wirst mir doch nicht erzählen, daß Memos der Hauptgrund von Streß sind?“

„Natürlich nicht, aber manchmal tragen sie dazu bei. Sie sind verbunden mit Veränderungen, und immer beeinträchtigen sie die Qualität. Hier sind acht andere Streß-Faktoren, die wir uns einhämmern sollten.“

„Bevor du fortfährst“, unterbrach Wallace, „darf ich eine Anmerkung machen?“

Spurling, verärgert, im vollen Redefluß unterbrochen zu werden, verbarg seine Gefühle mit einem Lächeln und sagte: „Okay.“

„Mike“, sprach Wallace weiter, „machst du nicht aus einer Mücke einen Elefanten? Wir alle leiden gelegentlich unter Streß. Wir alle machen uns von Zeit zu Zeit Sorgen, und was ist der Unterschied zwischen Sorgen und Streß? Sicherlich, Streß beeinträchtigt wenige Menschen, so daß es kaum Wert hat, dem Streß eine Priorität einzuräumen. Dies ist zudem erst unsere zweite Sitzung über Menschenführung'“

Für einen Augenblick herrschte Schweigen, und Brennan schaute Spurling spöttisch an, der offensichtlich in Spannung geriet. Plötzlich entspannte sich Spurling und sagte: „Sich Sorgen machen ist verwandt mit Problemlösung. Wenn Harvey sich zum Beispiel mit fallenden Umsätzen beschäftigt, mag er sich darüber Sorgen machen, da er aber ein fähiger Verkaufsleiter ist, steht er nicht unter Streß. Die Sorge oder – wie ich lieber sagen würde – die Problemlösung wird so lange andauern, bis der Moment erreicht ist, wenn Harvey sagen kann: Das ist es, das ist es, was ich tun werde! Dann haben seine Sorgen ein Ende. Aber Streß verschwindet nicht so leicht. Vielleicht gab es nicht so viel Streß vor Jahren, aber du mußt nur für einige Tage in die Produktion gehen, um herauszufinden, warum einfache, anständige Arbeiter so schnell unter Streß stehen können. Und unter Streß machen Menschen alle möglichen Aussagen – machen alle Arten von Fehlern –, und verrückte Fehler passieren.

Sorgen lösen Probleme, der Streß tut es nicht. Streß untergräbt den Willen und den Verstand. Zuflucht mag im Trinken oder in einer Krankheit gesucht werden, und, so traurig es sein mag, die sensiblen Menschen leiden am stärksten unter Streß. Wenn wir eine qualitative Organisation haben wollen, müssen wir bereit sein, eine Veränderung nach der anderen zu machen. Und dies ist der Punkt, an dem ich beginne.

Alle großen Veränderungen verursachen Streß, mit dem zeitweiligen Verlust von Fähigkeiten, mit Nachlassen der Motivation verbunden sowie der Angst, die Arbeit nicht bewältigen zu können. Beantwortet dies deine Frage, Laurie?"

Der Ex-Jurist sagte: „Ich werde darüber nachdenken!" Das war typisch für ihn. Jeder lachte, und die Spannung war wieder gebrochen.

Spurling fuhr fort: „Nun zu meinen acht Punkten, und danach gebe ich euch meine Ansichten bekannt, wie wir diese Anzeichen von Streß erkennen können:

1. Streß wird verursacht, wenn jemand mit Arbeit überlastet ist, die er ungern tut, oder ihm Aufgaben übertragen werden, die er nicht effizient erfüllen kann. Diese Menschen sind die sogenannten willigen Pferde, die sich niemals weigern, eine Aufgabe zu übernehmen, aber, obwohl sie äußerlich ruhig erscheinen mögen, wenn sie den Auftrag übernehmen, leiden sie innerlich an Aufregung und Streß. Wir alle kennen unsere willigen Pferde, und wir dürfen sie nicht als gegeben betrachten.
2. Gebe niemals einen Hinweis auf Beförderung, wenn auch nur der geringste Zweifel besteht, daß sie nicht eintreten kann. Wenn wir solche Halbversprechen machen, wird der Empfänger dieser Nachricht kaum schnell genug nach Hause kommen können, um seiner Frau die guten Nachrichten zu überbringen. Sie erzählt es ihren Freundinnen: Ich glaube, Frank wird

bald Abteilungsleiter werden. Ist das nicht wunderbar! Dann, wenn er innerhalb einer angemessenen Zeit nicht befördert worden ist, wird er unter Streß stehen und eine Entschuldigung nach der anderen finden, warum er nicht befördert wurde.

3. Furcht ist ein großer Streßfaktor, und alle Drohungen verursachen Furcht. Eine Drohung kann in fast jeder sachlichen Aussage sein: Du weißt, daß der Boß sehr hart mit denjenigen umspringt, die ihre Ziele nicht erreichen. Was kann hart bedeuten? Etwas anderes als Rausschmiß?
   Streß wird ebenfalls verursacht durch die Furcht vor dem Unbekannten: Wie wird es mich beeinträchtigen? Werde ich erkannt werden? Werde ich fähig sein, mitzuhalten? Eine Führungskraft muß alles Notwendige tun, um das Unbekannte bekannt zu machen.
4. Wenn jemand in einem Büro, in einem Geschäft oder in einer Fabrik das Gefühl entwickelt, ‚nicht auf dem laufenden zu sein' – keinen Kontakt zu Kollegen hat –, kann diese Person unter Streß geraten. Wenn jemand das Opfer von Vorurteilen ist – Rasse, Religion oder Sex –, mag diese Person ebenfalls unter Streß leiden.
   Es ist Sache der Führungskraft, zu beobachten, zu wissen, was vorgeht, und bereit zu sein, die Dinge ins Lot zu rücken. Oft ist ein freundliches Gespräch alles, was benötigt wird.
5. Technische Veränderungen können Streß verursachen, viele unnötigerweise. Der Fehler liegt gewöhnlich in der Führung, da die Angestellten nicht ins Vertrauen gezogen werden. Es gibt überall in der Welt den Unterschied zwischen beraten und verhandeln, und zu wenige Führungskräfte beraten, dies mag später zu harten Verhandlungen führen.
6. Oft sucht jemand die Schuld für Streß in seiner Arbeit, obwohl es nur eine Ausrede für den wahren Grund ist. Wenn er ins Büro kommt, grau im Gesicht, mit roten Augen, wird ihm

von gutmeinenden Kollegen gesagt, daß er nicht gut ausschaut und zu hart arbeiten muß. Wenn dies jemandem zu oft gesagt wird, beginnt er, daran zu glauben, daß es wahr ist. Die wirkliche Streßursache mag ein Problem mit seiner Frau sein, mit seinem Kind oder irgendein anderes Familienproblem. Führungskräfte sollten danach streben, ein solches Einverständnis mit ihrer Mannschaft aufzubauen, daß diejenigen, die unter Streß stehen, Vertrauen haben und um Rat nachsuchen. Aber auch wenn das Problem unlösbar scheint, ein verständnisvolles Gespräch kann dem Betroffenen oft helfen, besser damit zu leben.

7. Wenn ein Angestellter ein Vergehen begeht, aber sich keine Sorgen über sein Fehlverhalten macht, kann er nicht unter Streß leiden. Wenn er allerdings ein Gewissen hat, das ihm keine Ruhe läßt, wird er Angst entwickeln, und dies führt zu Streß. Diese Streßprobleme entstehen manchmal bei Menschen, die für längere Zeit nicht zu Hause waren.
Ein Mann weiß, daß er seiner Frau nicht alle häuslichen Verantwortungen überlassen soll, aber gegen besseres Wissen liebt er es zu trinken, liebt gutes Essen und auf Kosten seines Unternehmens zu reisen. Schließlich, wenn er ein Gewissen hat, wird er unter Streß kommen. Dies kann ebenfalls verknüpft sein mit übermäßigem Alkoholgenuß, ein weites Problem unserer Tage. Unglücklicherweise erkennt niemand diese Symptome selbst, und dies kann unsagbares Leid und Streß verursachen. Führungskräfte sollten immer ein Auge auf Mitarbeiter haben, die lange von zu Hause weg sind. Sie sollten fähig sein zu erkennen, wenn die Dinge schieflaufen. Ein Zeichen dafür ist es, wenn jemand immer in den gleichen Bezirk oder in das gleiche Land reisen möchte, obwohl es keinen offensichtlichen Grund für regelmäßige Besuche gibt. Oft nimmt dann die Freude am Reisen den Platz der Unternehmensziele ein.

8. Streß entsteht oft, wenn jemand tatsächlich mehr Arbeit hat, als er bewältigen kann. Der Grund mag in einer Geschäftsausweitung liegen, einer Verringerung der Mitarbeiter oder beim Serviceleiter im allzu großen Ausfall von Geräten, während Kunden ständig telefonieren und sofortigen Wartungsdienst verlangen.
   Die Ausweitung der Arbeit, wenn sie zeitlich begrenzt ist, verursacht selten Probleme. Ausgenommen für die nicht so fähigen, willigen ‚Pferde'. Ist das jedoch ein ständiger Zustand, dann verursacht er Streß. Allerdings ist dies oft die Situtation, die am leichtesten geheilt werden kann, denn alles, was benötigt wird, ist ein besseres Zeit-Management, um die Arbeitslast zu verteilen. Zeit-Management, was natürlich Delegation einschließt, wird manchen davor retten, dem Streß zu erliegen."

Spurling machte für einen Moment eine Pause und blickte in die Runde: „Irgendwelche Fragen?"

Es gab keine, so fuhr er fort: „Hier sind jetzt Streßsymptome, die wir erkennen müssen:

1. Wenn jemand plötzlich beginnt, Fehler zu verbergen.
2. Wenn jemand, der gewöhnlich anderen in die Augen schauen kann, dies vermeidet.
3. Wenn jemand normalerweise zur Arbeit kommt, trotz Erkältung, Husten, Rückenschmerzen oder Streiks, dann aber Virusinfektionen bekommt, Rückenschmerzen zu Bandscheibenschäden werden, Kopfschmerzen sich in Migräne verwandeln und gelegentliche Verkehrsstaus sich in größere kilometerlange Autoschlangen verwandeln, dann können dies alles Streßsignale sein.
4. Wenn jemand über einen längeren Zeitraum Überstunden im Büro macht, angeblich hart arbeitet, fürchtet er sich mög-

licherweise vor neuen Anforderungen. Dies kann ein Streßsymptom sein.

5. Wenn jemand, der sich nicht regelmäßig beschwert, anfängt, sich über das Klappern der Schreibmaschinen zu beschweren, über lautes Reden, über das ständige Scheppern von Teetassen, über schlechte Sitzmöbel, schlechte Beleuchtung, schlechte Klimaanlagen usw.
6. Das Nachlassen der Leistungen. Unter Streß ist es schwer, Konzentration aufrechtzuerhalten. Aber ohne Konzentration läßt die Leistung nach. Eine Person unter Streß verbringt die meiste Zeit damit, über die Probleme nachzudenken, die den Streß verursachen.

Dies sind nur einige der Symptome. Als Führungskräfte müßt ihr Verständnis haben, Geduld, Mitgefühl und den Wunsch, das Beste aus eurem Team zu machen. Wir können dies nur tun, wenn wir auf Warnsignale achten und dann das Problem mit der betreffenden Person besprechen."

„Gut gemacht!" sagt Wallace. Dann fügte er hinzu: „Mike, du bist der Produktionsleiter und hast 500 Angestellte. Praktizierst du, was du predigst? Und wie hast du dir dein Wissen über Streß-Probleme erworben?"

Spurling antwortete: „Weil mich der Streß wegen meiner Führungsaufgaben betraf, besuchte ich mit Victor einen Kurs, wo der Umgang mit Veränderungen und Streß gelehrt wurde. Ganz offen, ich habe eine Menge der Notizen benutzt, und ich bin sicher, daß Victor nichts dagegen hat, wenn ich euch sage, daß vermutlich auch seine Rede auf den Erkenntnissen dieses Seminars aufgebaut ist."

Clayton, der sich entschieden hatte, nichts über das Seminar zu sagen, das sie besucht hatten, lächelte schwach und meinte: „Ich hatte es vor zu erwähnen."

Da schaltete sich Brennan ein: „Es spielt keine Rolle, woher die Informationen kommen. Es gibt nichts Besseres als praktische Erfahrung, so wie ihr beide sie habt, verbunden mit der Erfahrung anderer auf dem Trainingsgebiet."

Spurling endete: „Das ist alles, was ich über dieses Gebiet zu sagen habe. Ich bin sicher, es wird Diskussionen geben und hilfreiche Beiträge."

Brennan schüttelte Spurlings Hand in einer gratulierenden Art und Weise, was wiederum weder Wallace noch Clayton erfreute. Er sagte: „Wir müssen alle daran denken, daß Menschenführung bedeutet, viele kleine Probleme zu lösen. Es gibt nur wenige große."

Die Diskussion, die folgte, dauerte einige Zeit, bis Brennan ankündigte, daß es wieder Zeit für eine kurze Pause sei.

8 Loyalität

In der Pause sagte Brennan: „Ich muß telefonieren. Ich bin gleich zurück."

Hemmings fragte: „Probleme?"

Brennan nickte: „Es gibt immer Probleme, aber ich glaube, sie werden sich leicht lösen lassen, denn alles ist überlegt worden."

Nachdem Brennan den Raum verlassen hatte, bemerkte Wallace: „Sogar zu diesem frühen Zeitpunkt scheint Bob eine Führungskraft zu sein, die zur Loyalität inspiriert."

Strong stimmte dem nicht zu: „Ich gebe nicht viel auf dieses Loyalitätsgetue. Was ist Loyalität überhaupt? Lippenbekenntnisse gegenüber dem Chef – jawohl, Herr Meyer, aber sicher Herr Meyer. Wir müssen uns damit abfinden, Loyalität ist ausgestorben. Bob Brennan kann keine Loyalität von uns erwarten. Ich werde arbeiten bis zum Umfallen, nicht für Bob, aber weil ich nun mal so bin. Ich kann nicht weniger geben als mein Bestes, und ich will auch nicht das Team im Stich lassen. Aber Loyalität – was immer es heißen mag – nein!"

„Du glaubst dann doch an Loyalität", sagte Wallace.

Strong schaute ihn überrascht an: „Wie hast du das herausgefunden?"

„Du sagtest, daß du dein Bestes tun wirst, um das Team nicht im Stich zu lassen. Ist das nicht Loyalität – loyal gegenüber einem Team? Und wenn du loyal gegenüber dem Team bist, bist du indirekt auch loyal zu Bob. In der Tat, wenn du noch in fünf Jahren hier bist, können wir sogar das Wort Bob durch das Wort Team ersetzen."

Strong überlegte: „Gut, ich will es so sagen . . ."

Wallace unterbrach ihn: „Es gibt keinen anderen Weg. Für mich bedeutet Loyalität einfach eine Lehnspflicht gegenüber irgend jemand oder gegenüber etwas, das unsere Liebe, unsere Zuneigung und unseren Respekt verdient. Unsere Königin, unser Land, und auch diejenigen, die uns beschäftigen, vorausgesetzt, sie kümmern sich um unser Wohlergehen und zeigen uns gegenüber Verantwortung, und deshalb sind wir ihnen verpflichtet. Wenn das der Weg ist, den Bob beabsichtigt uns gegenüber einzuschlagen, wird er unsere Loyalität fordern, was nichts anderes bedeutet, als daß wir bereit sein werden, eine Extrameile für ihn zu gehen."

Strong war anderer Meinung: „Du hättest im Gerichtssaal bleiben sollen. Du behandelst diesen Fall wie ein typischer Anwalt, aber im Augenblick kann von uns nicht erwartet werden, Loyalität zu zeigen, wie du es gegenüber Bob dargestellt hast."

„Warum nicht? Warum ihm nicht zugestehen – im Zweifelsfalle für den Angeklagten –, daß er uns gegenüber verantwortlich handeln wird, daß er ebenfalls bereit ist, diese Extrameile für uns zu gehen? Das ist kein Geschwätz, Harvey, es bedeutet eine ganze Menge für viele Menschen."

Spurling schaltete sich ein: „Du schlägst nicht vor, Laurie, daß Loyalität Lehnspflicht, nenne es, wie du es willst, bedeutet, daß wir niemals eine andere Option eingehen dürfen, niemals emigrieren dürfen – unsere Lehnspflicht niemals einem anderen Land anbieten dürfen? Sogar der loyalste Yorkshire-Cricketspieler könnte entscheiden, daß es besser für ihn wäre, für eine Grafschaft im Süden zu spielen."

„Genau!" sagte Wallace. „Loyalität meint nur eine spezielle Beziehung mit einer Einheit, ob es eine Grafschaft ist, ein Land oder eine Arbeitsstelle. Loyalität bedeutet niemals, daß wir unser Unternehmen nicht verlassen können, um uns selbst zu verbessern. Niemand würde dies jemals verdammen. Es bedeutet nur, ein kleines bißchen extra zu geben und möglichst nicht diejenigen auflaufen zu lassen, die uns beschäftigen."

Da fragte Hemmings: „Würde Loyalität für dich bedeuten, Laurie, ein Unternehmen nicht zu verlassen, da dies die Zukunft des Unternehmens gefährden könnte? Bedeutet es, daß niemand von euch jetzt Bob verlassen würde, wenn euch irgend jemand ein höchst generöses Angebot machen würde?"

„Ich werde mich darauf nicht festlegen", antwortete Wallace. „Es hängt von vielem ab."

„Du meinst, es hängt einzig und allein davon ab", sagte Hemmings, „was das Angebot wert ist; ob jemand, der keine Risiken mag, der Ansicht ist, daß es sicherer sei, das Unternehmen nicht zu verlassen. Angenommen, du würdest nächsten Montag von einem Kopfjäger angesprochen, der dir die Position eines Geschäftsführers plus Sicherheiten, plus zusätzliche Nebenverdienste anbietet, würdest du nein sagen aus Gründen der Loyalität gegenüber Bob, als Vorschuß, wie du es vorgeschlagen hast?"

Wallace meinte: „Das ist eine hypothetische Frage. Sie kann nicht beantwortet werden."

In diesem Augenblick kehrte Brennan zurück. „Wir haben einen guten Anfang gemacht", sagte er, „laßt uns rechtzeitig zum Mittagessen gehen."

Die Damen trafen sich mit den Männern in der Queens-Grillhalle, um einen Drink zu nehmen, ausgenommen Pat, die es vorzog, das Mittagessen ausfallen zu lassen und ihre Zeit im Golden

Door Bad zu verbringen. Aerobic und die Wasserübungen hatten es ihr angetan – sie hatte Angst zuzunehmen.

Brennan bemerkte, mit welcher Hast Wallace seinen Gin Tonic trank, während Harvey Strong mit einem Tomatensaft vorliebnahm. Penny Hemmings bat um einen sehr trockenen Martini, und dann beschwerte sie sich, daß er nicht trocken genug war. Um nicht übertroffen zu werden, hatte Dorothy Wallace einen ‚Scotch on the rocks' bestellt und bestand darauf, daß der Whisky ein Bells sein muß; was für Brennan Zeitverschwendung bedeutete, weil jeder ‚Whisky on the rocks' für ihn gleich schmeckte.

All diese kleinen Szenen beobachtete Brennan, um sie später in seinen abschließenden Feststellungen zu benutzen.

9 Eine Veränderung im Führungsverhalten

Die Nachmittagssitzung begann um vierzehn Uhr fünfzehn. Laurie Wallace wußte, daß es dumm von ihm war, vor dem Mittagessen etliche große Gins zu trinken. Auch hatte er den Gesichtsausdruck von Brennan bemerkt, als er beim Mittagessen den Kellner um ein Glas Rotwein bat. Und ihm entging nicht, daß Harvey Strong und Mike Spurling überhaupt nichts tranken. Er wußte auch, daß Dorothy ihm später Vorwürfe machen würde.

Brennan eröffnete die Runde: „Du bist an der Reihe, Victor."

Und Clayton begann: „Gestern abend versuchte ich, meine Getränke bar zu bezahlen, aber der Steward an der Bar sagte mir, ich müsse nur unterschreiben und am Ende der Reise abrechnen. Der Grund war offensichtlich, aber ich fragte ihn, wie denn die Reaktion des Personals auf diese Neuerung war.

Er antwortete: Zuerst haben wir sie beschuldigt, eine zeitraubende Idee einzuführen und sich in unsere Trinkgelder einzumischen. Dann waren wir uns einig, daß es ohnehin nicht funktionieren würde.

Ich erwähnte, daß es dennoch funktioniert, und er sagte: Ja, tatsächlich funktioniert es sehr gut. Sie wissen, daß das Bedienungsgeld inklusive ist, und das ist für uns alle besser.

Und dies", Clayton fuhr fort, „ist ein typisches Beispiel für den Effekt einer Veränderung. Zuerst gibt es Widerstand, dann die Überzeugung, es funktioniert nicht, und schließlich wird alles akzeptiert, wenn sich die Veränderung als eine Verbesserung erweist oder wenn sie keine großen Auswirkungen auf die Betroffenen hat. Was wir herausfinden müssen, sind ‚Wege, um den Widerstand am Anfang zu verhindern‘, da wir eine Reihe von Veränderungen, besonders in der nahen Zukunft, durchführen werden."

Indem er den gelehrten Wallace ansah, fuhr er fort: „Laurie, was hältst du von diesen beiden Zitaten für die Anfänger? Das erste stammt von Machiavelli: ‚Es gibt nichts Schwierigeres durchzusetzen, keinen größeren Zweifel am Erfolg, nichts Gefährlicheres, um damit umzugehen, als eine neue Ordnung der Dinge einzuführen.‘ Und das zweite Zitat stammt aus Newtons zweitem Bewegungsgesetz: ‚Auf jede Aktion erfolgt eine Reaktion.‘ Ich sehe, daß Laurie es kaum fassen kann, wie gelehrt ich bin. Ich will ehrlich sein, beide Zitate wurden uns auf dem Seminar, das ich mit Mike besuchte, vorgetragen. Aber sie charakterisieren die Situation, wann immer eine Veränderung eingeführt wird.

Wahrscheinlich liegt der Hauptgrund, warum eine Veränderung abgelehnt wird, darin, daß wir in ihr eine Bedrohung unserer Sicherheit sehen. Sogar eine Veränderung im Büro oder die Einführung eines Computers kann das Gefühl der Unsicherheit verursachen. Zusätzlich wird ein Schock durch die Veränderung ausgelöst. Sehr viele Vorgesetzte künden auf dramatische Weise eine Veränderung an, anstatt besser in kleinen Schritten vorzugehen. Die Mitarbeiter lieben keine Schocks.

Schließlich hat niemand von uns etwas gegen eine Veränderung, wenn wir in die Planung mit einbezogen waren oder wir um Rat gefragt wurden. Wir können dann den anderen die Zielsetzung der Veränderung erklären – wann sie eingeführt wird, wer davon betroffen ist, welcher Langzeiteffekt zu erwarten ist und wahrscheinlich das Allerwichtigste: Wie wird der einzelne davon beeinflußt? Sind Einkommenseinbußen zu befürchten? Unbehagen? Unfähigkeit, die Tragweite zu begreifen? Furcht? Wir müssen uns all diese Streßfaktoren vor Augen führen und versuchen, sie auszudiskutieren."

Er machte eine Pause, die Brennan nutzte: „Das war eine gute Eröffnung, Victor, gut gemacht!"

Clayton lächelte ein wenig und sagte: „Ich fürchte, du wirst den folgenden Teil nicht so mögen, Bob. Ich habe gesagt, daß niemand Kritik liebt, aber glaubst du, Bob, daß dich keine Schuld trifft wegen der Art und Weise, wie du die Veränderungen einführtest, die du entschieden hattest? Harvey hörte von der neuen Verkaufspolitik auf dem Treffen in London. Das erste, was ich auf dem gleichen Treffen erfuhr, war, daß wir externe Service-Ingenieure beauftragen. Wir alle kennen deinen Ruf, ein harter Verhandlungspartner zu sein, ein Mann von schnellen Entscheidungen, aber meinst du nicht, daß du uns hättest anhören sollen, bevor diese Ankündigungen gemacht wurden? Wie ich bereits vorher erwähnte, Rat einholen und Beteiligen sind sehr wichtig bei Veränderungen. Rede ich zu offen?"

„Nein", antwortete Brennan. „Deine Kritik ist berechtigt, da du mich nicht sehr gut kennst. Ich habe diese Entscheidungen nach sehr sorgfältigen Untersuchungen getroffen. Nachdenken, Abwägen und Überprüfung aller Fakten gingen voraus. Ich wollte, daß es meine Entscheidung war, daß keiner von euch den Verkäufern oder Service-Ingenieuren erklären mußte, daß es teilweise auch eure Entscheidung war, was nur zu überflüssigen Reaktionen geführt hätte."

Aber Clayton beharrte auf seinem Standpunkt: „Wir alle schätzen deine Rücksichtnahme, aber noch einmal, und ich hoffe, daß ich nicht zu offen spreche, dies ist die Art der Entschuldigung, die alle Geschäftsführer benutzen, wenn sie eine Entscheidung treffen wollen, ohne irgend jemandem zu gestatten, darüber zu diskutieren. Du könntest die Ansichten der Arbeiter berücksichtigt haben, aber hast du unsere Ansichten berücksichtigt? Darf ich es erklären, und dann kannst du entscheiden, ob deine Vorgehensweise korrekt war."

Brennan dachte, daß beide – Clayton und Spurling – bereits wie Vorstandsdirektoren sprachen. Dann sagte er: „Mach weiter! Ich freue mich, nicht von ‚Jasagern' umgeben zu sein. Das schlimmste, was mit den ‚Neinsagern' passieren kann, ist der Rausschmiß!"

Er lachte – und die anderen ebenfalls, so daß sich wieder einmal die Spannung entlud.

Clayton sprach weiter: „Als wir deine Ankündigungen hörten, waren wir fast alle dagegen; das hätte nicht zu sein brauchen, wenn wir vorher um Rat gefragt worden wären. Wir unterscheiden uns darin nicht von den Barkeepern. Du sagtest, daß hinterher diskutiert würde, aber mußtest du uns wie eine Dampfwalze überrollen?"

„Einen Moment", unterbrach Brennan, „denkt an die Notiz auf Trumans Schreibtisch: ‚Hier endet die Verantwortung'. Das trifft auch auf Geschäftsführer zu. Manchmal muß ein Geschäftsführer eine harte Entscheidung treffen und kann keine einstimmige Meinungsbildung zulassen."

„Das ist richtig", bestätigte Clayton. „Aber ich dachte weniger an die wichtigen Entscheidungen, vielleicht mehr an die unzähligen kleinen Veränderungen, die ebenfalls von Geschäftsführern veranlaßt werden, ohne Rat einzuholen. Und sicherlich gibt es sehr wenige bedeutsame Veränderungen, die keine Befragung auch auf einer anderen als der Vorstandsebene erfordern. Die Mitarbeiter, die die Veränderungen durchführen müssen, sollten informiert werden, bevor Entscheidungen fallen. Bei solchen seltenen Gelegenheiten, wenn Veränderungen sofort umgesetzt werden müssen, sollten sicherlich dem Abteilungsleiter umfassende Erklärungen gegeben werden, der dann seinerseits die Botschaft weitergeben kann. Es scheint so ein großer Graben zwischen dem Vorstand und dem Führungsteam zu sein. Allerdings – wenn ich es so ausdrücken darf –, es ist das Führungsteam, daß alle erforderlichen Veränderungen durchführen muß."

Brennan schaltete sich wieder ein: „Du bist nun auf dem Gebiet der Entscheidungsfindung, aber ich verstehe, was du meinst. Wollen wir es dabei belassen? Die Entscheidung ist nun getroffen, daß ich mich mehr beraten lasse, bevor Anweisungen auf dem Tablett serviert werden. – Nein, einen Moment, ich brauche es nicht zu tun, wir müssen die Zahl der Memos verringern, nicht wahr? Es gibt eine Menge, an das ich mich erinnern muß", folgerte er mit einem Lächeln.

Brennan war etwas besorgt über den Verlauf dieser Sitzung. Er wollte keinen Konflikt mit seinen Abteilungsleitern während der ersten Tage, aber er konnte fühlen, daß er sich einen Schnitzer geleistet hatte. Er hattc ihnen am Anfang seiner Tätigkeit gesagt, daß er Rat einholen würde, bevor Neuerungen durchgeführt werden, aber das schien offensichtlich nicht auszureichen.

Nach einer kleinen Pause fuhr er fort: „Es wird auch keine Dampfwalze geben, sondern vornehme Rippenstöße. Aber ich möchte noch einmal betonen, daß ich bei solch weitreichenden Veränderungen bereit bin, auf Verbesserungsvorschläge zu hören, bevor neue Pläne in die Tat umgesetzt werden."

Jeder klatschte, und Brennan wußte, daß seine Ausführungen angekommen waren.

Clayton machte eine Pause, bevor er weitermachte. „Vergebt mir, daß ich die Diskussion, soweit es um Beratung ging, ausgedehnt habe, aber das ist die Grundlage für eine Veränderung, wenn sie akzeptiert werden soll. Kürzlich las ich einen Artikel in einem Hotelmagazin über Veränderungen in einem Hotel. In diesem Hotel gab es in all den Jahren drei Hoteldirektoren. Der erste entschied, das Porzellan im wunderschönen Restaurant auszutauschen. Der damalige Leiter des Restaurants sagte: Warum, warum haben Sie mich nicht gefragt? Ich hätte ihnen Geld sparen können. Wir hatten das neue Porzellan vor 6 Jahren abgeschafft, da es so zerbrechlich war. Es sieht sehr hübsch aus, aber es kostet eine Unmenge Geld, um es immer wieder zu ersetzen!

Der zweite Hoteldirektor entschied, die meisten Hauptgerichte sollten an den Tischen durch die Kellner zubereitet werden. Spezialwagen mit Spirituskochern wurden besorgt. Wieder sagte der Leiter des Restaurants: Das dauerte ungefähr 6 Monate. Einige der Kellner waren unfähig, ihre Arbeit ordnungsgemäß zu machen. Es gab eine Reihe kleiner Brände; der Chef des Restaurants kündigte, weil er über die Entscheidung so verärgert war. In unserem schönen Restaurant gab es ständig Kochgeruch, weil die Klimaanlage den Kochdunst nicht bewältigte. Es war niemand um Rat gefragt worden. Der Hoteldirektor war in einem Pariser Restaurant gewesen, und er sagte, es wäre fabelhaft gewesen, und jeder hätte das offene Feuer geliebt. Er bemerkte aber nicht, daß es ein sehr kleines Restaurant war, in dem der Besitzer an den Tischen meistens selbst kochte. Wir können achtzig Gäste gleichzeitig plazieren, deshalb gab es nie genügend Wagen, und jeder mußte warten. Was für ein Flop!

Der dritte Hoteldirektor entschied nach seiner Ankunft, den Speisesaal neu einzurichten. Er sagte, die Kunden sollten die Gemeinsamkeit am Tisch genießen. Deshalb entschied er sich für halbkreisförmige Bankettische. Sie sahen sehr attraktiv aus, aber sie brauchten so viel Platz, daß die Zahl der Sitzplätze fast halbiert wurde. Und wenn die Tische voll besetzt waren, mußten unsere Kellner die Teller fast über die Tische werfen, um diejenigen bedienen zu können, die in der Mitte des Halbkreises saßen. Der Leiter des Restaurants erinnerte sich, daß die Designer niemals Pläne gezeigt hatten. Wenn sie es getan hätten, hätte man sofort gesehen, daß es so kaum funktionieren könne.

Noch einmal möchte ich für die Wiederholung um Verzeihung bitten, aber auf dem Seminar, das Mike und ich besuchten, wurde uns eingebleut, daß wir Abteilungsleiter nur durch ständiges Wiederholen immer wieder daran erinnert werden, daß wir bei unseren Leuten Rat einholen, genau wie der Vorstand uns um Rat fragen sollte.

Und damit habe ich das Thema Beratungsverhalten vollständig behandelt."

Jeder war der Ansicht, daß Clayton den Nagel auf den Kopf getroffen hatte.

„Der nächste Faktor, den ich anführen muß", fuhr Clayton fort, „ist Furcht. Mike hat bereits erklärt, wie Furcht Streß erzeugen kann, aber soweit Veränderungen gemeint sind, kann es die Furcht vor dem Versagen geben, wenn diese angekündigt werden. Es könnten dem Betroffenen zwei Gedanken durch den Kopf gehen: Kann ich es tun? und: Was wird sein, wenn ich versage? Aber der gleiche Mitarbeiter hätte niemals den Mut, seine Befürchtungen anderen zu erzählen, geschweige denn seinem Geschäftsführer. Wenn ihm die Änderung mitgeteilt wird, wird er sehr wahrscheinlich sagen: Sicher kann ich es. Kein Problem! Obwohl er seinen Kollegen gegenüber diese Veränderung verurteilt, wird er mit einem Schwall von Worten erklären, daß es fast unmöglich sei, diese Änderung durchzuführen, und zwar deshalb, weil er die Folgen fürchtet.

Was macht dann erst ein durchschnittlicher Abteilungsleiter, wenn ihm aufgetragen wird, eine Änderung durchzuführen, von der er meint, sie sei falsch, und die er nicht verstehen kann?

a) Er kann kündigen; aber das ist keine gute Reaktion, es sei denn, er hat einen anderen Job in Aussicht.
b) Er kann sich eine psychologische Krankheit zulegen, die für ihn echt genug sein mag.
c) Er kann die Aufgabe delegieren, so daß jemand anders die Schuld hat, wenn es schiefgeht.

Was der Vorstand tun muß, soweit es uns betrifft, und was wir tun müssen, soweit es unsere Mitarbeiter betrifft, ist nichts anderes, als diesen Aspekt der ‚Furcht' vor Änderungen zu lindern. Von unserem Standpunkt aus betrachtet, müssen wir sicher sein, wenn wir delegieren, daß derjenige, der die Aufgabe übernehmen soll, auch fähig ist, sie zu erfüllen."

Clayton atmete tief, nachdem er vorübergehend außer Atem geriet. Dann fuhr er fort: „Es gibt noch einen anderen Aspekt der Furcht, und das ist die Furcht vor dem Unbekannten. Und das, Bob, könnte unsere Furcht sein: Du bist uns unbekannt. Wir wissen nur, daß du den Ruf hast, dynamisch und hart zu sein, und daß du sehr erfolgreich bist. Du könntest sehr wohl sagen, wenn wir Selbstvertrauen haben, haben wir nichts zu befürchten. Ich akzeptiere das, und ich will auch nicht sagen, daß irgend jemand von uns eine solche Furcht hat, sondern nur, daß es möglich wäre. Nun, ich kann mir vorstellen, wie die Arbeiter sich fühlen. Jeder, Bob, ist von Anfang mißtrauisch gegenüber den Änderungen, die du machen wirst.

Wenn wir keine neuen Geräte installieren, sind wir altmodisch. Wenn wir es tun, was ist unser Hintergedanke? Einige werden sich fragen, ob sie degradiert werden, andere, ob sie fähig sein werden, die neuen Techniken zu meistern."

„Was ist die Antwort darauf?" fragte Bob. „Müssen wir jeden interviewen, bevor wir eine Änderung einleiten? Es scheint mir, wir sind wieder beim Thema Rat einholen."

„Nein, nicht jeden", widersprach ihm Clayton. „Wenn es die Furcht vor dem Unbekannten ist, die bestimmte Leute verunsichert, ist es um so besser, je schneller die Änderungsgründe erklärt werden. Ich schätze, daß ich ziemlich negativ sprach, und zwar darüber, was wir nicht tun sollen. Ich denke, daß ich nun mit positiveren Bemerkungen enden sollte. Ich möchte deshalb einige Punkte aufzählen, an die ich denke:

1. Wenn wir glauben, eine Aufgabe nicht lösen zu können, sollten wir uns und anderen die Wahrheit eingestehen, aber dann entschlossen Anstrengungen machen, um zu lernen und um die notwendigen Fähigkeiten zu entwickeln und die neuen Aufgaben erfolgreich zu erfüllen. Es ist generell eine Herausforderung an uns als Führungskräfte.
2. Wenn weniger bedeutsame Vorschläge gemacht werden und wir nicht wissen, ob sie richtig oder falsch sind, laßt sie uns durchführen. Sie sind selten kostspielig, und wir verlieren nichts, wenn wir sie testen. Wir können den Respekt der anderen verlieren, sowohl von denen über uns in der Hierarchie wie von denen unter uns, wenn wir Änderungen ablehnen.
3. Es werden viele Mitarbeiter bei Linklater im nächsten Jahr neu anfangen, und jeder neue Mitarbeiter ist ein Grund für Befürchtungen. Ich bin mir ganz sicher, daß du, Bob, gleich nach dem Kauf von Linklater sagtest: Veränderungen müssen gemacht werden, aber nicht bevor die Zeit gekommen ist! Aber nachdem du es gesagt hattest, wirst du mit anderen gesprochen haben, die dir sagten: Wir haben es früher schon einmal versucht, und es funktionierte nicht.
   Dies ist eine unsinnige Antwort, weil nichts im Geschäftsleben statisch ist. Änderungen, die heute ein Fehlschlag waren, können zu einem späteren Zeitpunkt erfolgreich sein. Als ich vorhin das Problem des Hotels erwähnte, war die Kritik, keinen Rat eingeholt zu haben, und nicht, ob Änderungen durchgeführt werden sollen oder nicht. Die neuen Ideen hätten alle mit besserer Wirkung angepackt werden können. Alle von uns haben die Entschuldigung benutzt: Wir haben es früher schon mal versucht. Wir müssen vorsichtig sein, diese Entschuldigung in Zukunft zu benutzen.
4. Wir Führungskräfte fühlen manchmal den Widerstand gegen Veränderungen, an die wir selbst hätten denken können,

und deshalb kritisieren wir sofort, sobald ein Mitarbeiter eine solche Änderung vorschlägt. Das ist falsch.

5. Wir sind für Veränderungen, wenn wir selbst auf die Idee gekommen sind, und sind wir auch emotional beteiligt, dann versuchen wir beständig, andere zu überzeugen, daß wir im Recht sind. Wir beschuldigen diejenigen, die dagegen sind, reaktionär, furchtsam, zu alt zu sein, eingleisig zu denken, nicht vorausschauend zu planen. Wenn wir jung sind, denken wir darüber nach, ob es Sinn und Zweck hat, für solche Traditionalisten zu arbeiten – Jogger, die ihr Tempo nicht ändern wollen. Wenn wir älter sind, klagen wir die heutige Jugend an, inkompetent und gegen Veränderungen zu sein, weil sie keinen Durchblick haben. Unsere Mitarbeiter beschuldigen uns in ähnlicher Weise, wenn wir ihre Vorschläge für Veränderungen abschmettern.

Das also war meine Botschaft. Von nun an, wenn wir unsere Forderungen nach Veränderungen durchdrücken wollen oder wenn uns Veränderungen aufgebürdet werden, wissen wir, warum wir einige Veränderungen durchsetzen wollen und warum wir uns anderen Veränderungen widersetzen.

Bob, ich bin mir sicher, du kannst dich auf uns alle hier verlassen, daß wir Veränderungen in der Zukunft objektiv gegenüberstehen, so wie wir uns auf dich verlassen können, die Regeln für Veränderungen einzuhalten."

Sofort, nachdem er geendet hatte, brach Applaus los, und Clayton war mit sich zufrieden.

Brennan sagte: „Gut gemacht, Victor. Nun laßt uns eine Zehn-Minuten-Pause machen."

10 Umgang mit Konfliktsituationen

Nach der Pause sagte Brennan: „Nun ist Laurie an der Reihe. Er möchte über Konflikte im Führungsbereich sprechen und wie Konflikte die Qualität einer Organisation beeinträchtigen können.“

Wallace begann: „Ist eine Konfliktsituation entstanden, werden Abneigungen zu Haß, und es kann eine lange Zeit dauern, wenn überhaupt, bevor wieder eine vernünftige Beziehung hergestellt werden kann. Dies ist die Botschaft, die fest in unseren Köpfen verankert sein sollte:

‚Denke, bevor du handelst.‘

‚Bedenke die Reaktionen anderer.‘

‚Denke an den möglichen Konflikt, der entstehen könnte.‘

Unglücklicherweise sind viele Führungskräfte so mit ihren eigenen Problemen beschäftigt, daß ihnen niemals die Probleme anderer bewußt werden, bis eine Konfliktsituation auftritt.

Wie geht es dir? ist gewöhnlich eine mechanische, bedeutungslose Frage, da die fragende Person die Antwort nicht wirklich aufnimmt. Die Antwort könnte sein: ‚Ich habe wieder eine schreckliche Erkältung, weil niemand bereit ist, jemals die Bürotür zu schließen!‘

Zu einem späteren Zeitpunkt könnte ein Konflikt entstehen

zwischen demjenigen, dem seine Erkältung Sorgen bereitet, und denjenigen, die die Bürotür nicht schließen.

Eine achtsame Führungskraft weiß instinktiv, wenn etwas nicht stimmt. Wenn sie es gewohnt ist, mit einem herzlichen, freundlichen Lächeln beim Betreten des Büros begrüßt zu werden, und ihr eines Morgens auffällt, daß das Lächeln fehlt, dann stimmt etwas nicht. Daraufhin wird sie einen Mitarbeiter des Büros zu sich bitten und versuchen herauszufinden, worum es geht, um, wenn möglich, einem Konflikt die Spitze zu brechen. Aber eine Führungskraft, die sich nicht bewußt ist, was um sie herum geschieht, wird niemals das veränderte Verhalten in der Mannschaft bemerken und wird schockiert sein, wenn sie erfährt, daß jemand gekündigt hat...

Hier sind einige weitere Warnsignale:

1. Wenn jemand sein Mittagessen in der Kantine nicht mehr mit den anderen einnimmt.
2. Wenn es ständig Zankereien in der Mannschaft gibt. Dies mag auf den ersten Blick für den Uneingeweihten wie spöttische Neckereien erscheinen, aber oft ist dies nicht der Fall. Irgendwann wird jemand eine Bemerkung fallenlassen, die den Konflikt auslöst. Zankereien sind ein eindeutiges Warnsignal.
3. Konflikte können ausgelöst werden durch Cliquenbildung. Solche Gruppierungen am Arbeitsplatz können zu Konflikten führen.
4. Starke Fluktuation ist ein eindeutiges Warnsignal.
5. Eine Veränderung, gegen die stark opponiert wurde, die aber dann doch durchgepeitscht wurde, kann einen Konflikt verursachen.
6. Steigende Zahl von Krankmeldungen.
7. Vorlieben für Einzelpersonen seitens des Vorgesetzten erzeugen Abneigungen bei den anderen Mitarbeitern.
8. Wenn jemand eine Aufgabe übertragen bekommt und ihr

nicht gewachsen ist, wird sich eine Antipathie gegen diese Aufgabe einstellen, und der Betroffene wird versuchen, Parteigänger zu finden, die ihm helfen.

Es ist nicht immer notwendig, sofort auf Warnsignale zu reagieren. Manchmal ist es richtig, nichts zu tun und abzuwarten. Aber eine gute Führungskraft muß sich dessen bewußt sein, damit sie entscheiden kann, ob eine entsprechende Maßnahme notwendig wird.

Es gibt aber auch Konflikte zwischen Abteilungen in den Unternehmen. Eine Führungskraft, die über die Unvermeidbarkeit solcher Konflikte Bescheid weiß, muß ihr Bestes tun, sie so klein wie möglich zu halten, indem sie gerecht und objektiv ist und nicht Partei ergreift. Zum Beispiel ein Direktor, der sich stark der Verkaufsabteilung verbunden fühlt, wird fast immer Partei für die Verkaufsmannschaft ergreifen, sobald ein Konflikt entsteht über Qualitätskontrolle oder über schlechte Lieferungen. Wenn allerdings der Direktor selbst ein Ingenieur ist, wird er fast immer für die Produktion Partei ergreifen. Er wird gegenüber dem Marketing-Direktor betonen, daß dieser als Marketing-Direktor wenig von der Produktion versteht und deshalb immer unfaire Forderungen stellt.

Was wir als Führungskräfte wissen müssen, ist, daß manche dieser Konflikte unvermeidlich sind, aber vieles vermieden werden kann, indem wir nach Fakten fragen und Verallgemeinerungen nicht zulassen. Dies als Vorspann, bevor wir eine Regel aufstellen. Diese heißt:

Schreitet frühzeitig ein, bevor diejenigen, die daran beteiligt sind, sich in ihrer Einstellung verhärten, und dann widersteht jedem Versuch, nachzuweisen, daß die Betroffenen unrecht haben."

Wallace nahm einen Schluck Wasser und fuhr dann fort: „Welche Chancen gibt es, wenn wir nicht in der Lage sind, einen Konflikt zu vermeiden? Wir sind dann damit konfrontiert, daß A sich heftig mit B überworfen hat.

Bevor wir uns auf die Wahlmöglichkeiten konzentrieren, müssen wir alle relevanten Fakten sammeln – möglichst von unabhängigen Quellen, genauso wie von den Streithähnen. Wir werden dann in der Lage sein, das Problem zu erkennen.

Es hat keinen Sinn, A anzuhören und dann B, ohne die Fakten zu haben, weil A daran glaubt, absolut recht zu haben, und er wird das gesamte Beweismaterial ausbreiten, um zu beweisen, daß seine Verurteilung von B gerechtfertigt ist. Aber wenn wir B anhören, wird er genau in gleicher Weise reagieren und wird beweisen, daß das Recht auf seiner Seite ist.

Wenn alle Fakten gesammelt sind, können wir uns zwischen den Wahlmöglichkeiten entscheiden. Das sind:

a) Rufe A, und diskutiere mit ihm die Angelegenheit.
b) Rufe B, und diskutiere mit ihm die Angelegenheit.
c) Warte ab, bis die Dinge explodieren.
d) Versuche, sie in einer allgemeinen Art und Weise zu beruhigen.
e) Setze eine Besprechung an.
f) Diskutiere unsere Wahlmöglichkeiten mit anderen Abteilungsleitern.
g) Entscheide schnell, und entlasse A oder B, oder versetze beide in andere Abteilungen.

Die Wahlmöglichkeit, für die wir uns entscheiden, ist wahrscheinlich, zuerst mit A zu sprechen und dann mit B. Bei diesen Besprechungen werden Standardtechniken benutzt:

1. Wir könnten sagen: ‚Manchmal haben wir Schwierigkeiten, uns mit unseren Freunden zu verständigen, wir beachten Menschen nicht, mit denen wir wenig Gemeinsamkeiten ha-

ben, aber laßt uns objektiv sein und auch den Standpunkt des anderen verstehen. Es ist schwer, ich weiß, aber ihr seid Menschen, die fair sind...‘

2. Wenn ihr in der Lage seid, euch so zu verhalten, wenn ihr mit A und B sprecht, greift ähnliche Fälle auf, die gelöst wurden, weil beide Parteien guten Willens waren.
3. Isoliert immer die Hauptstreitpunkte zwischen den Parteien. Versucht Einigung in den weniger wichtigen Punkten zu erlangen, was gewöhnlich nicht schwierig ist. Dies bedeutet, daß wir unsere Anstrengungen auf den Hauptgrund des Konfliktes konzentrieren können.
4. Laßt niemals zu, daß A und B ihren Fall vortragen, solange sie zusammen in einer Abteilung sind. Natürlich müssen sie zusammengebracht werden. Wenn die Zeit dafür gekommen ist, müssen wir unsere Entscheidung bekanntgeben. Aber A und B dürfen dann keine Gelegenheit haben, noch einmal ihren Fall aufzurollen. Wenn dies geschieht, wird A B unterbrechen und B wird A unterbrechen, damit wird der Konflikt von neuem aufbrechen.

Wir wollen versuchen, eine 50-zu-50-Basis zu finden, so daß keine Seite gewinnt oder verliert. Ein 50-zu-50-Kompromiß wird anfänglich die Streithähne verärgern, aber diese Verärgerung wird bald vergessen sein, da jeder seinen Partnern die Punkte erklärt, die er gewonnen hat, und die Verlustpunkte unter den Tisch fallenläßt.

Meine Botschaft für hochqualifizierte Führungskräfte lautet deshalb: Wir müssen mit Streß, Veränderungen und Konflikten umgehen können.“

Wieder wurde applaudiert, und es folgte eine lange Diskussion.

Um 16 Uhr kam der Steward mit Tee und Kuchen.

11 Hochqualifiziertes Personal einstellen

Brennan begann die letzte Sitzung mit den Worten: „Der Grund, warum viele Unternehmen so schlecht dastehen, warum es vielleicht zu viel Streß und Konflikte gibt, verdeutlicht eine alte englische Redensart: Man kann aus einem Schweinsohr kein seidenes Portemonnaie machen.

Wenn die Qualifikation der Mitarbeiter gering ist – oder im besten Fall Durchschnitt –, ist Erfolg nahezu unmöglich. Dies muß nicht an einem inkompetenten Vorstand liegen. Ein Vorstand kann aus brillanten Ingenieuren, Finanzgenies oder strategischen Wunderknaben bestehen, aber wenn keiner von ihnen ein bestmögliches Team schaffen kann – ob in der Produktion, in der Verwaltung oder im Verkauf –, dann wird seine Brillanz nutzlos bleiben, oder bestenfalls können die Ziele nur mit viel Mehraufwand erreicht werden. Deshalb, um erfolgreich zu sein, brauchen wir hochqualifizierte Schreibkräfte, hochqualifizierte Packer, hochqualifizierte Gruppenleiter, hochqualifizierte Verkäufer. Der Grund vieler Mißerfolge in so vielen Unternehmen, wie ich bereits sagte, liegt in der Beschäftigung unterdurchschnittlich qualifizierter Männer und Frauen. Bereits bei der Einstellung wurden keine richtigen Interviews geführt und falsch ausgewählt."

Als Brennan eine Pause machte, wollte Spurling wissen: „Warum dann keine Personalberater engagieren? Wir haben in der Vergangenheit mit Personalberatern zusammengearbeitet."

Wallace dachte, daß das Lächeln auf Brennans Gesicht etwas Unerbittliches hatte, als er fortfuhr: „Erstens gibt es keine Garantie, daß der von einem Beratungsunternehmen geschickte Personalberater wirklich Erfahrung hat. Er könnte zwei oder drei Wochen zuvor erst von diesem Beratungsunternehmen eingestellt worden sein. Er könnte zwar ausgebildet worden sein, aber dies ist bei kleineren Unternehmen nur begrenzt der Fall. Zweitens sind die Kosten hoch – möglicherweise 15–20 Prozent vom ersten Jahreseinkommen des Bewerbers. Wißt ihr, was sehr oft der wirkliche Grund ist, weshalb Personalberater engagiert werden?"

Einige schüttelten den Kopf, und Brennan sprach weiter: „In diesen Bereichen der Unsicherheit wollen nur wenige Führungskräfte die Verantwortung für Fehler übernehmen, und dies trifft besonders auf die großen Unternehmen zu. In den USA ist bereits ein Zustand erreicht, daß ein Berater hinzugezogen wird, wenn es um den Gebäudeanstrich geht. Es könnte sein, daß die falsche Farbe gewählt wird."

„Ich glaube kaum, daß dies für unser Land zutrifft", unterbrach ihn Spurling.

„Es lohnt nicht, über diesen Fall zu debattieren, aber ich sagte, daß dies manchmal der Grund ist, einen Personalberater einzuschalten. Wir werden unsere zukünftigen Mitarbeiter selbst interviewen und auswählen, was meiner Meinung nach der richtige Weg ist, ein bestmögliches Team aufzubauen. Wenn eine Führungskraft nicht in Interviewtechniken und Auswahlkriterien ausgebildet wird, dann mag es besser sein, einen Personalberater zu beschäftigen. Aber es gibt so viele Trainingskurse heutzutage, daß es keine Entschuldigung dafür gibt, das nicht selbst zu tun, wofür eine Führungskraft bezahlt wird.

Bei 99 Prozent der freien Stellen kann ein Personalberater nicht mehr als eine Führungskraft tun, die in einer nationalen Zeitung oder einer Wirtschaftszeitung Anzeigen schaltet. Sind wir uns darüber im klaren?“

Brennan warf einen Blick auf seine Gefolgsleute. Niemand sprach, so fuhr er fort: „Wir werden diese Sitzung der Kunst widmen, für jeden Topf den richtigen Deckel zu finden. Und die erste freie Stelle, die wir besetzen müssen, ist natürlich die Stelle des Leiters für die Qualitätskontrolle. Harvey, was ist jetzt der nächste Schritt für die Einstellung?“

Die Antwort kam sofort: „Zuerst die Arbeitsplatzbeschreibung und dann die Stellenbeschreibung.“

„Richtig“, sagte Brennan. „Und das ist genau das, was ihr jetzt machen sollt – genau gesagt, sollte dies natürlich eine Stellenbeschreibung sein, die sowohl auf einen Mann wie auf eine Frau zutrifft.“

„Ich?“ Harvey war überrascht.

„Nein, ihr alle zusammen. Ich möchte, daß diese Beschreibung in der Gruppe erarbeitet wird. Wenn dies getan ist, werden wir eine Zeitungsanzeige formulieren sowie Interview- und Auswahltechniken diskutieren.“

Brennan schaute auf seine Armbanduhr: „Ich werde in etwa zwanzig Minuten zurück sein, und diese Zeit sollte reichen, um etwas zusammenzustellen.“ Damit stand er auf und verließ ein leicht überraschtes Team.

Er eilte den Passagiergang entlang zur Treppe, die zu seiner Kabine führte. Dort angekommen, zog er schnell seine Badehose an, schlüpfte in den weißen Bademantel und machte sich auf den Weg zum Magradrome Center auf dem Lido-Deck.

Das Magradrome überdeckte den Swimmingpool und die Ruhebereiche bei schlechten Wetterverhältnissen. Bei Sonnenschein wurde das Magradrome zurückgerollt, um Sonnenbäder nehmen zu können.

Es war ein kalter und regnerischer Tag, aber der Swimmingpool war bevölkert mit Passagieren, die sich auf gepolsterten Deckstühlen ausruhten. Sie zeigten nur geringes Interesse am Neuankömmling. Er sprang ins Wasser, schwamm etwa zwanzigmal hin und zurück, kletterte wieder raus und frottierte sich ab. Er befand sich bereits auf dem Weg zu seiner Kabine, als eine Stimme rief: „Hallo, Bob." Es war Brian Moss, der mit seiner Frau Jill zusammensaß. Brian – blond, breitschultrig, seine Figur etwas korpulenter, verglichen mit der Zeit, da er noch Wasserball als Leistungssportler spielte – hatte jetzt das Aussehen eines dynamischen Unternehmers. Er stand auf und schüttelte Brennan die Hand.

Brennan beugte sich und küßte Jill auf die Wange. Er hatte Vivienne immer erzählt, wenn sie ihn nicht geheiratet hätte, wäre er der ‚wunderbaren Jill' verfallen, wie er sie immer nannte.

Brennan sagte zu Brian: „Ich habe keinen Kontakt mit dir aufgenommen, weil ich wußte, daß du mit dieser Reise dich auch ein wenig von deinem unruhigen und hektischen Leben erholen wolltest. Du warst nett genug, deinen Urlaub zu unterbrechen und eine Sitzung abzuhalten. Wirst du mit uns heute abend einen Drink nehmen, um meine Mannschaft kennenzulernen?"

„Danke nein, Bob, ich ziehe es vor, deine Leute erst nach meinem Auftritt kennenzulernen, sonst könnten sie zu viele Fragen im voraus stellen und mein Konzept ruinieren. Du brauchst mich also Mittwoch morgen?"

„Ja, und wir sind alle gespannt darauf. Dann können wir für dich am Donnerstag einen besonderen Abend arrangieren. Was hältst du davon?"

„Das ist prima!"

Brennan entschuldigte sich: „Ich muß mich jetzt beeilen, sonst bin ich der Schulschwänzer."

Sie lachten, und Brennan ging. Etwa zehn Minuten später

kehrte er in den Sitzungsraum zurück. Die Abteilungsleiter schienen mit sich ziemlich zufrieden zu sein.

Wallace war der Sprecher: „Wir haben eine Arbeitsplatzbeschreibung und eine Stellenbeschreibung erstellt", sagte er. „Hier sind sie, damit du dich damit beschäftigen kannst."

Brennan nahm die Papiere, die folgenden Inhalt hatten:

ARBEITSPLATZBESCHREIBUNG

Aufgabenbereich

- Ein Qualitätssicherungssystem zu entwickeln, einzuführen und aufrechtzuerhalten in Einklang mit den Vorschriften BS 5750, Teil I, damit das Unternehmen den Qualitätsstatus erhält und beibehält, der von der ‚British Standards Institution' gewährt wird.
- Mit der BSI und anderen Behörden zusammenzuarbeiten in bezug auf Qualitätsfragen und die Interessen des Unternehmens zu vertreten, wenn es um Formulierungsfragen der Behörden, Industrie- und Verbraucherverbände geht.
- Alle Qualitätsanforderungen der Verbraucher rechtzeitig zusammenzustellen, sie den zuständigen Abteilungen bekanntzugeben und sicherzustellen, daß die Anforderungen erfüllt werden.
- Verhandlungen mit allen Kunden zu führen, wenn es um Fragen der Qualität geht.
- Qualitätspläne und Kontrollpläne vorzubereiten, falls erforderlich.
- Einen engen Kontakt in Qualitätsangelegenheiten mit den anderen Mitgliedern der Führungsmannschaft zu halten, die Abteilungen zu beeinflussen, damit Qualität aufrechterhalten oder verbessert wird.
- Vorschläge in Fragen des Designs oder der Produktionssteuerung zu machen, damit zu jedem Zeitpunkt mögliche Quali-

tätsprobleme erkannt werden und rechtzeitig korrigierend eingegriffen werden kann.

- Die Kontrollmaßnahmen zu leiten und das Personal anzuleiten, um sicherzustellen, daß Kontrollen zufriedenstellend und auf ökonomische Weise durchgeführt werden.
- Ein Fehlerinformationssystem auszuarbeiten und aufrechtzuerhalten, um Produkt- und Systemfehler zu analysieren, damit Probleme rechtzeitig erkannt und Korrekturmaßnahmen eingeleitet werden können.
- Sicherzustellen, daß sich alle Mitarbeiter ihrer Rolle bewußt sind, die Qualitätssicherung im Unternehmen zu erreichen, geeignete Schulungen anzubieten und zu organisieren, soweit erforderlich.
- Auf dem laufenden zu sein hinsichtlich der Entwicklungen der Qualitätssicherungs- und Kontrolltechnologien und diese im Unternehmen einzuführen, wo es angemessen ist.
- Berichte für den Vorstand in den Qualitätsangelegenheiten vorzubereiten und ihn nach Aufforderung zu beraten.
- Qualitätszirkel zu kontrollieren.
- Andere Aufgaben bezüglich der Qualitätssicherung durchzuführen nach Anweisung der Geschäftsführung.

STELLENBESCHREIBUNG

Ausbildung und Qualifikation

- Mindestens eine Ausbildung auf Hochschulniveau in einer Ingenieurdisziplin.
- Mitglied einer Institution der Qualitätssicherung oder einer vergleichbaren Fachinstitution.
- Teilnahme an Fortbildungsschulungen in Qualitätssicherung intern oder extern.

Erfahrung

- Mindestens 3 Jahre in leitender Stellung, verantwortlich für die Führung eines Teilbereiches oder des Gesamtbereiches eines Qualitätssicherungssystems in einem Unternehmen mit einer vergleichbaren Produktlinie.
- Nachgewiesene Fähigkeit als Führungskraft in einer gewerkschaftlich kontrollierten Umgebung.
- Praktische Erfahrungen im Umgang mit Meßinstrumenten und Auswertung.
- Erfahrung in der Anwendung von statistischen Analysen- und Planungstechniken.
- Vertraut sein mit den derzeitigen Produktionsprozessen in einer Fabrik.
- Erfahrung mit dem Computereinsatz im Design, in der Produktion und in der Unternehmenskontrolle.
- Verständnis für betriebs- und finanzwirtschaftliche Kontrollsysteme.
- Grundkenntnisse geeigneter Meßtechniken.
- Fähigkeiten, computererfaßtes Datenmaterial zu interpretieren für Zwecke der Analyse und zur ständigen Verbesserung der Produktqualität.

Persönliche Daten

- Alter 30–35 Jahre, guter Leumund. Ansprechende Erscheinung und sicheres Auftreten im Umgang mit Kunden.
- Muß fähig sein, Möglichkeiten und potentielle Probleme zu erkennen, den Mut und das Durchstehvermögen haben, erforderliche Veränderungen durchzusetzen.
- Begeisterungsfähig sein für Qualitätssicherung.
- Muß die Persönlichkeit und die Bereitschaft haben, sich in das bestehende Führungsteam einzupassen.
- Fähig sein, knappe, präzise Berichte zu schreiben, logische und überzeugende Argumente vorzutragen, schriftlich oder mündlich.

- Eine gute Führungskraft sein.
- Fähig sein im Umgang mit Kunden und Lieferanten auf allen Hierarchiestufen.
- Fähig sein, Mitarbeiter für Qualitätssicherungsaufgaben zu schulen.
- Fähigkeit, auch ‚nein' zu wichtigen Kunden und Lieferanten zu sagen, ohne sie zu verärgern.
- Fähigkeit, nützliche Vorschläge für Produktdesignveränderungen zu machen.

Nachdem er zu Ende gelesen hatte, lobte Brennan: „Sehr gut. Ich sehe, ich habe bereits ein hervorragendes Team gebildet."

Jeder lachte pflichtgemäß.

Er fuhr fort: „Der nächste Schritt ist nun, eine Anzeige zu entwerfen und zu entscheiden, in welcher Zeitung sie geschaltet und welche Größe die Anzeige haben soll. Bevor wir uns Gedanken über den Text machen, müssen wir uns für eine Überschrift entscheiden."

Spurling ergriff sofort das Wort: „Sicherlich genügt es zu schreiben: ‚Leiter der Qualitätssicherung gesucht'. Wir wollen niemand anderes als Bewerber mit Erfahrung interviewen, nicht wahr?"

„Vielleicht", antwortete Brennan. „Irgend jemand, der etwas hinzufügen möchte?"

Nun machte Wallace weiter: „Das Gehalt, um Aufmerksamkeit zu erzielen?"

„Das kann ein zweischneidiges Schwert sein", meinte Brennan. „Jemand, der x DM verdient, bewirbt sich nicht um eine Stelle x + 3000 DM, weil er glaubt, daß diese Position nicht zu bekommen ist, obwohl dies nicht notwendigerweise so sein muß. Jemand, der mehr als x + 3000 DM verdient, könnte sich nicht bewerben, obwohl er der ideale Bewerber wäre und wir – nach dem Interview – vielleicht ein besseres Gehaltspaket aushandeln könnten. Was, glaubt ihr, sollten wir tun? Ein Gehalt trotz meiner Vorbehalte nennen?"

Sie alle waren der Ansicht, dennoch das Gehalt zu nennen, doch Brennan wandte ein: „Würden wir nicht am besten abschneiden, wenn wir eine zweideutige Formulierung benützen – zum Beispiel: Das Gehalt entspricht der Bedeutung der Position?"

„Ich mag diese Art von vagen Andeutungen nicht", widersprach ihm Spurling. „Auf mich macht diese Formulierung den Eindruck, als ob der Inserent erst herausfinden will, was der Bewerber verdient, um ihm dann gerade so viel mehr anzubieten wie gerade nötig. Vielleicht könnte jemand einem Gehalt zustimmen, das etliche tausend Mark geringer ist, als der Inserent bereit wäre zu zahlen."

„Ist daran etwas falsch?" fragte Brennan.

„Ja", sagte Spurling, „das hat mit Ethik nichts zu tun."

„Warum? Wenn der Bewerber eine Position bekommt, die ihn zufriedenstellt, und der Inserent ist auch zufrieden, was soll daran falsch sein? Darüber hinaus hat der Inserent die Möglichkeit, den Bewerber zu motivieren, wenn er seine Sache gut macht, und ihm eine Gehaltserhöhung viel früher zu geben, als es normalerweise üblich ist."

Es folgte eine allgemeine Diskussion, und schließlich stimmten alle zu. Einige zögernd, weil sie zweifelten, daß die offene Formulierung des Gehaltsangebotes der richtige Weg sei, den Bewerber zu beeinflussen.

Brennan betonte aber: „Es kann sein, wir zahlen mehr, es kann sein, wir zahlen weniger. Ich bin bereit zu bezahlen, was der Bewerber wert ist, und je höher die Bezahlung, um so lieber wäre es mir..."

Spurling unterbrach ihn: „Unter Berücksichtigung dessen, was du gerade gesagt hast, solltest du dem Leiter der Qualitätssicherung ein sehr hohes Gehalt anbieten."

„Und ich stimme zu", sagte Brennan, „aber ändert die Ansicht, die Mike vertritt, die Entscheidung? Laßt uns abstimmen. Ein hohes Gehalt in der Anzeige nennen oder ein offenes Gehaltsangebot?"

Es wurde entschieden, wenn ein hohes Gehalt gezahlt werden sollte, es in der Anzeige herauszustellen.

Brennan kehrte zu seinem Einspruch zurück: „Die Überschrift würde dann lauten: ‚Spitzengehalt für Leiter der Qualitätssicherung'. Ist das richtig oder falsch?"

„Falsch", meinte Harvey Strong. „Wir brauchen das Wort Sicherung nicht – ‚Qualitätsleiter' genügt. Es gibt keinen Grund, unnötige Formulierungen in einer Anzeige aufzunehmen."

„Einverstanden", sagte Brennan. „So lautet die Überschrift ‚Spitzengehalt für Qualitätsleiter'. Ist das genug, um die Aufmerksamkeit des idealen Bewerbers zu gewinnen?"

„Nein", betonte Strong noch einmal. „Ich habe es überprüft. Es gibt sehr viele Anzeigen, in denen Leiter der Qualitätssicherung gesucht werden, geschaltet von unseren Wettbewerbern. Wir müssen etwas Besonderes bieten, um den idealen Bewerber auf uns aufmerksam zu machen."

Wallace fügte hinzu: „Aber wird das Gehalt allein nicht schon genügen, die Wettbewerberangebote auszustechen?"

„Nicht notwendigerweise", antwortete Strong. „Wir suchen keine Leute, die einmal gut waren, oder Leute, die nie gut waren. Wir suchen keine Schmetterlinge, die von Job zu Job fliegen. Wir wollen keine Versager, die wissen, daß sie am Ende ihrer Karriere sind und deshalb Anzeigen studieren. Wir wollen den wirklich erfolgreichen Qualitätsleiter, der beabsichtigt, seine Position aufzugeben – aber er wird dies nur tun, wenn das Angebot attraktiv genug ist. Denkt daran, kein Angestellter ist jemals hundertprozentig mit seinem Vorgesetzten oder seinem Einkommen zufrieden."

Brennan lächelte, sagte aber nichts.

Strong fuhr fort: „Wir müssen anders sein. Wir müssen nicht die Aufmerksamkeit derjenigen wecken, die regelmäßig Anzeigen studieren, sondern derjenigen, die flüchtig darüberschauen und die bereit sind, den Arbeitsplatz zu wechseln, wenn das Angebot attraktiv genug ist."

„Gut, sag uns, wie du das machen willst", sagte Brennan. „Ich weiß, du hast es bereits ausgearbeitet."

„Zu wahr. Immer und immer wieder hat der eine oder der andere von uns betont, wenn du, Bob, nicht tiefstgehend der Qualität verbunden wärest, dann würde das Ganze ein Flop. Hast du nicht selbst gesagt, daß einer der Hauptgründe, warum eine qualifizierte Führungskraft eine neue Stelle sucht, in der fehlenden Unterstützung durch die oberste Führungsspitze liegt. Darf ich eine Überschrift vorschlagen?"

„Mach weiter", wurde Strong von Brennan ermuntert.

„Was haltet ihr davon?

Unser qualitätsbewußter Geschäftsführer wird hundert Prozent Unterstützung dem hervorragenden Qualitätsleiter geben

Dann könnte der Text wie folgt lauten:

‚Das Führungsteam unterstützt den Geschäftsführer in seinen Entscheidungen, um die Qualität unserer Produkte zu halten und zu verbessern.'

Dann können all die Vorteile folgen, zu uns zu kommen, und Auszüge aus der Arbeitsplatz- und Stellenbeschreibung. Und erst dann", fuhr Strong fort, „sollten wir die Angel auswerfen, nämlich das Top-Gehalt, das wir bieten – mit der Absicht, eine sofortige Reaktion des Lesers der Anzeige zu bekommen."

Strong wurde für seine Kreativität gelobt, und Brennan fragte: „Wie lange hast du dich damit beschäftigt, um dir diese ausgezeichnete Überschrift auszudenken?"

Strong grinste: „Seitdem du mir vor einiger Zeit gesagt hast, daß wir auch bei unserem Treffen das Thema ‚Interviews und Bewerberauswahl‘ behandeln.“

Brennan faßte zusammen: „Hier liegt eine Botschaft für uns alle. Viele Personalanzeigen sind schrecklich einfallslos, langweilig zu lesen, klischeehaft und meistens nach der Formel aufgebaut ‚ich, wir, Sie‘. Das bedeutet, daß der Anzeigentext sehr viel enthält, was der Inserent will, und nur wenig, was der Bewerber sucht. Die Formel muß lauten: ‚SIE – WIR – ICH‘.

Es braucht viel Zeit, eine Anzeige zu entwerfen – man kann darüber nachdenken beim Autofahren und auch zu Hause. Aber diese Formel ist eine der ältesten im Verkauf und kann bei Anzeigen genauso eingesetzt werden:

- Die Aufmerksamkeit gewinnen.
- Interesse wecken.
- Den Wunsch wecken, auf die Anzeige zu antworten.
- Und dann – am Schluß – zum Handeln auffordern.

Unsere Anzeige muß in der Hauptsache Wert legen auf den Nutzen für den Bewerber, wenn er zu unserem Unternehmen kommt. Zu viele Inserenten glauben, daß sie bereits etwas Besonderes tun, wenn sie eine Stelle anbieten. Das mag so sein, trifft aber nicht auf den idealen Bewerber zu.

Er tut dem Unternehmen einen Gefallen mitzuarbeiten. Viel zu viele Unternehmen geben sich mit dem Zweitbesten zufrieden, weil sie nur den Zweitbesten suchen. Unser Ziel ist Qualität, und wir wollen den besten verfügbaren Qualitätsleiter.“

Die Diskussion ging eine Weile weiter. Dann sagte Brennan: „Nun zum nächsten Punkt. Bitten wir den Bewerber um einen kompletten Lebenslauf oder darum, ein Bewerbungsformular auszufüllen? Eure Meinung, bitte.“

Wallace antwortete ihm: „Ein Bewerbungsformular, immer. Es zeigt eindeutig, welche Informationen benötigt werden, und sofern Fragen beantwortet werden müssen, können Informationen erfragt werden, die sonst in einem schriftlichen Lebenslauf nicht enthalten wären. Das bedeutet auch, daß alle Bewerber gleichermaßen beurteilt werden."

Brennan nickte, aber gab keinen Kommentar.

Dann nahm Hemmings den Faden auf: „Ich gehe mit Laurie einig, wenn auch nur, weil so viele Bewerber unleserlich schreiben, aber wenn sie aufgefordert werden, ein Bewerbungsformular auszufüllen, denken sie gewöhnlich sorgfältiger nach, schreiben langsamer, und ihre Schrift ist deshalb lesbar."

„Ein fairer Kommentar", sagte Brennan. „Was hältst du davon, Mike?"

Spurling war skeptisch: „Ich spreche es offen aus. Die meisten füllen sowieso keine Bewerbungsformulare aus, obwohl Standardbewerbungsformulare mitgeschickt wurden."

Strong sagte bündig: „Ich glaube, Bewerbungsformulare sind Zeitverschwendung. Ich ziehe es vor, Bewerber zu bitten, mich anzurufen. Ich kenne die richtigen Fragen, um die Antworten zu bekommen, die ich brauche."

Claytons Meinung war: „Auch ich glaube, daß Bewerbungsformulare Zeitverschwendung sind. Sie passen nicht auf Service-Ingenieure, und ich glaube auch nicht, daß sie für Führungspositionen geeignet sind. Solche Bewerber schicken gewöhnlich einen Lebenslauf, und sie zu bitten, ihn auf ein Bewerbungsformular zu übertragen, bringt nichts."

Brennan war wieder an der Reihe: „Danke, meine Herren. Meine Ansicht ist, daß Bewerbungsformulare im großen und ganzen ihre Bedeutung verloren haben. Auch ich war einmal ein eifriger Verfechter, Bewerbungsformulare zu benutzen. Ich glaubte, daß sie dazu beitragen, die Gedanken des Bewerbers zu ordnen, um ein logisch aufgebautes Interview zu führen. Heute trifft das nicht mehr zu. Jeder in Frage kommende Bewerber pflegt sich einen Lebenslauf auszudenken, der ihn nicht nur im besten Licht erscheinen läßt, sondern auch alle Fakten zu geben, die ein künftiger Arbeitgeber zur Entscheidung braucht, ob ein Interview sich lohnt.

Ein Bewerber, der keinen wohlaufgebauten Lebenslauf einschickt, ist selten wert, interviewt zu werden. Jeder fähige Bewerber wird seinem Lebenslauf Details hinzufügen, die für die ausgeschriebene Position von Bedeutung sind, und zeigen, daß er die Anzeige sorgfältig gelesen hat.

Und schließlich, wenn wir den idealen Bewerber suchen, gibt es immer ein Zeitrisiko. Zum Beispiel der Qualitätsleiter, den wir suchen, könnte bereits mit einem anderen Unternehmen verhandeln und müßte sich zwischen uns entscheiden. Wird er die Entscheidung hinausschieben, um eine Woche oder so, um einen Brief zu schreiben, ein Bewerbungsformular anzufordern, es auszufüllen, zurückzuschicken und dann auf Antwort zu warten?

Meine Antwort ist, daß nur unter außergewöhnlichen Umständen Bewerbungsformulare benötigt werden. Die Bitte nach einem ausführlichen Lebenslauf in der Anzeige genügt. Wer ist dafür?"

„Ist das eine Bitte oder ein Befehl?" fragte Hemmings mit einem Lachen.

„Eine Bitte natürlich!" Brennan lächelte zurück.

Nach einer weiteren Diskussion einigten sie sich alle darauf, daß ein Lebenslauf ausreichte.

Brennan fuhr fort: „Wir haben nun die Arbeitsplatz- und Stellenbeschreibung, aus der wir unsere Anzeige entwickelt haben. Wir haben eine ansprechende Überschrift und einen Text mit einem starken Gehaltsangebot am Schluß.

Aber bevor wir weitermachen, hast du, Harvey, darauf hingewiesen, telefonische Anrufe zu erbitten. Was denken die anderen darüber?"

„Es funktioniert nicht", sagte Wallace, „es sei denn, es wird darum gebeten, telefonisch das Bewerbungsformular anzufordern. In diesem Fall kann jeder den Anruf übernehmen. Wenn aber eine bestimmte Person angerufen werden soll, z. B. du, Mike, kann es passieren, daß du nicht erreichbar bist, wenn der Anruf kommt. Wenn der Anruf von der Sekretärin oder der Empfangsdame angenommen wird, sind sie nicht in der Lage, die Fragen des Anrufers angemessen zu beantworten. Sie können nur darum bitten, zurückzurufen, oder seine Telefonnummer notieren.

Manchmal übernehmen sie es, von sich aus Fragen zu stellen oder Informationen zu geben, und das kann so leicht den idealen Bewerber abschrecken. Kommunikation am Telefon ist eine Kunst, die nur wenige beherrschen."

„Ich habe es viele Male erfolgreich getan", unterbrach ihn Strong.

„Natürlich", antwortete Wallace, „weil du Verkäufer gesucht hast. Das gleiche gilt, wenn du Büropersonal für unterschiedliche Aufgaben suchst. Aber es ist nicht anwendbar bei Führungspositionen. Der Grund dafür ist, daß du, wenn du eine Anzeige für Verkäufer schaltest, sicherstellen kannst, daß du erreichbar bist, und du weißt, wie du mit ihnen umgehen mußt, genau wie es deine Bezirksleiter können.

Darüber hinaus wird von Verkäufern nicht erwartet, sich hinzusetzen und einen Lebenslauf zu schreiben – sie bevorzugen das Telefon.

Ein anderer Schwachpunkt ist, daß, wenn die Anzeige gut war, die Telefonleitung zusammenbricht. Das ist dir passiert, Harvey, wie ich noch gut weiß. Es könnte bedeuten, daß der ideale Bewerber müde wird anzurufen und es nicht mehr versucht."

Ein leicht besänftigter Strong lehnte sich in seinen Stuhl zurück, strich über seinen Bart und fragte: „Gut, darf ich einen weiteren Vorstoß für das Telefon machen?"

„Nein", blockte Brennan ab, „wir haben das Thema ziemlich gut abgedeckt."

„Aber ich beziehe mich darauf in einem anderen Zusammenhang.“

Brennan zuckte mit den Schultern: „Okay, Harvey, du kannst gegen einen Verkäufer nicht gewinnen. Mach weiter.“

„Ein Lebenslauf kann das Wesen eines Bewerbers nicht widerspiegeln, die Qualität seiner Gedanken oder seiner Persönlichkeit. Das bedeutet, daß ein Interview möglicherweise der Hälfte der Bewerber gewährt wird. Nur dem Interviewer gelingt es herauszufinden, wie gut auch immer der Lebenslauf gewesen sein mag, daß der Bewerber dem nicht entspricht, aus vielerlei Gründen. Wenn das Interview erst einmal gewährt wurde, muß allerdings der Interviewer aus Höflichkeitsgründen ein bestimmtes Standardverfahren durchziehen. Wenn ich zum Beispiel einen Lebenslauf für Regionalleiter benutze, lade ich niemals Bewerber für ein Interview ein, ohne mit ihnen erst telefonisch gesprochen zu haben.“

Wieder strich Harvey über seinen Bart, eine Angewohnheit, die sowohl Hemmings als auch Wallace irritierte.

„Sagst du“, fragte Spurling, „daß du dir am Telefon ein Urteil bilden kannst?“

„Ganz sicher! Wir beurteilen immer Leute am Telefon. Wir werden aufmerksam auf die Traurigkeit in der Stimme, auf die Schärfe im Tonfall, auf fades Gebaren oder befehlendes Benehmen, auf mangelndes Denkvermögen – fast immer mangelndes Interesse an der angebotenen Stelle. Es kommt alles am Telefon heraus, wenn die richtigen Fragen gestellt werden. Du kannst sehr schnell den Bewerber herausfinden, der wirklich eine bestimmte Position anstrebt, oder den Bewerber erkennen, der glaubt, jede Aufgabe erfüllen zu können, und auf eine Vielfalt von Anzeigen schreibt. Aber wenn irgendwelche Zweifel bleiben, gebe ich immer die Chance für ein Interview.“

Die Ansichten über Strongs Technik gingen auseinander, aber alle waren sich wieder einmal einig, daß dies ein einfaches und effizientes Vorgehen ist, sowohl dem Bewerber als auch dem Abteilungsleiter Zeit zu sparen.

Brennan wechselte das Thema: „Jetzt zu den qualifizierten Interviewtechniken und anschließend mein zu 99 Prozent sicheres Vorgehen, den richtigen Bewerber, wenn es ihn gibt, auszuwählen.

Sie alle kennen die strukturierten Interviews oder die Interviews, die auf einem Sechs- oder Acht-Punkte-Plan basieren. Alles gute Systeme, aber gewöhnlich ganz unnötig. Es gibt nur drei Hauptqualitäten, die wir bei einem Bewerber während des Interviews herausfinden wollen. Irgendwelche Ideen zu diesem Thema?"

Wallace sagte: „Fähigkeiten, Fertigkeiten, Können."

Hemmings fügte hinzu: „Integrität, Anpassungsfähigkeit, Reaktionsvermögen."

Und Clayton ergänzte: „Verhalten, Qualifikation, Bereitschaft zur Kooperation."

Spurling überlegte nicht lange: „Für mich ist überwiegend wichtig: technische Fertigkeiten, Einstellung, und sind es Kämpfer oder nicht?"

Brennan war zufrieden: „Das ist eine gute Auswahl, und ihr habt alle recht. Aber eure Auswahl wird von meinen drei Punkten abgedeckt.

Erstens: Wir wollen wissen, ob wir mit dem Bewerber zusammenarbeiten können. Es wurde soviel Unsinn über den ‚Heiligenschein-Effekt' geschrieben, was bedeutet, daß wir beeinflußt werden, wenn wir jemanden engagieren, der die alte Schulkrawatte trägt, eine vergleichbare Erziehung hat, die gleichen Hobbys mag, und es wird uns gesagt, daß wir diese ‚Heiligenschein-Effekte' ignorieren sollten. Warum? Wenn wir gut mit Menschen zusammenarbeiten, gibt es Chancen, daß dies sowohl zum Nutzen des Unternehmens als auch für uns selbst ist, vorausgesetzt natürlich, daß die wesentlichen Fähigkeiten mit der Stellenbeschreibung übereinstimmen.

Zweitens: Wesentlich ist herauszufinden, ob alle Behauptungen, die im Lebenslauf des Bewerbers aufgestellt werden, richtig und gültig sind.

Und drittens: sicherzustellen, daß in jeder Hinsicht der Bewerber den Anforderungen unserer Stellenbeschreibung standhält."

Es gab dann eine Diskussion: „Laßt uns zuerst auf die Fallstricke des Interviews konzentrieren, die uns auf den falschen Weg führen können oder unser Urteil vernebeln."

Wallace bat: „Ich möchte erst einen anderen Punkt ansprechen, Bob."

„Du hast das Wort."

„Du sprachst darüber herauszufinden, ob du oder andere mit dem Bewerber zusammenarbeiten können. Das bedeutet, du beurteilst jemand. Wie kann der unerfahrene Interviewer eine solche Beurteilung abgeben? Ich weiß, daß du es kannst, und ich glaube, ich kann es auch, aber es gibt außer uns auch andere, die Personal einstellen."

„Das ist eine gute Frage, Laurie. Aber wie bildet der professionelle Interviewer sein Urteil? Durch visuelles Beurteilen, durch sorgfältiges Zuhören und unter Berücksichtigung des Lebenslaufes. Jeder kann diese drei Schritte durchführen."

Wallace zuckte mit den Schultern: „Willst du damit sagen, Bob, daß einer unserer Bezirksserviceleiter, die Service-Ingenieure einstellen müssen, solche Beurteilungen machen könnte?"

„Ganz entschieden: ja! Sie und wir beurteilen ständig Menschen. In möglicherweise 85 Prozent der Fälle haben wir recht, und Frauen haben gewöhnlich mit ihrer Beurteilung in mehr als 90 Prozent der Fälle recht. Professionelle Interviewer werden nicht viel besser sein.

Wenn wir jemandem begegnen, selbst wenn ein Gespräch nur wenige Minuten dauert oder wenn es sich um eine längere Unterhaltung handelt, beurteilen wir ihn sehr schnell, und wir durchschauen ihn ebenfalls ziemlich schnell. Wir etikettieren ihn als Prahler, Dauerredner, Langweiler, Trübsalbläser, Scheinheiligen. Ich würde glauben, daß jede unserer Frauen irgendwann einmal über jemanden gesagt hat: ‚Ich traue ihm nicht', und sie hatten fast immer recht.

Wir alle haben diesen tierischen Instinkt. Ein Tier entscheidet sehr schnell, ob jemand Freund oder Feind ist, und wir haben die gleichen Eigenschaften.

Laurie, ich kann dir versichern, unsere Beurteilungen sind fast immer richtig, genausogut werden deine Bezirksleiter urteilen, wenn sie ein Interview führen. Erinnere dich daran, ich rede über Leute, die bereits einen gewissen Grad von Führungserfahrung erreicht haben."

Clayton hakte nach: „Aber wie steht es mit den Blendern – solchen, die eine Fassade aufbauen, die wir nicht durchschauen können? Menschen werden ständig betrogen."

„Stimmt", sagte Brennan, „aber glücklicherweise sind sie eine winzige Minderheit, und ich erkläre später, wie wir herausfinden können, ob ein Bewerber lügt oder nicht. Vergiß deine Zweifel. Ich versichere euch, daß die Erfahrung von vielen von uns die Richtigkeit bereits bewiesen hat.

Nun laßt mich die kurzen Regeln wiederholen, die wir soweit diskutiert haben:

1. Wir können den Bewerber für unsere Anforderungen nur finden, wenn wir eine Arbeitsplatz- und Stellenbeschreibung haben.
2. Entwirf eine Anzeige, die den idealen Bewerber anspricht.
3. Denkt daran, um den idealen Bewerber zu gewinnen, müssen wir selbst überzeugend sein. Wir müssen Wege finden, den idealen Bewerber davon abzuhalten, eine Stelle woanders anzunehmen.

4. In der Anzeige bitten wir um einen vollständigen Lebenslauf und gehen danach vor.
5. Wir filtern alle Bewerber aus, die unserer Stellenbeschreibung nicht entsprechen. Wenn wir dies nicht tun, ist eine solche Standardform sinnlos. Zum Beispiel: Wenn wir den Hochschulabschluß brauchen, ist es zwecklos, jemanden zu akzeptieren, der uns gefallen mag, aber es vielleicht gerade geschafft hat, die Hälfte des Studiums hinter sich zu bringen. Der Bewerber wird natürlich darauf hinweisen, daß es seine Erfahrung ist, die wir brauchen. Wenn dieses Argument akzeptabel ist, dann muß es voll und ganz der Stellenbeschreibung entsprechen; wenn zum Beispiel das geforderte Alter zwischen 30 und 45 Jahren liegen soll, können wir dann überlegen, auch einen mit 46 zu nehmen. Aber wenn dies akzeptabel ist, warum dann nicht auch einen 47- oder 48jährigen usw.? Dann frage ich, warum haben wir überhaupt eine Stellenbeschreibung?
6. Die erste Beurteilung beruht auf dem Lebenslauf des Bewerbers, die zweite Beurteilung ergibt sich beim telefonischen Gespräch.
7. Wir haben drei Ziele beim Interview: die Wahrscheinlichkeit beurteilen, daß der Bewerber gut mit uns oder unseren Kollegen zusammenarbeitet; sicherstellen, daß die Behauptungen über seine Eigenschaften, Erfahrungen und technischen Fertigkeiten wahr sind; sicherstellen, daß wir nicht als Lückenbüßer benutzt werden.
8. Interviewtechniken sind äußerst einfach, aber wir müssen uns ständig erinnern, sie einfach zu halten. Zum Beispiel müssen wir dafür sorgen, daß der Bewerber sich entspannt, indem wir in der Eröffnungsphase einfache Fragen stellen. Wie lange haben Sie in Ihrem Haus gelebt? Arbeitet Ihre Frau? Ich sehe, Sie haben einen 13jährigen Sohn, wie macht er sich in der Schule? Nur wenige Minuten werden benötigt, um Fragen zu

stellen, die den Bewerber zur Ruhe kommen lassen. Dann folgen eine Menge offener Fragen:
‚Erzählen Sie mir mehr, warum Sie Ihre beiden früheren Stellen aufgaben?'
‚Warum glauben Sie, gute Zukunftschancen in unserem Unternehmen zu haben?'
‚Erklären Sie etwas mehr über Ihre derzeitige Arbeit.'
Diese Fragen beruhen selbstverständlich auf den Erklärungen in seinem Lebenslauf.

9. Achten Sie auf jedes Anzeichen von Ausreden. Hier sind einige typische, die Verdacht erregen. Zuerst: ‚Ich habe in den letzten zwei Jahren im Ausland gearbeitet.' Das ist in Ordnung, wenn der Arbeitgeber ein gutbekanntes Unternehmen ist. Es ist nicht in Ordnung, wenn der Bewerber behauptet, er sei selbständig gewesen oder sein damaliger Arbeitgeber habe Pleite gemacht.
   Eine andere Ausrede wird oft gebraucht, wenn keine exakten Termine über Arbeitsbeginn und -ende gegeben wurden. Es gibt dann möglicherweise eine Sache, die er verbergen möchte. Die Frage muß ihm gestellt werden: ‚Was haben Sie in dieser Zeit getan?'
   Die Behauptung, daß ein Bewerber selbständig war, kann ganz vorteilhaft sein, aber sie kann auch verdächtig sein, besonders wenn die Selbständigkeit lange dauerte. Frühere Arbeitgeber sind geneigt, zu vergessen, oder sind bereit, über ein Vergehen seitens des Bewerbers hinwegzusehen, wenn eine längere Zeit vergangen ist. Vielleicht ist der damalige unmittelbare Vorgesetzte des Bewerbers nicht mehr bei dem Unternehmen. Wenn dies der Fall ist, wird eine allgemeine Referenz vorgelegt, und die besagt nicht viel.
   Eine Erklärung, die ständig gegeben wird und immer verdächtig ist: ‚Ich verließ das Unternehmen aus persönlichen Gründen.' Der Punkt, den es herauszufinden gilt: Mit wem

hatte der Bewerber Streit – und warum? In solchen Fällen hören wir oft: ‚Eine Zusammenarbeit mit dem Chef war unmöglich. Niemand konnte mit ihm arbeiten.' Aber Menschen verlassen selten aus persönlichen Gründen eine Firma, es sei denn, sie haben eine andere, bessere Arbeit in Aussicht. Wenn es eine Lücke nach dem Verlassen eines Unternehmens aus persönlichen Gründen gibt, dann sollten wir besonders auf der Hut sein.

Nun müssen wir das Verfahren umkehren und so denken, wie der Bewerber uns einschätzt. Er weiß, daß wir in vielerlei Hinsicht suspekt sein können. Bewerber sind gewohnt, interviewt zu werden, und sie wissen, daß die meisten Interviewer die Vorteile der angebotenen Stelle übertreiben und die Probleme herunterspielen. Wenn der Bewerber annehmen muß, daß wir nicht die Wahrheit erzählen, wird er die Stelle nicht antreten wollen. Wenn er die Stelle annehmen würde, könnten Probleme nach seinem Arbeitsantritt entstehen – und er könnte sich hintergangen fühlen.

Beim Interview müssen wir die Wahrheit sagen. Wir haben dem Bewerber genau zu sagen, was ihn erwartet. Wir müssen Hoffnungen auf schnelle Beförderung zunichte machen, was manche Interviewer als ‚Bonbon' anbieten, um den Bewerber zu überzeugen, die Stelle anzunehmen. Wir müssen die wahren Gründe nennen, warum der Vorgänger das Unternehmen verließ, und die Gründe, warum die Stelle frei wurde. Wir werden selbstverständlich die wahren Vorteile die gesamte Zeit über betonen, aber wenn es Nachteile gibt, müssen wir sie erklären und es dem Bewerber überlassen, ob er sie akzeptiert. Dies ist der Weg, die idealen Mitarbeiter zu bekommen und, was noch wichtiger ist, sie auch zu behalten.

Dies sind einige Fallstricke, die wir erkennen müssen. Könnt ihr euch andere vorstellen?"

Wallace war von den Fallstricken nicht beeindruckt, die von

Brennan so hervorgehoben wurden. Er dachte, alle Führungskräfte – sofern sie die Bezeichnung verdienen – müßten sie bereits kennen.

Er war gerade dabei, diesen Punkt anzusprechen, als Spurling sagte: „Bob, ich bin seit vielen Jahren Abteilungsleiter, und ich habe eine Menge Interviews hinter mir und Personal eingestellt. Ich sehe jetzt ein, nur in ca. fünfzig Prozent der Fälle effektiv gewesen zu sein. Meine Anzeigen waren falsch. Ich interviewte im Glauben, den Bewerbern einen Gefallen zu tun, indem ich sie bat, zu mir zu kommen. Gewiß war ich mir vieler Fallstricke, die du gerade erwähnt hast, nicht bewußt. Ich neigte dazu, Menschen nach ihrem Aussehen zu beurteilen, und glaubte, was sie mir erzählten."

Hemmings kicherte: „Mike", sagte er, „du wirst nie Geschäftsführer werden, wenn du so denkst, nicht wahr, Bob?"

Brennan antwortete sofort: „Das ist nicht fair. Mike gibt nur zu, daß er heute dazugelernt hat. Aber du hast recht. Geschäftsführer werden ein wenig zynisch. Du mußt immer daran denken, daß die meisten Menschen die Wahrheit sagen, ehrlich und anständig sind. Wir alle erfinden Entschuldigungen für unser Verhalten, wenn wir bestimmte Regeln ein wenig gebrochen haben, aber das ist auch alles, was einige Bewerber tun, wenn sie versuchen, den Interviewer zu überlisten.

Obwohl ein Geschäftsführer zynisch werden mag, muß er im Zweifelsfalle bereit sein, an die Loyalität, Anständigkeit und Ehrlichkeit eines Partners zu glauben, oder einem Bewerber, der sich um eine Stelle bewirbt.

Das so oft genannte Zitat ‚Laß den Käufer wachsam sein' trifft auch auf Interviews und Personalauswahl zu: ‚Laß den Interviewer wachsam sein.' Aber das muß nicht heißen, daß ein Bewerber, der mit der Frau seines besten Freundes auf und davon geht, nicht der ideale Bewerber für eine bestimmte Aufgabe sein kann. Der Interviewer soll sich nur der Fakten bewußt sein und die guten von den schlechten trennen. Wenn unter dem Strich Pluspunkte bleiben, kann der Bewerber immer noch der ideale Mann für die Aufgabe sein."

Wallace war froh, daß Spurling vor ihm gesprochen hatte und ihn davor bewahrte, indirekt Brennan zu kritisieren. Offensichtlich wußten die meisten Führungskräfte wenig über Interviewtechniken.

Es gab eine Diskussion, dann sagte Brennan: „Nun zur 99-Prozent-Sicherheitsmethode, die richtige Entscheidung zu treffen: Zeugnisse müssen verlangt werden, und dies trifft auf die Schreibkraft genauso zu wie auf den leitenden Angestellten. Aber sie sollten nicht auf gewöhnliche Art und Weise gefordert werden. Schriftliche Zeugnisse sind nahezu wertlos. Heutzutage gibt es zu viele juristische Nachspiele, wenn die Wahrheit über einen Angestellten gesagt wird, der entlassen werden mußte. Personalleiter zögern, die wahren Gründe der Entlassung schriftlich zu nennen oder Fakten über die Schwächen ihrer früheren Angestellten zu geben. Ich kenne einen Fall, daß einem Mann ein passables Zeugnis ausgestellt wurde, obwohl er entlassen wurde, weil er einen Gruppenleiter geschlagen hatte. Die Polizei wurde nicht gerufen, und er wurde auch nicht wegen Körperverletzung angeklagt. Daraufhin drohte er, wenn sein Arbeitgeber ihm ein schlechtes Zeugnis ausstellt, vor Gericht zu gehen. So stellten sie ein irreführendes Zeugnis aus. Sie sagten nichts Gutes, aber sie sagten auch nichts Schlechtes.

Wenn man es untersuchen würde, glaube ich, berücksichtigen etwa 70 Prozent der Interviewer keine Zeugnisse. Möglicherweise fragen etwa 29 Prozent schriftlich nach, aber wie schon gesagt, diese Anfragen sind fast wertlos. Das verbleibende eine Prozent sind die erleuchteten Führungskräfte, die wissen, wie die Wahrheit aufgedeckt wird.

Ihr werdet mich fragen, woher ich diese Zahlen habe. Natürlich sind es Schätzungen, aber die Tatsache bleibt, daß ich in den vielen Jahren als Vorgesetzter Mitarbeiter verloren habe, manche aus guten Gründen, einige, weil sie entlassen werden mußten.

Die Zahl der Fälle, in denen ich um ein Zeugnis gebeten wurde, ist sehr groß. Ich glaube deshalb, mich statistisch gesehen geirrt zu haben.

Aber wenn ihr nach qualifizierten Mitarbeitern Ausschau haltet, müßt ihr sicherstellen, niemanden zu beschäftigen, der nicht seinen Teil zum Wachstum eines Unternehmens beiträgt. Dies könnte einen Umkehreffekt bei den anderen Mitarbeitern bewirken. Was ich immer getan habe, war, mit dem letzten Arbeitgeber zu telefonieren."

Hemmings unterbrach Brennan: „Aber würde der frühere Arbeitgeber offen am Telefon reden?"

„Immer, wenn die richtige Technik benutzt wird. Das Risiko, keine Referenzen einzuholen, ist zu groß. Ich will ein Beispiel geben.

Eine bekannte Hotelgruppe brauchte einen Generaldirektor, um eines der Hotels zu führen. Ein Bewerber bot sich an, und die Zeugnisse der Standardversion wurden berücksichtigt.

Es stellte sich bald heraus, daß der Bewerber Alkoholiker war, obwohl nichts davon in den Papieren seiner früheren Arbeitgeber erwähnt war. Das Hotel mußte viel bezahlen, um ihn wieder loszuwerden, und ihr mögt es glauben oder nicht, er bekam eine andere gute Stelle in einem anderen Hotel, das wiederum die üblichen schriftlichen Anfragen nach Referenzen losschickte und die üblichen Antworten erhielt. Schließlich: Sehr selten wird irgend jemand in ein Zeugnis schreiben, daß der Betroffene ein Störenfried ist. Habe ich mich verständlich gemacht?"

„Ja", sagte Hemmings. „Aber sicherlich kannst du nicht mit dem Arbeitgeber des Bewerbers telefonieren, solange er noch für das Unternehmen arbeitet."

„Laßt es mich erklären. Während des Interviews müssen Entscheidungen getroffen werden: erstens, die Ungeeigneten auszusondern; zweitens, zwischen mehreren Bewerbern auszuwählen, und möglicherweise muß diese Entscheidung verschoben werden. Drittens, ihr glaubt, den idealen Bewerber vor euch zu haben, und wollt ihm die Stelle anbieten. Beim Interview werdet ihr jeden der Bewerber, oder den idealen Bewerber, fragen, an wen ihr euch wegen einer Referenz wenden könnt. Und ihr werdet sofort versprechen, daß keine Referenz eingeholt wird, bevor der Bewerber sich entschieden hat, die Stelle anzunehmen. Wenn Einigkeit besteht, fahrt ihr fort: ‚Die erste Entscheidung liegt bei Ihnen. Ich habe Ihnen nun alle Fakten genannt. Auch wenn wir eine weitere Woche miteinander reden würden, könnte ich keine weiteren Informationen mehr anbieten. Wenn ich Ihnen jetzt die Stelle anbiete, würden Sie zusagen?‘ Wenn der Bewerber noch überlegen will, habt ihr ihn entweder noch nicht überzeugt, oder er hat noch ein anderes Angebot. Diese fehlende Entschlußkraft des Bewerbers, ausgenommen, es wäre eine ganz besondere Ausnahmesituation, läßt den Bewerber ausscheiden. Die Entschuldigung: ‚Ich möchte noch einmal darüber nachdenken‘, spricht für sich. Sie charakterisiert einen Menschen, der keinen scharfen Verstand hat. Der Bewerber hat sich um die Stelle beworben. Wenn er nicht wechseln will, warum hat er sich beworben. Wenn er über euer Angebot unsicher ist, ist das nicht die Einstellung, die ihr wollt. Warum jemand engagieren, der zu lange zögert, das Angebot anzunehmen? In jedem Fall werden die meisten solcher Bewerber schließlich das Angebot ablehnen, und die andern sind es nicht wert, engagiert zu werden.

Keine Regel ohne Ausnahme, besonders auf der Geschäftsführerebene, aber es gibt nur wenige.

Nun laßt uns annehmen, wenn es um mehrere Bewerber oder um den idealen Bewerber geht, daß alle das Angebot annehmen, und zwar zu dem Zeitpunkt, als es unterbreitet wurde. Ihr erklärt dann eure Gründe, warum ihr telefonische Referenzen einholen wollt. Ihr werdet betonen, daß ihr erst dann wegen der Referenzen telefonieren werdet, wenn ihr ihm selbst die Stelle angeboten habt und er sein Unternehmen selbst informiert hat.

Ihr könntet etwa folgendes sagen: ‚Wahrscheinlich werde ich fragen, ob irgend etwas mit Ihnen nicht stimmt – übrigens, wie, glauben Sie, wird Ihr Vorgesetzter die Frage beantworten?‘

Es ist erstaunlich, wie aufschlußreich die Antworten sein können. Der Bewerber wird eine von drei Möglichkeiten wählen. Er wird antworten: ‚Ich glaube nicht, daß er allem, was ich über mich gesagt habe, zustimmen wird.‘

Hätte er Probleme mit seinem Unternehmen, könnte er bluffen, in der Hoffnung, daß die Wahrheit nicht an den Tag kommt. Dies wird ständig praktiziert, wenn ein Angestellter bereits unter Beobachtung steht oder bereits das Unternehmen verlassen hat. Die eine Alternative: Er spricht die Wahrheit und weiß, daß sein Vorgesetzter nur Gutes über ihn spricht. Die andere Alternative wiederum: Er wird wissen, daß beim Telefongespräch die Wahrheit herauskommt. Er wird vorgeben, daß alles in Ordnung ist, aber wird später anrufen, um mitzuteilen, daß er sich gegen euer Angebot entschieden hat, da er ein besseres Angebot habe.

Das gleiche kann auch auf den idealen Bewerber zutreffen. Wir alle können Menschen falsch beurteilen, aber mein System bedeutet, daß wir immer die Wahrheit erfahren. Ist diese Vorgehensweise jetzt verständlich, Richard?“

„Ja.“

„Gut. Dann wollen wir uns jetzt damit beschäftigen, wie wir sicher die Wahrheit von dem früheren Arbeitgeber erfahren.

Laßt uns annehmen, daß ich ‚Herrn Brown‘ anrufe. Wenn ich die Gründe meines Anrufes erklärt habe, hat ‚Herr Brown‘ sich niemals geweigert, mit mir zu sprechen. Meine Gesprächseröffnung begann mit den Worten: ‚Mein Name ist Brennan, vom Unternehmen Linklater. Sie werden von uns gehört haben.‘ Falls nicht, wird eine kurze Erklärung notwendig sein, um zu beweisen, daß mein Unternehmen ein Unternehmen von Bedeutung ist. Dann geht es weiter: ‚John X hat sich bei uns für die Position des Transportleiters beworben. Sicherlich werden Sie mir zustimmen, daß schriftliche Zeugnisse nicht sehr viel weiterhelfen, Herr Brown, und das ist der Grund meines Anrufes, ich möchte gerne Ihre Meinung persönlich hören.‘ Dann folgt eine Pause, und ihr fahrt fort: ‚Herr Brown, ziehen Sie es vor, mich zurückzurufen, um meine Angaben zu überprüfen?‘ Manchmal wird dieses Angebot angenommen, aber überraschenderweise selten.

Ihr werdet zunächst die technische Qualifikation, Fähigkeiten und Erfahrung überprüfen. Dann, wenn ihr sicher seid, daß der Bewerber in dieser Hinsicht die Voraussetzungen erfüllt, könnt ihr eine der zwei Techniken anwenden, um die Wahrheit herauszulocken.

Ihr fahrt dann fort: ‚John X hat gute Zeugnisse, obwohl er öfters seine Stelle gewechselt hat. Ich mache seit vielen Jahren Interviews, und irgendwie habe ich das Gefühl, etwas stimmt nicht – es fehlt ein Glied in der Kette.‘“

Brennan machte eine Pause. Dann sagte er zu seinen Abteilungsleitern: „Es fehlt ein Glied in der Kette! Das ist der Schlüsselsatz. Denkt daran.

Ich fahre jetzt mit dem Gespräch mit ‚Herrn Brown‘ fort: ‚Ich bin sicher, Sie können mir eine Antwort geben, Herr Brown. Können Sie es mir vertraulich sagen? Das Stellenangebot wird davon nicht berührt, aber es könnte zum Vorteil für John X sein – und auch zu unserem Vorteil, wenn wir all seine Schwächen und Stärken kennen.‘

Ich versichere euch, wenn ihr diese Frage so stellt, wird in neun von zehn Fällen Herr Brown sagen: ‚Er ist ein guter Mann, aber . . .‘ Und dann folgen einige Erklärungen: ‚Es ist schwer, an ihn heranzukommen, er war ziemlich oft krank, er hat häusliche Probleme, usw.‘

Alternativ zu der ‚Es fehlt ein Glied in der Kette'-Technik könnt ihr die ‚Annahme'-Technik benutzen, indem ihr etwa sagt: ‚Herr Brown, John X macht eher den Eindruck, als sei er faul. Er scheint der Typ zu sein, der lieber redet, statt zu handeln.' Oder: ‚Ich habe das Gefühl, daß er etwas zuviel trinkt.'

Wiederum, wenn ihr nach solchen Vermutungen fragt, könnt ihr die Wahrheit herausfinden. Denkt daran, kein Bewerber ist hundertprozentig perfekt, und daß wir versuchen, die ernsthaften Schwächen herauszufinden, ist legal. Die meisten allgemeinen Schwächen können akzeptiert werden, wenn der Bewerber der Stellenbeschreibung entspricht.

Manchmal, wenn ihr ‚Herrn Brown' um seinen Rat bittet, wird er antworten: ‚Ich möchte nicht darüber sprechen, finden Sie es selbst heraus.' In diesem Fall, was immer ihr tut, stellt den Bewerber niemals ein.

Schließlich, wenn ihr immer noch Zweifel habt, stellt die Frage: ‚Wenn Sie eine freie Stelle zu besetzen hätten, Herr Brown, würden Sie John X wieder einstellen?' Wenn Herr Brown dann eine Pause macht und sagt: ‚Nun – äh ...' wiederum eine Pause oder eine witzige Bemerkung macht, etwa so: ‚Diese Frage muß mir erst erneut gestellt werden!', dann stellt John X nicht ein.

Meine Herren, diese Vorgehensweise wird euch niemals im Stich lassen, um mit Sicherheit nur hochqualifizierte Bewerber einzustellen. Es gibt keinen anderen Weg, um über einen Bewerber die Wahrheit aufzudecken, ob es sich um technische Fähigkeiten handelt, um Kreativität oder um die Fähigkeit, mit anderen Menschen auszukommen.

Psychologen, Verhaltensforscher, Graphologen werden niemals soviel über einen Bewerber herausfinden, als ihr es könnt, indem ihr mit seinem früheren Arbeitgeber telefoniert.

Es gibt nur eine Möglichkeit, Personal einzustellen, und zwar die, nach diesen, meinen Richtlinien vorzugehen. Frühere Arbeitgeber kann man beinahe mit der Familie eines Bewerbers vergleichen, sie kennen die Wahrheit über ihn, seine Schwächen und seine Stärken. Ich stelle noch einmal fest, daß, wenn diese Techniken richtig eingesetzt werden, ihr in 99 Prozent der Fälle jederzeit richtig liegt.

Noch einmal frage ich euch, konnte ich mich verständlich machen?“

Der Applaus, der ihm entgegengebracht wurde, zeigte, daß er sie für sich gewonnen hatte.

„Das ist gut“, sagte er. „Es gibt aber noch einen letzten Punkt. Ihr mögt von mir aus 5000 DM und mehr in Anzeigen für eine freie Stelle investieren, aber stellt ‚niemals‘ den Zweitbesten ein. Ich beziehe mich auf den Bewerber, der die Ausnahme bildet, weil die anderen im Gespräch sich als unterdurchschnittlich herausstellen. Ihr seid unfair gegenüber dem Bewerber und gegen euch selbst, wenn ihr solche Leute einstellt. ‚Verschrottet‘ die Kampagne, und fangt von vorne an.“

Brennan schaute auf seine Uhr. „Wir haben noch ein paar Minuten Zeit“, sagte er. „Harvey, du hast wahrscheinlich mehr Leute interviewt als irgendeiner von uns. Sicherlich habe ich einige Punkte ausgelassen. Würdest du aus deiner Sicht ergänzen?“

„Du hast sie alle sehr gut besprochen, Bob, aber hier sind drei oder vier weitere, wenn du sie dir anhören willst.

1. Vermeidet, schriftliche Aufzeichnungen während des Interviews zu machen. Sicherlich ist es von einem Interviewer nicht zuviel verlangt, sich an alle Details nach einem Dreißig- oder Fünfundvierzig-Minuten-Gespräch zu erinnern. Notizen können anschließend gemacht werden. Aber es ist für den Bewerber sehr störend, wenn der Interviewer Notizen zu Papier bringt.
2. Stellt keine unsinnigen Fragen wie: ‚Sind Sie ein Autodidakt?

Arbeiten Sie hart? Sind Sie ehrgeizig?‘ Alle Bewerber beantworten diese Fragen richtig, aber sie dienen keinem Zweck.

3. Ihr könnt einen Bewerber nach den Fragen beurteilen, die er selbst stellt – sind sie vernünftig oder nicht? Ich bitte immer meine Bewerber, mir, soviel wie möglich, Fragen zu stellen – tatsächlich fordere ich sie gerade dazu auf.

Das ist alles – ah, ja, ein letzter Punkt: Ich lasse niemals, niemals zu, daß ein guter Bewerber wegläuft. Ich glaube, es ist meine verkäuferische Aufgabe, ihn zu überzeugen, in unser Unternehmen einzutreten. Ich gestatte dem idealen Bewerber nicht – um es sich noch einmal zu überlegen –, von mir wegzugehen; es gibt so viele Unternehmen, die sich um ihn reißen.“

Er war dabei fortzufahren, machte aber eine Pause. „Ich bekomme sehr finstere Blicke von Laurie und Richard zugeworfen. Ich glaube, ihr seid alle ein bißchen durstig.“

„Sind wir das nicht alle?“ fragte Brennan. „Aber es sind noch ein oder zwei Punkte zu diskutieren...“

Um sechs Uhr endete die Sitzung. Es war ein langer, harter Tag, und es stand nur wenig Zeit zur Verfügung, um geduscht, rasiert und umgezogen am Willkommenstrunk des Kapitäns teilzunehmen.

Später am Abend rief einer der Abteilungsleiter bei Mark Cornell zu Hause an, dem Geschäftsführer der Kanada-Kopier-Werke.

12 Auf hoher See

Es war sieben Uhr morgens und der zweite Tag auf See. Mary Clayton entschied, ihr Frühstück im Bett einzunehmen, während ihr Mann seine Kollegen um acht Uhr beim Frühstück traf.

Das Meer war unruhiger geworden, verbunden mit einem starken Wind, was einiges Unbehagen unter den Neulingen verursachte, obwohl es nur geringe Wirkung auf die erfahrenen Passagiere hatte.

Der Seegang machte den Claytons nichts aus. Mary war glücklich und zufrieden, und sie erfreute sich an jeder Minute dieser seltenen Unterbrechung ihrer häuslichen Arbeit. Bevor Victor zum Frühstück ging, sagte er: „Ich werde mir die Wahl offenlassen. Die Frage, die ich nicht entscheiden kann, ist die: Ist Brennan zu gut, um wahr zu sein, oder nicht?"

„Ich mag ihn", sagte Mary ganz einfach.

Harvey Strong schluckte zwei Pillen gegen Seekrankheit und stöhnte: „O Gott, ist das stürmisch."

Seine Frau Pat sagte: „Es ist nicht wirklich stürmisch, Liebling. Es existiert nur in deiner Vorstellung."

„Rede keinen solchen Unsinn, es ist stürmisch. Ich weiß noch nicht, wie ich die Sitzung heute morgen durchstehen werde. Was soll ich tun, wenn ich während der Sitzung seekrank werde?"

„Lauf zum nächsten Klo."

„Ich weiß nicht, wo es ist, und ich will auch keinen Narren aus mir vor den anderen machen."

Er setzte sich einen Augenblick und dachte über seine unglückliche Lage nach, bevor er einen tiefen Atemzug machte, um Pat zu fragen: „Was wirst du heute morgen tun, Pat?"

„Ich werde der Rede eines Steiner-Managers zuhören über das Thema ‚Wie bekommt man mehr Ausstrahlung?'. Tina kommt mit mir. Sie ist eine Puppe und auch klug." Dann änderte sich ihr Tonfall. „Glaubst du, es wird alles gutgehen?"

„Sicher, aber ich mache mir keine Sorgen. Ich kann für mich selbst sorgen."

Um sieben Uhr dreißig joggten Richard und Penny Hemmings über das Deck. Beide trugen bei dieser Gelegenheit blaue Jogginganzüge. Als sie einen Augenblick Pause machten, um das Kielwasser des Schiffes zu betrachten, sagte Penny: „Sie ist so dominant, das ist ihr Problem."

„Wer?" wollte Hemmings wissen.

„Ich habe es dir vor ein paar Minuten erzählt – diese Frau von Wallace. Sie ist immer so unerbittlich gegen alles."

„Und, ist das schlimm?"

„Ja, wenn sie über alles streitet. Wenn ich diese Reise überstehe, ohne ihr zu sagen, was ich von ihr halte, wird das ein Wunder sein!"

Laurie Wallace hatte rasende Kopfschmerzen. Seine nicht sehr mitfühlende Frau sagte, es geschähe ihm recht. Er hätte in der Nacht zuvor weniger trinken sollen. Wallace antwortete nicht und schnallte seinen Gürtel so eng wie möglich in der Hoffnung, seinen Hängebauch zu verdecken.

Dorothy fragte ihn: „Glaubst du, er macht dich zum Direktor?"

„Ja, bestimmt", antwortete Wallace. „Ja, ganz bestimmt! Und wenn nicht, habe ich meine Alternativen."

Tina Spurling las die Schiffszeitung, die wie gewöhnlich wenig Neuigkeiten enthielt.

„Der Streik dauert immer noch an", las sie vor.

„Es gibt immer irgendeinen Streik!"

„Aber es scheint nicht so schlimm zu sein, wenn nur in zwei Zeilen statt seitenweise darüber berichtet wird."

„Ich muß mich beeilen", sagte Mike.

„Warum?"

„Weil ich nicht zu spät kommen will und ich Hunger habe."

„Du hast immer Hunger. Aber ich mache mir immer noch Sorgen über unsere Zukunft. Diese Reise ist eine völlig unnötige Investition."

Spurling schüttelte den Kopf: „Das ist Bobs beste Investition. Er lotet nur aus, beobachtet jede unserer Reaktionen und schaut, was unter dem Strich übrigbleibt."

„Magst du ihn?" wollte Tina wissen.

„Hier geht es nicht ums Mögen. Kein Spitzenmann wird jemals ständig geliebt. Gibt er, mag man ihn; verweigert er, mag man ihn nicht. Ich bleibe nach allen Seiten offen."

13 Qualitätskontrolle

Als Brennan das Sitzungszimmer um neun Uhr betrat, erwarteten ihn die Abteilungsleiter. Nach der üblichen Begrüßung begann Brennan: „Heute liegt die Betonung auf ‚Qualität in der Produktion'. Das könnte bedeuten, daß sich einige von euch überflüssig fühlen. Später, wenn Harvey über ‚Qualität im Verkauf' spricht, mögen andere sich überflüssig vorkommen.

Dieses mangelnde Interesse beruht auf dem Irrglauben, daß Produktion einzig und allein Sache der Ingenieure und Verkaufen Sache der Verkäufer ist. Wenn ihr allerdings eure Aufmerksamkeit beiden Bereichen schenkt, werdet ihr erkennen, daß der Qualitätsunterricht bei beiden Themen auf uns alle zutrifft. Wenn wir darüber reden, das richtige Anforderungsprofil für ein Produkt zu erarbeiten, dann trifft dies ebenfalls zu für eine Büroeinrichtung, den Druck eines Prospekts oder den Kauf eines Schreibtischs. Aber am wichtigsten ist meine Überzeugung, daß ein spezialisierter Abteilungsleiter zu sein nicht ausreicht. Wir müssen vielseitig begabt sein, um Erfolg zu haben – schnellen Erfolg."

Er machte eine Pause und fuhr fort: „Um uns auf die richtigen Qualitätsrichtlinien einzustimmen, haben wir unseren Gastredner Brian Moss, wie ihr wißt." Brennan schaute auf seine Uhr. „Er müßte jetzt dasein. Ich gehe ihn holen."

Damit verließ Brennan die Abteilungsleiter, die erwartungsvoll auf die Ankunft des ‚Meisters der Qualität' warteten.

Nach seiner Rückkehr sagte Brennan: „Laßt mich Brian Moss vorstellen, der so nett war zu kommen und seinen Erholungsurlaub unterbrach. Seine Frau sagte mir, er arbeitet sieben Tage in der Woche, und es kostete viel Zeit, ihn zu überzeugen, eine fünftägige Ruhepause auf See einzulegen.

Brian ist Geschäftsführer von NuAire, einem der größten und erfolgreichsten Unternehmen in der Branche. Außerdem ist er im Aufsichtsrat einiger anderer Unternehmen. In den Jahren, als er das Amt des Präsidenten des Verbandes der Hersteller von Heizungs-, Luft- und Klimatechnik innehatte, förderte er weitestgehend die Einführung von Qualitätsnormen in der Lüftungsindustrie.

Er ist jetzt der Vorsitzende des beratenden Normenausschusses für das wirtschaftliche Entwicklungskomitee der Baubehörde, und er ist die treibende Kraft für die Einführung eines ‚Zertifikates für Aerodynamik', ein Qualitätssicherungsprogramm der Standards Institution.

Er ist ein ständig gefragter Mann als Redner für Qualitätssicherung. Meine Herren – Brian Moss."

Moss erwiderte den Beifall mit einem „Vielen Dank" und blieb stehen, während Brennan sich setzte. Er begann: „Meine Herren, in der Umgangssprache wird Qualität gleichgesetzt mit Perfektion. Allerdings befriedigt diese Definition einen Ingenieur nicht, der sein Leben mit Messen und Analysieren verbringt. Die Qualität eines Produktes oder einer Serviceleistung kann sowohl gut als auch schlecht eingestuft werden, je nach den gestellten Anforderungen. Qualität kann für einen Anwendungsbereich gut sein, für einen anderen schlecht. Z. B. ein Kochinstrument mag vollkommen die Anforderungen im Haushalt erfüllen und wird wahrscheinlich vom Küchenchef eines großen Restaurants als schlechte Qualität eingestuft. Das Werkzeug des Küchenchefs allerdings wird nicht gut genug sein, um den harten Anforderungen standzuhalten, denen eine Feldküchenausrüstung ausgesetzt ist. Ein Armeekoch würde es wegen schlechter Qualität ablehnen.

Weil die Industrie im allgemeinen das, was gefordert wird, in Form einer Spezifikation definiert, wird diese Definition sehr oft ausgelegt als: ‚Gute Qualität erfüllt die Spezifikation.'

Kehren wir zu unserem allgegenwärtigen Küchenwerkzeug zurück. Die für die Produkte geforderte Qualität im Haushalt, in der gewerblichen Küche und in der Militärküche hängt von verschiedenen Spezifikationen ab, obwohl die Form und die Funktion des Kücheninstrumentes in jedem Anwendungsbereich identisch sind. Dieses Beispiel illustriert die verdeckte Gefahr in der Definition ‚Gute Qualität erfüllt die Spezifikation'. Was bedeutet es, wenn die Spezifikation nicht genau den tatsächlichen Anforderungen des Kunden entspricht? Es mag Unzufriedenheit entstehen, weil die Spezifikation nicht erfüllt wird. Dies ist nichts, verglichen mit dem Unglück, daß ein Produkt ganz und gar einer schlechten Spezifikation entspricht. Dann ist mehr als eine Partei am Jammern. Und was als scheinbar eindeutiger Qualitätsstreit beginnt, artet schnell in der Erörterung der Verantwortlichkeiten aus und in der Suche nach dem Schuldigen.

Es wird in Ingenieurkreisen eine Geschichte erzählt, an der ich lieber zweifeln würde, aber die wahrscheinlich – und das sagt mir meine Erfahrung – absolut wahr ist. Ein sehr bekanntes Unternehmen vergab einen Auftrag für ein ziemlich einfaches Sägeblatt. Unglücklicherweise wurden die Zeichnungen auf Pauspapieren des Unternehmens angefertigt, auf denen die erlaubten Standardtoleranzen ihrer berühmten Höchstpräzisionsprodukte standen. Es war nicht einfach für den Sägeblatthersteller, das Sägeblatt nach diesen geforderten Toleranzen zu produzieren. Aber wahrscheinlich war es weniger einfach für die Ingenieure des Unternehmens, den Preis zu schlucken und ihr Ansehen zu wahren, nachdem sie entdeckt hatten, was geschehen war.

Der Kommentar eines Zynikers könnte sein: ‚Aber das Sägeblatt hat eine gute Qualität. Es erfüllt nicht nur die Spezifikation, sondern unzweifelhaft in diesem Falle auch den geforderten Zweck.‘

Meiner Ansicht nach wurde in diesem Falle ‚Qualität‘ falsch interpretiert. ‚Gerade richtig‘ ist gute Qualität. ‚Nachlässigkeit‘ auf beiden Seiten ergibt schlechte Qualität. Der große Vorteil dieser Interpretation liegt im Kostendenken. Wenn wir diese Definition benutzen: ‚Gute Qualität erfüllt genau den beabsichtigten Zweck‘, führt sie uns natürlicherweise und – in meinen Augen – korrekterweise dazu, Kostenexplosion als Ergebnis schlechter Qualität zu betrachten; unnötige Kosten können immer aufgebaut werden, entweder durch eine ‚Über-Spezifikation‘ oder eine Übererfüllung der Spezifikation.

Meine Interpretation entkräftet vollkommen die Einwände derjenigen, deren Philosophie in der wundervollen, sich selbst enthüllenden Frage eingebettet ist: ‚Können wir uns Qualität leisten?‘ Ich bin nur nicht sicher, wäre ich bei Marks & Spencer oder bei den Deutschen oder Japanern beschäftigt, ob diese Einstellung mir zum Vorteil oder Nachteil wäre!

In einem Buch, das die allgemeinen Qualitätsansprüche der dreißig erfolgreichsten amerikanischen Unternehmen analysiert, wird festgestellt, daß alle von ihnen – so die Worte des Autors, nicht meine Worte – ‚besessen von Qualität‘ sind. Die Liste der hervorragenden ‚qualitätsbewußten‘ Unternehmen spricht für sich. Diese erfolgreichen Firmen, weit entfernt, Geld zu verlieren, sparen Geld durch gute Qualität. Und das ist nicht verwunderlich! Kürzlich las ich, daß wir dreißig Prozent unserer Zeit damit verbringen, Fehler zu korrigieren – unsere eigenen und die der anderen. Ich bin mir über die Richtigkeit der Prozentangaben nicht sicher, aber ich glaube, daß niemand von Ihnen die Aussage des Autors bestreiten wird. Die British Standards Institution hat den Gehalt dieser Botschaft in dem Slogan zusammengefaßt: ‚Mach es gleich richtig.'

Hätten wir nur bei NuAire vor Jahren bereits mehr über Qualität gewußt, wir hätten Zehntausende von DM eingespart, und mir wären viele, viele schlaflose Nächte erspart geblieben. Lassen Sie mich die traurige Geschichte erzählen.

Zu Beginn von NuAire hatten wir ein Problem, das damals ernsthaft unsere Produktion beeinträchtigte und das für ein Unternehmen ohne finanzielle Unterstützung den Konkurs verursacht hätte. Wenn ich daran zurückdenke, frei von Emotionen, da genügend Zeit vorbei ist, war es ein Problem schlechter Qualität.

Wir hatten mit der Produktion eines einzigartigen Produktes begonnen: eines kleinen Ventilators, der die Luft aus Bädern und WCs ohne Fenster durch lange Rohre mit einem Durchmesser von 10 cm abzog. Das Konzept dieser Einheit fiel mit dem Bauboom von Wohnhäusern zusammen, und die Verkäufe stiegen raketenhaft an.

Um die verschiedenen Orts- und Bauvorschriften zu erfüllen, wurde eine Zeituhr eingebaut, und der Ventilator blieb noch zwanzig Minuten nach Abschalten der Raumbeleuchtung in Betrieb. Dies genügte, um nach der Benutzung dieser Räume eine einwandfreie Entlüftung zu garantieren. Der Zeitgeber war am Getriebemotor eingebaut. Er war einfach, verläßlich und robust, aber er hatte einen großen Nachteil: Er konnte nicht selbständig die Zeit neu einstellen, wenn das Licht während des Zwanzig-Minuten-Zyklus eingeschaltet wurde. Deshalb konnten wir nicht behaupten, daß er immer zwanzig Minuten nach Ausschalten des Lichtes in Betrieb blieb.

Ich war erfreut, als unsere Forschungs- und Entwicklungsabteilung schnell den Prototyp eines elektronischen Zeitgebers baute, der alle Anforderungen zu erfüllen schien. Wir produzierten eine Null-Serie. Alle Einheiten arbeiteten zufriedenstellend. Dann wurde die Entscheidung getroffen, das neue, viel bessere Modell zu bauen. Bald wurden einige tausend Einheiten pro Monat überall innerhalb Großbritanniens versandt. Dann hatten wir – wie wir meinten – eine begrenzte Beschwerde in einem entfernten Teil Schottlands. Unsere Einheiten schalteten sich nicht nur ab, sondern schalteten sich auch ein, ohne daß jemand den Lichtschalter betätigte!

Wir waren skeptisch und ließen uns die Einheiten zurückschicken. Wie vermutet, verliefen die Tests absolut zufriedenstellend. Dennoch sandten wir neue Einheiten in den weit entfernten Teil Schottlands. Sie fielen wieder aus, und weil wir glaubten, etwas Seltsames müsse dort geschehen, schickten wir den Konstrukteur nach Schottland.

Dann aber kamen ähnliche Beschwerden aus anderen Teilen des Landes, und allmählich wurden wir unter einer Lawine von identischen Beschwerden der Bauunternehmen aus allen Teilen begraben.

Wir konnten kaum an den Grund des Fehlers glauben, der durch unseren Service-Ingenieur entdeckt wurde, als er die schottischen Wohnhäuser überwachte. Wir hatten unseren Zeitgeber gebaut und getestet, indem wir kurze Kabel benutzten, um die Raumverkabelung zu simulieren. In der Praxis aber sind viele Meter Kabel in den Gebäuden notwendig, und der Stromkreis der Raumbeleuchtung hatte genügend Stromstärke und Induktion, um den Zeitgeberstromkreis auszulösen.

Wir hatten unsere Hausaufgaben nicht gemacht, und darüber hinaus waren wir uns nicht aller Kriterien bewußt, die die Spezifikation hätte enthalten müssen. Wir produzierten einen Zeitgeber, der unsere Betriebsprüfungen passierte und so lange alles tat, was wir erwarteten, bis dieses Bauteil in ein echtes Gebäude installiert wurde.

Die dann folgende Geschichte ist zu schmerzhaft, um auf Details einzugehen, weil wir sehr teuer für mangelnde Qualitätskontrolle bezahlten. Es brauchte Jahre, bis wir diesen Ärger ganz überwunden hatten, mit sehr hohen Kosten verbunden. Viele Anstrengungen mußten gemacht werden, um zerstörte Kundenbeziehungen wieder aufzubauen. Wir überlebten nur, weil wir Teil einer größeren Unternehmensgruppe waren, die uns finanziell in diesem Trauma unterstützte – ein dramatisches Beispiel für die Gefahren schlechter Qualität und insbesondere, wie fehlende Marktforschung zu schlechten Spezifikationen führen kann. Ich bin sicher, Sie werden mir zustimmen, daß wir heute die Konzeption eines neuen Produktes nicht abschließen und es auf den Markt bringen, ohne die Prototypen zuerst in der realen Umgebung getestet zu haben. Dies ist eine Qualitätspolitik, die ansehnliche Dividenden zahlt. Das heißt, bis zum letzten Blutstropfen prüfen, ob man alles richtig gemacht hat. Ich verstehe, daß unsere Erfahrungen ziemlich vergleichbar sind mit den Ihrigen bei Linklater. Aber wir sind nicht allein. Es passiert, obwohl es nicht passieren dürfte, so vielen Unternehmen.

Hinzu kommt, daß sich Qualitätstests nicht nur auf die Produktion beziehen.

Für Qualitätsbesessenheit muß der oberste Angestellte kämpfen. Der Geschäftsführer von Rowntrees, einem der weltgrößten Süßwarenhersteller, sprach auf einem Qualitätsseminar. Er erklärte, daß nicht nur die Qualität ihres berühmten After Eight peinlichst genau beobachtet und kontrolliert wird, sondern daß es auch für jedes Detail Qualitätskontrollen gibt. Er führte die Probleme an, die Druckereien zu überzeugen, exakt die Grünschattierung auf der aparten After-Eight-Verpackung einzuhalten. Für ihn war es lebenswichtig, da sein Leitspruch lautete: ‚Ruhe dich in irgendeinem Bereich aus, so trivial er sein mag, und unausweichlich wird die Qualität allgemein nachlassen.‘“

Moss machte eine Pause und fuhr fort: „Eine der größten Herausforderungen, der Sie sich stellen, ist, andere zu überzeugen – wie ich es nenne –, den ‚Mantel der Mittelmäßigkeit' abzulegen. Wenn Sie an eine Verbesserung der Qualität glauben, wie ich es tue, dann müssen Sie bereit sein, es auf ihre Fahnen zu schreiben und alles zu kritisieren und abzulegen, was Ihren Erwartungen nicht entspricht.

Mein Unternehmen, als Firma mit einer Qualitätssicherungsabteilung, anerkannt von der BSI, fand heraus, daß wir diese Qualitäts-Philosophie auch den Lieferanten aufbürden mußten. Deshalb haben wir sie in unsere Probleme einbezogen. Wir luden ihre Ingenieure ein, unsere Produktionslinien anzuschauen. Sie besuchten mit unseren Service-Ingenieuren unsere Kunden, und unsere Mitarbeiter der Qualitätsabteilung besuchten ihre Fabriken. Wir gaben jedes Produkt zurück, das der Spezifikation nicht entsprach.

Die Qualität verbesserte sich. In den Unterlagen unserer Einkaufsabteilung befinden sich Qualitätsinformationen über unsere Lieferanten – Ausschußquoten, Liefermodalitäten, Serviceausfälle. Das sind Informationen von Bedeutung, wenn wir, auf uns allein gestellt, die Qualität und Standards unserer eigenen Produktion erhalten und verbessern wollen.

Die Bedeutung, wirkungsvoll mit Lieferanten zu kommunizieren, basiert auf der Spezifikation – dem Maßstab, ein Produkt anzunehmen oder zurückzuweisen. Die Spezifikation ist das Bindeglied zwischen den Parteien. Sie definiert eindeutig, was der eine vom anderen fordert, und sie ist Grundlage der Qualitätsbeurteilung. Unglücklicherweise erfordert eine gute Spezifikation großes Können und Informationen, wenn sie vollständig, unzweideutig sein soll und wirklich widerspiegelt, was gefordert wird. Da diese Eigenschaften selten erfüllt werden, gibt es weit mehr schlechte als gute. Und wenn ein Produkt nicht in jeder Hinsicht die Spezifikation erfüllt, gemessen an Ausführung, Umfang, Lebenszeit, Sicherheit, Effizienz, Erscheinungsbild,

Kosten usw., muß dieser Fehlschlag die Folge schlechter Qualität sein. Sie werden jetzt vielleicht die Bedeutung erkennen, warum Spezifikation so wichtig ist und warum es so schwierig ist, sie zu erstellen. Noch einmal muß ich betonen, daß ein Produkt die Spezifikation erfüllen kann und trotzdem von schlechter Qualität ist, und zwar dann, wenn die Spezifikation nicht genau das beinhaltet, was der Kunde braucht.

Wir haben Zeit investiert und Anstrengungen gemacht, unsere Kundenbeziehungen zu verbessern. Hier zwei Beispiele: Erstens haben wir das Problem berücksichtigt, die Kunden mit unseren Standard-Spezifikationen auf dem laufenden zu halten. Wie konnten wir vermeiden, daß Ingenieure veraltete technische Datenblätter benutzten, wenn sie unsere Geräte in ihre Anlagen einbauten? Es wäre unpraktisch und zu teuer gewesen, bei jeder Spezifikationsänderung Zehntausende von Katalogen in ihren Regalen auszuwechseln. Aus Erfahrung wußten wir, daß sie keine neuen Blätter austauschen würden, wenn wir sie einfach per Post in ihre Büros schickten.

Unsere Lösung war zweiseitig. Wir trennten unsere Literatur in zwei Aufgabenbereiche: Die Verkaufsinformationen behielten ihre teuren Farbillustrationen, aber die technischen Daten wurden herausgenommen. Dieser Schritt ermöglichte es uns, die Verkaufsunterlagen aussagekräftiger und ansprechender zu gestalten. Die technischen Daten wurden übersichtlich geordnet und einfach in ein oder zwei Farben gedruckt. Sie konnten leicht geändert und mit relativ geringen Kosten produziert werden.

Die entsprechenden technischen Informationsbroschüren werden jedem Angebot beigefügt, das unser Unternehmen verschickt. Kunden erhalten aktuelles Datenmaterial, wenn sie es brauchen, und dies führt natürlich zu einem anderen Vorteil. Wir stellen damit sicher, daß die korrekten Informationen benutzt werden. Es erleichtert dem Ingenieur seine Aufgabe, unser Produkt zu integrieren.

Es gibt einen weiteren Aspekt. Weil die teuren Verkaufsbroschüren kleiner sind und selten ersetzt werden müssen, spart das neue und zufriedenstellende Konzept Kosten.

Zweitens führten wir ein Computersystem ein, das alle Fehlerrisiken verhindert, die unsere Angebote wertlos machen könnten. Schriftliche Angebote haben größten Anteil an der Kundenkorrespondenz. Jetzt tragen die Kalkulatoren einfach Produktcodierungen und Mengen in Tabellen ein, fügen nur noch den Kundencode und spezielle Bemerkungen hinzu. Der Operator gibt die Informationen über das VDU-Keybord in den Computer, und der Rest wird vom Computer erledigt.

Angebote können an mehrere Adressen durch Hinzufügen weiterer Kundencodes geschickt werden, und falls erforderlich, kann Zeile um Zeile zu jedem Zeitpunkt geändert werden. Der Computer druckt gleichlautende Beschreibungen, holt sich die richtigen Preise, rundet auf und addiert sie, wählt die richtigen Nachlässe, indem er auf die Kunden- und die Auftragsdatei zurückgreift.

Dieses System hatte alle Fehler beseitigt, und allein aus dieser Sicht hat es die beträchtlichen Investitionen für Hardware, Software und Datenbank verdient. Wieder Gewinn durch ein Qualitätsziel.

Möglicherweise macht Sie ein Punkt betroffen. Ich scheine jene Gruppe zu ignorieren, die instinktiv von den meisten wegen schlechter Qualität beschuldigt wird – ich meine diejenigen, die tatsächlich die Arbeit machen. Wenn immer ein Produkt schlecht funktioniert, schlecht aussieht, in Stücke fällt, sind dann immer die Arbeiter daran schuld? Die Antwort lautet: Nicht notwendigerweise, und in jedem Falle tragen sie selten allein die Schuld.

Das Produkt mag schlecht funktionieren. Aber im Vergleich wozu? Wahrscheinlich funktioniert es so gut, wie es die Konstruktion erlaubt, und kein noch so fähiger Arbeiter wird dies ändern! Und möglicherweise fällt es aus, weil die Konstruktionsabteilung nicht berücksichtigt hat, daß das Produkt sehr stark belastet oder ständig eingesetzt wird.

Die Produktion muß sich oft die Handschuhe für schlechte Qualität anziehen, aber gewöhnlich liegt der Fehler in einem viel früheren Stadium. Denn die Inspektion entdeckt sofort Mängel, nachdem die Produktion beendet ist. Einfach zu verstehen, warum die Schuld dort gesucht wird, wo der Fehler gefunden wurde. Aber wie wird die Zuverlässigkeit und Effizienz der Mitarbeiter im Entwicklungsbüro, in der Einkaufsabteilung, in der Verwaltung, im Verkauf, im Versand gemessen...? Alle diese Mitarbeiter treffen Entscheidungen, manche von ihnen jeden Tag eine große Anzahl, die das Qualitätsurteil der Kunden über unser Unternehmen beeinflussen. Wenn zu spät geliefert wird, ist die sofortige Reaktion, der Produktion die Schuld zu geben. Aber wie oft liegt der wirkliche Fehler beim Sachbearbeiter, der dem Kunden von Anfang an ein falsches Versanddatum nannte?

Wir alle müssen uns der eigentlichen Aufgabe stellen, Qualität in der Mitarbeiterführung auf alle Bereiche eines Unternehmens auszudehnen, und besonders dort, wo die Probleme entstehen. Die Vorstandsebene, die Abteilungsleiterbüros verdienen Aufmerksamkeit. Verbessern Sie die Qualität der Gruppierungen, die immer den anderen die Schuld schlechter Qualität in die Schuhe schieben, und die Qualität wird sich auf dramatische Weise verbessern.

Wie die dreißig erfolgreichsten Unternehmen in den USA gezeigt haben, Qualität macht sich bezahlt, und der Geschäftsführer muß von dem Willen besessen sein, sie zu verbessern.“

Moss setzte sich nach längerem Applaus. Die Zeit verging schnell, als Fragen gestellt wurden. Der Grund für die verspätete Mittagspause waren die Abteilungsleiter, die immer noch begierig waren, mehr über die Erfahrungen von Moss zu hören. Er versprach, sie später wiederzutreffen.

14 Qualität in der Führung

Das Mittagessen wurde schnell eingenommen. Die Frauen konnten sich der Annehmlichkeiten des Schiffes erfreuen, während die Männer schnell zum Sitzungsraum zurückkehrten.

Als die Abteilungsleiter wieder Platz genommen hatten, begann Brennan: „Entschuldigt bitte das verspätete Mittagessen, aber der Vortrag von Brian war es wert, nicht wahr?“ Alle stimmten den lobenden Worten Brennans zu.

Brennan fuhr fort: „Wir werden nun verschiedene Qualitätsaspekte erörtern, die auf Linklater anwendbar sind.

Unser erstes Urteil über ein Produkt basiert oft auf dem äußeren Erscheinungsbild, aber nehmt euch eine Warnung zu Herzen: Hütet euch vor den Designern.

Sehr oft entwerfen sie zu ihrem persönlichen Vergnügen. Meine Kabine z. B. wurde erst kürzlich renoviert. Der Eindruck ist äußerst erfreulich – alle Schalter sind bequem zu bedienen und praktisch angeordnet, es gibt passende Vorhänge und Bettwäsche, geschmackvolle Möbel, ein luxuriöses Bad mit vergoldeten Armaturen, einer neuen Dusche, stromlinienförmigen Badewanne und ausreichend Platz in den Schränken. Der Designer allerdings, um das Erscheinungsbild noch schöner zu gestalten, hat hölzerne Trenngitter zwischen Waschbecken, Toilette und

Bidet eingebaut. Solche Gitter finden sich auf den Schranktüren über dem Waschbecken wieder. Alles ist sehr schön. Aber die Öffnungen im Gitter sind etwa vier Quadratzentimer groß, und es gibt Hunderte davon. Ihr könnt euch das Ergebnis vorstellen. Es sind absolute Staubfänger. Für den Steward gibt es keine Möglichkeit, sie täglich sauberzuhalten.

Was scheinbar nach Qualität aussieht, ist keine Qualität. Deshalb Regel Nummer eins: ‚Wenn Designer für Büros, Aufenthaltsräume und Fabriken solche superfarbenen Waschbekken-Entwürfe oder andere Einrichtungsgegenstände vorstellen, versucht immer wieder die Schwächen der Designer herauszufinden, die nur deren eigener Befriedigung dienen.‘

Nun habe ich den Anfang gemacht. Ich glaube, Mike, du solltest fortfahren.“

Mike Spurling nickte und sagte: „Ich werde mit einigen Qualitätskontrollaufgaben beginnen.

1. Wir müssen auf Fachausdrücke in Verbindung mit Qualitätsstandards verzichten. Alles, was benötigt wird, um Qualität beizubehalten, muß für jedermann verständlich sein.
2. Erfolgreiche Problemlösungen sind der erste Bestandteil erfolgreicher Qualitätssicherung.
3. Qualitätsmanagement bedeutet, Kundenanforderungen zu erkennen und diese genau zu erfüllen. Es beinhaltet ebenfalls, alle Standards für die Komponenten festzulegen und keine Abweichungen davon zuzulassen. Alle Aspekte der Produktion müssen in Handbüchern erfaßt sein.

Und zu guter Letzt – vielleicht nicht an letzter Stelle, aber für den Augenblick mag es genügen – können Qualitätsstandards nur aufrechterhalten werden, wenn der Geschäftsführer, der von so vielen Unternehmensaktivitäten aufgefressen wird, bereit ist, dem Qualitätsdenken Priorität einzuräumen.“

Er schaute Brennan an, aber bevor eine Antwort kam, sagte Laurie Wallace: „Ich bin einverstanden, daß dies der wichtigste Faktor ist. Als ich noch für die ‚White Gruppe' arbeitete, bevor ich zu Linklater kam, hatten wir das gleiche Qualitätsdenken, das wir hier diskutieren. Jedermann war davon besessen. Der damalige Geschäftsführer, Douglas Clough, betonte es immer und immer wieder. Dann kam der Umbruch! Ein Regierungsauftrag ging verloren, und Douglas begann nach Kostensenkungsmaßnahmen zu schreien, und sie wurden durchgeführt. Wir verminderten die Anzahl der Tests, verlangten Nachlässe von den Lieferanten. Die Qualität ließ nach, aber der Preis stimmte. Aber langfristig betrachtet, war dies nicht die Lösung.

Meiner Meinung nach sind es zu oft Lippenbekenntnisse, weil Qualität ‚in' ist. So viele Geschäftsführer erzählen gern ihren Freunden, nur Qualitätsprodukte zu verkaufen – und daß dies ihre Einstellung sei. Die gleichen Geschäftsführer aber entscheiden sehr schnell, daß Qualität nicht das einzige sei, wenn die Gewinne fallen."

Brennan nickte: „Das wird ganz sicher nicht eintreten, solange ich für Linklater die Verantwortung trage. Ihr habt mein Wort, fahre fort, Mike."

Spurling sagte: „Ich muß noch einmal diesen Punkt betonen, da er nicht nur auf die Geschäftsführer, sondern auch auf die Abteilungsleiter und auf alle Mitarbeiter zutrifft. Wir können qualitätsmüde werden, wir können anfangen, uns auf Kompromisse einzulassen; aber wenn wir uns erst einmal auf Kompromisse eingelassen haben, dann beginnt der Verfall. Wir müssen Qualitätsziele setzen und beibehalten. Und dies ist im Augenblick alles." Brennan wandte sich an Wallace: „Du bist an der Reihe, Laurie", sagte er.

„Für mich", begann Wallace, „bedeutet Qualität den besten Gegenwert für den geforderten Preis – und dies trifft auf alles zu, vom Schreibpapier bis zum Computer. Qualität ist dann gegeben, wenn der Käufer seine Wünsche erfüllt sieht, zu einem Preis, den er zahlen kann. Wir müssen lernen, daß ein Verkäufer über einen Preis in Abhängigkeit zum Beispiel von der Auftragsgröße verhandeln kann, aber daß über Qualitätsstandards nicht verhandelt wird."

Brennan dankte Wallace und sagte: „Nun zu dir, Viktor."

„Bevor ich bei Linklater Serviceleiter wurde", erzählte Clayton, „war ich in einer Service-Reparatur-Abteilung bei Tallis-Maschinenverkauf. Es war mehr eine Produktionsabteilung als eine Serviceabteilung. Wir fanden Fehler, reparierten sie und korrigierten manchmal die Konstruktion. Wir bauten eine ‚Qualitätsinspektion' auf, wie der Produktionsleiter sie nannte. Wenn es irgendeine Chance für einen Ausfall gab, unabhängig, wie lange nach der Inbetriebnahme der Fehler auftreten könnte, mußte der Inspektor die Ursache finden. Ich erinnere mich, daß bei einer Gelegenheit ein Inspektor einen Münzsortierer zweitausendmal testete, bevor er ausfiel. Die Unternehmensleitung entschied, daß der Münzsortierer nicht gut genug war und verbessert werden mußte. Das war wirklich Qualität!

Mit dieser Vorgehensweise wurden Schwachstellen aufgedeckt und statistische Analysen erstellt, an denen die Vertretbarkeit von Risiken gemessen werden konnte. Ersatzteile wurden ebenfalls markiert, um sie nach Inbetriebnahme ständig zu kontrollieren.

Daneben gab es auch Checklisten an den Wänden mit allen Faktoren, die die Qualität beeinflussen können. Nach diesen Checklisten gingen die Tester systematisch vor. Mir tat es leid, daß ich mit all diesen Erfahrungen keine bessere Qualitätskontrolle bei Linklater einführen konnte. Mit deiner Unterstützung, Bob, werde ich es von nun an können."

Spurling unterbrach Clayton und sagte: „Wir müssen uns wegen der Qualität vor einer Papierflut hüten. Wenn wir früher eine Seite oder zwei Seiten mit Daten verdauen mußten, haben wir jetzt eine Papierflut. Aber andererseits werden manchmal zuwenig Aufzeichnungen eingesetzt. Zum Beispiel müssen für die meisten Produktionsphasen schriftliche Vorgaben vorhanden sein. Dann kann es für Fehler keine Entschuldigungen mehr geben. Ich habe sogar Zeichnungen gesehen, die nicht dem letzten Stand entsprachen, obwohl die Änderungen bereits abgeschlossen waren, und dies führt unausweichlich zu Fehlern."

Harvey Strong hatte leichte Schwierigkeiten, sich zu konzentrieren, denn das Schlingern des Schiffes verstärkte sich wegen des Wellenganges. Für ihn war es in der Tat hart; keinem anderen schien es etwas auszumachen. Er war auch müde. Seine erste Nacht auf dem Schiff war eine Liebesnacht – mit vielen Liebesbeteuerungen von Pat. Sie hatte gewonnen und einen Verlobungsring als Beweis. Aber sie wollte ihm nicht das Gefühl geben, daß er ihr nun sicher war.

Strong wurde durch die Ankunft des Stewards aus seinen Gedanken gerissen. Er brachte Kaffee. Schwarz, ohne alles, war Strongs Bitte.

Nachdem jeder bestellt hatte, ging die Sitzung weiter. Laurie Wallace hob den Finger wie ein Schuljunge, der um Redeerlaubnis bat, und sagte: „Du hast uns gebeten, einige Vorbereitungen für diese Sitzung zu treffen. Ich notierte einige Punkte, von denen ich glaube, sie sind wichtig für die Qualitätssicherung.

1. Mitarbeiter betrachten manchmal Qualität als ein persönliches Beurteilungskriterium. Deshalb neigen sie dazu, Fehler, die sie gemacht haben, zu verbergen oder sie zu rechtfertigen. Wenn Fehler entdeckt werden, sollte man mit Schuldzuweisungen vorsichtig sein und statt dessen durch Schulung das Bewußtsein für Qualität schärfen.
2. Niemand hat das Monopol, jedes Problem zu verstehen. Kein Unternehmen hat ein Wissensmonopol. Wir sollten keine Angst haben, einen externen Berater zu engagieren, der un-

sere Standards überprüft. Die Berater können uns helfen, zukünftige Probleme zu erkennen.

3. Wir müssen Vorsicht walten lassen und nicht den Eindruck erwecken, daß Qualitätsmanagement ein neues Orchester bedeutet, auf das wir uns einstimmen müssen. Wir müssen unseren Mitarbeitern erklären, daß Qualitätsmanagement eine ständige Forderung für alle Zeiten und für unser Überleben notwendig ist.
4. Manche Probleme können nicht gelöst werden, es sei denn, wirtschaftlich nicht vertretbare Kosten werden aufgewendet. Angenommen, es handelt sich nicht um ein Gesundheits- oder Sicherheitsproblem, dann muß entschieden werden, ob wir es riskieren können, zu produzieren, obwohl das Problem noch nicht gelöst wurde. Wir müssen daran denken, daß es immer einige Fehlschläge geben wird – es wird immer Ausfälle geben –, und gelegentliche Risiken müssen getragen werden, obwohl das Ziel unverändert Qualität heißt.
5. Wir müssen auch den Stolz betonen. Wenn wir unsere Mitarbeiter nicht überzeugen, daß sie stolz auf ihre Arbeit sein können – auf die Produkte, die sie herstellen, auf die Dienstleistungen, die sie erbringen –, dann werden wir keine Erfolge auf der ganzen Linie haben."

Wallace machte eine Pause und sprach dann weiter: „Es gab noch zwei Punkte, aber sie sind mir im Augenblick entfallen – was bedeutet, daß zeitweilig die Qualität meines Gedächtnisses aussetzt!"

Brennan sagte verständnisvoll: „Ich bin sicher, sie werden dir später wieder einfallen. Aber diese fünf Punkte waren gut.

Wegen der Tatsache, daß manche Probleme nicht gelöst werden können, muß ich betonen, daß wir nicht die Perfektion anstreben. Perfektion ist eine Idealvorstellung, die die meisten von uns nicht erreichen können.

Laßt mich ein Beispiel nennen. In meinem früheren Unternehmen schickten wir regelmäßig Direct-Mail-Briefe an Büros und Geschäfte. Wir hatten eine kleine Einheit entwickelt, in der natürlich unser Motor eingebaut war und sich ideal für Vorstandszimmer, Büros etc. eignete. Wir waren erfolgreich mit einem Prospekt, der nach der Formel aufgebaut war: ‚Aufmerksamkeit gewinnen – Interesse wecken – den Nutzen nennen!' Einer unserer Abteilungsleiter, ein absoluter Perfektionist und sehr qualitätsbewußt, sagte mir, daß der Prospekt sehr allgemein gehalten sei und sicherlich nicht die volle Qualität erkennen ließ. Er bekam freie Hand, einen besseren Prospekt zu erstellen, und er tat es. Der Prospekt war sehr ansprechend und kostete viermal soviel wie der vorhergehende – aber die Zahl der Anfragen verbesserte sich nicht.

Dies ist ein Fall für Perfektion mit hohen Kosten, obwohl die Standardqualität bereits die notwendigen Forderungen erfüllte. Deshalb hütet euch vor denjenigen, die immer zusätzliche Qualität wollen!

Schließlich müssen wir bereit sein, Kritik zu akzeptieren, wahrscheinlich die größte Schwierigkeit, der wir uns stellen müssen. Habt ihr schon einmal einen Koch kennengelernt, der zugibt, daß sein fürchterliches Gebräu etwas anderes als feinste Kochkunst ist? Versucht einmal, ein Kleidungsstück zu reklamieren, weil es beim ersten Waschen eingegangen ist; der Inhaber des Geschäftes wird nie zugeben, daß es ein Materialfehler sein könnte, sondern die Schuld dem fehlerhaften Waschen geben.

Wir alle tragen einen Glorienschein. Wir können nicht ertragen, daß etwas, was wir tun, nicht perfekt ist. Selbst als jeden Tag Kopierer ausfielen, bestand Lundt – meiner Ansicht nach – immer noch darauf, daß die Ursache in der fehlerhaften Bedienung durch unfähiges Personal lag. Geschäftsführer sind die Schlimmsten. Sie glauben immer, daß ihre Produkte perfekt sind. In der

Tat verabscheuen manche den Gedanken, eine Verkaufsmannschaft zu haben, um die Produkte zu verkaufen. Sie meinen, daß die Kunden wegen ihrer guten Produkte Schlange stehen sollten. Habt ihr jemals einen Schriftsteller kennengelernt, der Kritik akzeptierte? Soweit es uns betrifft, gilt von heute an die Regel, daß unsere erste Reaktion auf Kritik darin liegt, sie anzuerkennen.

Nun schaltete sich Spurling ein: „Ich will nicht mit der Tür ins Haus fallen, aber in dieser Sitzung beschäftigen wir uns hauptsächlich mit der Produktion. Ich verspreche, kein Wort zu sagen, wenn du übers Verkaufen sprichst..."

„Ich hoffe, du tust das nicht!" sagte Brennan. „Der Kerngedanke dieser Reise heißt: Gedankenaustausch pflegen.

Wir müssen uns auf die generellen Probleme einstellen und darauf vorbereitet sein, wenn wir Qualität als Führungsprinzip im ganzen Unternehmen durchsetzen. Wir müssen uns bewußt sein, trotz all unserer Anstrengungen, daß einige Mitarbeiter nicht daran interessiert sein werden, bessere Arbeit zu leisten. Wir können sie nicht rausschmeißen, deshalb müssen wir uns für längere Zeit darauf einstellen, sie zu motivieren und zu schulen. Das Problem in jeder Gruppe liegt darin, daß einer, der dagegen ist, viele andere beeinflussen kann.

Ein anderer Aspekt, den wir beachten müssen, ist, daß sich zu viele Gruppenleiter mit den Arbeitern solidarisieren und nicht mit der Unternehmensführung. Wenn ein kleines Problem vorliegt, das sowohl die Produktion als auch die Qualität beeinflussen könnte, sagen viele Gruppenleiter: ‚Vergiß es!', weil sie einem Streit aus dem Wege gehen wollen. Wir werden viel Zeit investieren müssen, unsere Gruppenleiter zu trainieren, damit sie ihre große Bedeutung für das Unternehmen erkennen.

Ein weiterer Aspekt sind die Gewerkschaften. Sobald etwas Neues eingeführt wird, ist deren erste Reaktion, ‚Was liegt für uns drin? Warum sollen unsere Leute nicht mehr Geld für bessere Arbeitsleistungen bekommen?‘ usw. Wir werden einen Personalleiter brauchen, der mit diesem Problem fertig wird. Ich werde mich solange persönlich darum kümmern. Ihr alle wißt, daß dies ein Problem ist, das durch Diskussionen und mit unendlicher Geduld gemeistert werden muß.

Schließlich – ich muß es wiederholen – machen wir uns alle immer noch Sorgen, und die Zeit mit all den Umstellungsproblemen liegt noch vor uns. Wir könnten dann überlegen, ob der Preis, den wir für Qualität bezahlen, nicht zu hoch ist.“

Brennan unterbrach lachend seine Ausführungen und fuhr fort: „Was kann ich mehr sagen? Natürlich werde ich denken, daß der Preis zu hoch ist, aber gleichzeitig werde ich mir selbst sagen, daß dies eine Investition für die Zukunft ist. Hand aufs Herz, ich verspreche euch, ich werde es durchstehen, egal, was es kostet! Vielleicht ist es gut, euch einmal vorzulesen, was Reg Spencer, Qualitätssicherungsleiter von Rolls-Royce, zu diesem Thema zu sagen hat.“

Brennan nahm einen Zeitungsausschnitt aus seiner Jackentasche und las:

„Heutzutage scheint in der Industrie die Arbeitsplatzsicherheit den Vorrang zu haben, obwohl in der Tat, gemessen an meinen Vorstellungen, die Sicherheit des Kunden wichtiger ist.

Arbeitsplatzsicherheit ist die natürliche Folge, wenn wir die Kunden zufriedenstellen. Dies trifft auf ein Produkt oder eine Dienstleistung zu, wenn der Zweck erfüllt und ein Gegenwert für Geld geboten wird. Und das kann nur durch ‚totale‘ Qualitätskontrolle in allen Unternehmensbereichen erreicht werden.

Jeder muß seinen Beitrag zur Qualität leisten. Es muß in der Führungsspitze beginnen und sich über die Hierarchiestufen nach unten fortsetzen...

Übrigens, Mike, ich glaube, daß nach nur wenigen, kurzen Besprechungen mit den Arbeitern und Angestellten alle sehr eifrig danach streben werden, ein Teil dieser Qualitätskampagne zu sein."

Victor Clayton, der irgendwie das Gefühl hatte, nicht den richtigen Eindruck auf Brennan zu machen, sagte: „Wir wissen, daß qualitätsbewußte Führung einfach besagt, Übereinstimmung mit den Standards, ohne unnötigerweise die Kosten zu erhöhen. Die Crux ist, daß wir uns in der Serviceabteilung immer für vorbeugende Maßnahmen stark machen, hingegen Qualitätszirkel usw. sich mehr darum kümmern, Fehler auszumerzen. Frage jeden unserer Service-Ingenieure nach seiner Ansicht, und er wird dir sagen, daß er gegen Fehler ist, die durch eine rechtzeitige Maßnahme hätten verhindert werden können. Ich schlage deshalb vor, daß ich zuallererst eine Sitzung mit unseren Service-Ingenieuren einberufe und sie bitten werde, alle Maschinenausfälle aufzulisten, von denen sie glauben, daß sie hätten verhindert werden können. Diese Ingenieure können von allen die wichtigste Rolle in der Qualitätskontrolle spielen – sie kennen wirklich die Probleme. Du hast vorhin darüber gesprochen, daß niemand Kritik akzeptiert. Ich möchte dich nicht kritisieren, Bob, aber Tatsache ist, daß sehr oft ein Service-Ingenieur als Meckerer abgestempelt wird, wenn er sich beschwert. Seine Ansichten werden selten anerkannt."

„Das trifft auch auf die Verkäufer zu", bestätigte Harvey Strong. „Sie kommen mit den Kunden zusammen, auch sie wissen, was schiefläuft. Aber die in der Produktion kritisieren ständig die Verkäufer, weil sie Forderungen stellen, die nicht erfüllt werden können. Es muß ein Miteinander der Verkäufer, Serviceleute und Produktionsleute geben, um diese Dinge zu bereinigen. Wir müssen dieser ‚Ihr-und-wir'-Mentalität ein Ende machen, die in so vielen Unternehmen, wie uns bekannt ist, vorherrscht."

Spurling unterbrach Harvey Strong: „Das ist wohl kaum gerecht..."

„Halt ein", forderte Brennan, „denke daran, daß unsere erste Reaktion auf Kritik lautet, sie zu akzeptieren."

„Einverstanden", sagte Mike, „ich akzeptiere. Aber unsere Probleme in der Vergangenheit lagen darin, daß wir wußten, was falsch lief, aber ohne dem Vorstand gegenüber unloyal zu sein, konnten wir die Gründe nicht anführen."

„Eine Art Entschuldigung!" murmelte Strong vor sich hin. „Ich verstehe", sagte Brennan. „Aber laßt mich noch einmal einige unserer Ziele aufzählen:

1. Stellt sicher, daß jeder Abteilungsleiter ein Qualitätsfanatiker ist. Jeder einzelne muß sich der Aufgabe verpflichtet fühlen, alle Angestellten bei Linklater zu inspirieren, ebenfalls ein Qualitäts-Enthusiast zu sein.
2. Richard wird Budgets vorbereiten, damit wir alle die Kosten kennen.
3. Bereitet ein Training für Inspektoren und Gruppenleiter vor. Um Verzögerungen zu vermeiden, können genausogut externe Trainingskurse besucht werden, um diesen Bedarf abzudecken.
4. Legt die Rahmenbedingungen fest, um die Zielsetzungen zu erreichen.
5. Führt für die Übergangszeit wieder die ‚Vorschlagsliste' ein, bis die Qualitätszirkel ihre Arbeit beginnen. Wir können dann für gute Vorschläge Preise aussetzen. Die Vorschläge können später in den Sitzungen der Qualitätszirkel diskutiert werden.
6. Überprüft alle drei Monate die Vorgehensweisen.

Gewöhnlich werden achtzehn Monate bis zu zwei Jahren gebraucht, um die Qualitätsziele zu erreichen. Unser Ziel ist, dies in sechs bis neun Monaten zu schaffen. Ihr alle werdet jetzt herausgefunden haben, was wir mit diesen Seminaren erreichen wollen: ‚Sich gegenseitig zu inspirieren', jeden Aspekt der Qualitätskontrolle in den jeweiligen Arbeitsbereichen einzuführen."

Der Steward betrat den Raum und servierte Tee, während die Diskussion weiterging.

15 Qualitätszirkel

Nach dem Tee eröffnete Brennan die letzte Sitzung dieses Tages mit den Worten: „Ihr werdet euch erinnern, daß ich euch allen den Vorschlag machte, sich über Qualitätszirkel zu informieren, um in dieser Sitzung eure Beiträge einzubringen. Mike ist mit den Prinzipien und Praktiken – genauso wie Laurie – voll vertraut. Als Qualitätszirkel in unserem Land populär wurden, war ich sofort stark interessiert, so stark, daß ich nach Japan fuhr. Die Japaner zeigten großes Entgegenkommen und die Bereitschaft, mir zu erklären, wie die Qualitätszirkel jeden Aspekt ihrer Produktion verbessert haben. Sie schienen allerdings nicht daran interessiert zu sein, für andere Unternehmensbereiche Qualitätszirkel einzusetzen.

Ich glaube unabdinglich – wie ihr wißt – an Innovation. Es packt mich wie ein Fieber, wenn ein neues Konzept vorgestellt wird, aber meine Ratio verlangt, daß diese Begeisterung und diese Gefühle zurückgestellt werden und eine gründliche Untersuchung vorgenommen wird. Das habe ich auch bei den Qualitätszirkeln getan. Laurie erwähnte die vielen Pseudotheorien, mit denen sich sehr viele Akademiker beschäftigen und auf die so viele Führungskräfte hereinfallen. T-Gruppen, Transaktionsanalyse, alle Arten von Analysebegriffen, die A-Theorie, die B-

Theorie, Theorien durchs ganze Alphabet – all diese Pseudotheorien tun etwas Gutes, sie wecken Begeisterung. Sie geben den Führungskräften etwas Neues, um sich daran zu klammern. Mein Japanbesuch überzeugte mich, daß die Japaner für sich eine Erfolgsformel gefunden hatten. Für einen Japaner ist das Wort einer Führungskraft ein Befehl; und darüber wird nicht gestritten oder diskutiert. Deshalb war es undenkbar, daß ein Arbeiter seine Ideen in einer Diskussion vortrug, die der Konvention widersprachen. Als dann entschieden wurde, daß jeder Arbeiter in einer Fabrik für die Qualität verantwortlich war, wurden im nächsten Schritt konsequenterweise Diskussionsgruppen gebildet. Diese – wie ihr wißt – werden Qualitätszirkel genannt.

Die Japaner hatten einmal den Ruf, minderwertige Produkte herzustellen. Das Konzept der Qualitätsverbesserung bedeutete für die Japaner das Gewinnerkonzept und befähigte sie, noch stärker mit dem Rest der Welt in Wettbewerb zu treten. In anderen Ländern wurden Qualitätszirkel mit wechselndem Erfolg eingesetzt. Die Ursache der Fehlschläge: Es wurden Wunder von den Führungskräften erwartet, und die Arbeiter waren überzeugt, daß dies nur ein anderer Schachzug zur Produktivitätsverbesserung sei und daß die Mechanisierung verstärkt werden sollte, um Arbeitslöhne einzusparen. Allerdings ist diese Phase fast vorbei – und es gibt eine neue Begeisterung für das Streben nach Qualität. In den Qualitätszirkeln kommt dies zum Ausdruck. Einer der Gründe, warum diese Idee erfolgreicher wurde, liegt in der Erkenntnis, daß Qualitätszirkel einfach ein Zusammenschluß von Menschen mit einem gemeinsamen Ziel sind. Ebenfalls arbeiten britische Qualitätszirkel – anders als die Japaner – nicht nur in Produktivitätsbereichen, sondern auch auf anderen Gebieten – und dies ist auch unser Bestreben.

Aber ich habe lange genug über dieses Thema gesprochen. Wenn jeder von euch seinen Beitrag kurzhält, werden wir ein weites Feld abdecken. Willst du anfangen, Mike?“

Spurling begann: „Ich möchte kategorisch feststellen, daß Qualitätszirkel nur ein anderer Name für unsere Problem-Lösungs-Gruppen ist."

Aber Brennan fragte: „Warum haben dann die Japaner die Terminologie ‚Qualitätszirkel' und nicht ‚Problem-Lösungs-Gruppen' benutzt?"

Wallace erwiderte: „Ich weiß nicht sehr viel über die japanische Arbeitswelt, aber ich kann mir die Reaktion einiger britischer Arbeiter vorstellen, wenn sie sich freiwillig zu Problem-Lösungs-Gruppen melden sollten! Deren Antwort könnte gut sein: ‚Laßt die ihre eigenen Problemlösungen suchen!'

Aber wenn sie gebeten werden, mitzuhelfen, die Qualität der Produkte zu verbessern, und dies etwas wäre, was sie mit einem gewissen Stolz erfüllte, würden sie anders reagieren. Es ist alles eine Frage der Psychologie. Wenn sie ihrer Familie oder Freunden erzählen, daß sie Mitglied eines Qualitätszirkels sind, würde dies auf Beifall stoßen. Wenn sie erzählen, sie wären Mitglied eines Teams, um Probleme zu lösen, dann würde gelästert werden."

Die Erklärung von Wallace fand allgemeine Zustimmung, und Brennan stellte weitere Fragen: „Werden wir genügend Freiwillige für die Zirkel bekommen? Sollten wir eine Art Belohnung für die Mitglieder berücksichtigen? Könnte es sein, daß den Teams bald die Ideen ausgehen? Mike, was meinst du?"

Spurling überlegte nicht lange: „Es gibt eine Theorie, die besagt, daß alle Arbeiter ihre Arbeit hassen. Das ist gewöhnlich nur richtig, wenn es das ‚Ihr-und-wir'-Syndrom gibt. Ich habe festgestellt, daß die meisten Menschen, auch wenn sie ihre Arbeit nicht lieben, sie auch nicht hassen. Aber es hängt sehr viel von der Führung ab. Eine unglückliche Mannschaft ist immer das Ergebnis einer schlechten Führung. In vielen Fabriken und Büros sind die Arbeiter und Angestellten begierig zu kooperieren. Ich will nicht die Buschtrommeln schlagen, aber sie sind so gut wie die anderen überall in der Welt – und ihr wißt, daß ich viel herumgekommen bin.

Ich bin sicher, wir werden keine Probleme haben, Freiwillige zu finden. Teilnehmen ist der Schlüssel für Zukunftserfolge, nicht nur bei Linklater, sondern für die ganze britische Industrie.

Nun zum zweiten Punkt. Nein, wir können kein Bonussystem oder Bezahlung einführen. Die Gewerkschaften würden den Aufstand proben, und es würde das Arbeitsklima im allgemeinen beeinträchtigen. Außerdem bekämen wir Freiwillige mit falschen Begründungen.

Und zum dritten Punkt. Ich glaube, es wird sich herausstellen, daß es eher eine Flut von Ideen zum Diskutieren geben wird, und ich glaube nicht, daß die Ideen ausgehen."

Hemmings fragte: „Wie bilden wir die Zirkel?"

„Ich werde eine Sitzung einberufen – oder mehrere, falls notwendig", antwortete Brennan, „und ich werde die Ziele der Zirkel erklären. Ich werde jedem einprägen, wenn diese Zirkel erfolgreich sind, daß sich das Ergebnis nicht nur in der Arbeitsplatzsicherheit, sondern auch in höheren Einkommen niederschlagen wird.

Ich werde mein Bestes geben, um sie zu motivieren. Nach den Sitzungen bekommt jeder Angestellte eine Informationsbroschüre über die Bedeutung der Qualitätskontrolle und der Qualitätszirkel."

Brennan fuhr fort, indem er von seinen Notizen ablas: „Dies werden meine Themen in den Sitzungen sein:

1. Einzelheiten über die Gründe der Einführung von Qualitätszirkeln, und ich werde betonen, daß wir die Qualität unserer Produkte verbessern müssen, um erfolgreich zu werden.
2. Jeder Zirkel, den wir einsetzen, wird vier bis acht Mitglieder haben.

3. Es werden Sitzungen für die Freiwilligen stattfinden, um zu erklären, wie diese Zirkel geführt werden, und es wird Trainingsstunden zum Thema Führung geben.
4. Training wird es auch für Problemlösungstechniken geben.
5. Die Sitzungen finden während der Arbeitszeit statt und werden ca. eine Stunde dauern. Sie werden im ersten Monat wöchentlich abgehalten und später einmal etwa alle zwei Monate.
6. Innerhalb der Zirkel sind alle Mitglieder gleichgestellt.
7. Nur eine Person leitet den Zirkel und ist für einen effizienten Ablauf verantwortlich. Sie präsentiert auch die Ergebnisse der Diskussionen dem Leiter der Qualitätssicherung.
8. Es wird darauf hingewiesen, daß das Ziel für jedes Zirkelmitglied darin liegt, seine eigenen Fähigkeiten und Kreativität einzusetzen, um die Qualität der Arbeit zu verbessern.
9. Es wird kein Druck ausgeübt, einem Zirkel beizutreten.
10. Der Zirkel wird weder als Elitegruppe betrachtet, noch werden die Teilnehmer von ihren Kollegen getrennt.
11. Jeder Freiwillige erhält eine Broschüre, die alle Informationen über die Teilnahme enthält. Erst nachdem er die Broschüre gelesen hat, entscheidet er sich für oder gegen eine Teilnahme."

Brennan legte die Notizen beiseite und sagte: „Bevor Fragen gestellt werden können, werde ich darauf hinweisen, daß in der Vergangenheit alle Phrasen benutzten wie: ‚Sie hören ja nie auf uns!' Oder: ‚Als ob man gegen eine Mauer spricht!' Jetzt werden wir auf sie hören. Ich werde am Ende meiner Rede motivieren, aber hauptsächlich werde ich Fakten nennen, und nichts beeindruckt mehr als die Wahrheit, wenn sie als wahr auch erkannt wird. Das ist es, soweit es um die Auftaktsitzung der Angestellten geht. Gibt es Fragen?"

Hemmings fragte nach: „Werden die Stunden nicht in der Produktion fehlen und sich als kostspielig erweisen? Und werden nicht einige der Arbeiter der Ansicht sein, wenn wir es uns leisten können, Zeit zu verschwenden, warum wir nicht als Anreiz mehr bezahlen, um bessere Qualitätsprodukte herzustellen?"

Brennan antwortete: „Mike hat mir versichert, daß er es so organisieren kann, daß am Anfang die Produktion nicht beeinträchtigt wird. Allerdings wäre eine Beeinträchtigung nicht auszuschließen, wenn es auf Wochenbasis weitergeht. Er glaubt auch in der Lage zu sein, die Bedeutung der Qualitätszirkel den Arbeitern zu erklären und sie zu bitten, daß keine Produktivitätsverluste entstehen."

Hemmings zuckte mit den Schultern und sagte: „Davon muß ich erst überzeugt werden! Aber was werden die anderen darüber denken, daß einige eine Pause haben, wenn Sitzungen als Pause angesehen werden?"

Spurling antwortete ihm: „Ich kann es natürlich nicht beweisen, aber die Mitglieder der Qualitätszirkel müssen hart arbeiten – verdammt hart. Das werden sie bald ihren Kollegen erzählen, und viele Arbeiter werden sagen, daß es ihnen lieber sei, an ihrem Arbeitsplatz zu bleiben, statt sich den Fragen zu stellen und Diskussionspunkte der Qualitätszirkel zu sondieren. Ich kann dir versichern, Richard, es wird keine Probleme geben. Und alle werden scharf darauf sein, ihre eigenen Ideen in die Diskussion der Qualitätszirkel einzubringen."

Clayton wollte von Spurling wissen: „Wie wirst du deine Führungsleute auswählen? Werden es die Gruppenleiter, die Inspektoren, die Vertreter der Werksleiter sein...?"

Wieder antwortete Spurling sofort: „Ich kenne mein Team gut. Ich kenne diejenigen, die von sich glauben, führen zu können, diejenigen, die nicht führen wollen, und die, die von sich glauben, führen zu können, aber in Wirklichkeit nicht dazu imstande sind. Noch einmal: Es wird kein Problem geben, da nur einige wenige Mitarbeiter Führungsverantwortung und die Kontrolle der Qualitätszirkel übernehmen wollen. Ich schlage vor, wir bestimmen den Leiter der Zirkel für die ersten sechs Monate."

Hemmings stellte aber noch eine Frage: „Wer entscheidet, wann die Qualitätszirkel tagen? Wer entscheidet, wo sie stattfinden?"

„Soweit es die Produktion betrifft, wird natürlich Mike entscheiden", antwortete Brennan, „bis wir einen Leiter der Qualitätssicherung ernannt haben. Ich glaube, es ist nicht notwendig, hier zu entscheiden, wo sie stattfinden werden."

Strong meldete sich: „Und wer entscheidet, welche Themen in den Qualitätszirkeln diskutiert werden sollen?"

„Die erste Sitzung wird eine ‚Brain-Storming'-Sitzung sein, in der jeder die Gelegenheit hat, seine Gedanken einzubringen. Danach werden die Leiter der Zirkel in Zusammenarbeit mit der Unternehmensführung die Agenda erstellen!" antwortete ihm Spurling.

„Und wie soll das Berichtswesen funktionieren?" wollte Wallace noch wissen.

Brennan antwortete ihm: „Das Beste für uns ist eine Art Formblätter, die nach jeder Sitzung ausgefüllt werden. Am Anfang des Formblattes wird nämlich das Problem, das zur Diskussion ansteht, definiert. Dann kommen die Entscheidungen oder die Gründe, weshalb eine Entscheidung auf eine spätere Sitzung vertagt wurde. Es können verschiedene Lösungsansätze vorgeschlagen werden, und dafür muß Platz auf den Formblättern sein. Es kann aus Kostengründen vorkommen, daß die Unternehmensführung Entscheidungen an den Zirkel zurückgibt. Schließlich muß Raum für die Maßnahmen auf dem Formblatt zur Verfügung stehen, die sich aus der Entscheidung ergeben. In der Folgesitzung wird das Protokoll der vorhergehenden Sitzung verlesen, diskutiert und werden neue Maßnahmen – sofern notwendig – entschieden. Das Formblatt sieht auch Raum für Kommentare der Unternehmensführung vor."

„Könnte das Problem des ‚Ihr-und-wir'-Syndroms entstehen?" fragte Hemmings. „In den Zirkeln spielen sie alle den Chef, und anschließend sind sie wieder einfache Soldaten?" Brennan unterbrach ihn sofort: „Wir haben das vorhin schon diskutiert, und Mike sieht hier keine Probleme."

„Entschuldigung", sagte Hemmings, „ich erinnere mich jetzt – ich hatte es im Augenblick vergessen."

„Aber es ist wichtig genug, um wiederholt zu werden", sagte Brennan, „da ein Großteil des Erfolges der Zirkel von denen abhängt, die sich nicht freiwillig beteiligen und auch meinen, daß sie eine wichtige Rolle in der Qualitätsverbesserung der Produkte und Dienstleistungen spielen."

Daraufhin sagte Wallace: „Ich glaube, daß ich wahrscheinlich der einzige hier bin, der einige praktische Erfahrung mit Qualitätszirkeln hat. Eines der Probleme in früheren Sitzungen lag darin, daß jeder alles ändern wollte. Wenn nichts passiert, dann verlieren sie ihre Illusionen."

„Laurie", unterbrach Brennan, „wenn du früher dieses Problem hattest, lag es an der schlechten Führung der Zirkel. Wenn wir die falschen Leute bestellen, müssen wir mit Schwierigkeiten rechnen. Unser Führungstraining muß so wirksam sein, daß dieses spezielle Problem nicht entstehen kann."

„Ganz recht", bestätigte Wallace. „Ich habe mich nicht klar genug ausgedrückt. Ich stimme dir zu. Wenn das Führungstraining effektiv ist, können wir dieses Problem meistern."

„Wer wird die Zirkelleiter trainieren?" fragte Strong.

„Bis wir einen Trainingsleiter haben, wirst du es tun!" antwortete Brennan.

„Gut! Ich werde mich darum kümmern." Strong freute sich, daß seine Schulungsfähigkeiten bemerkt worden waren. Er war der einzige, der Trainingskurse gehalten hatte.

Hemmings stellte die nächste Frage: „Alle Freiwilligen bekommen ein Führungstraining, obwohl nicht alle die Führung haben werden. Werden sie ebenfalls an Problem-Lösungs-Seminaren teilnehmen?“

„Ja“, sagte Brennan.

„Und wer wird diese Kurse halten?“ fragte Hemmings nach.

„Zu Beginn werde ich es tun“, antwortete Brennan. „Ich habe die meiste Zeit meines Lebens mit Problemlösungen zugebracht. Allerdings werde ich diese Aufgabe so bald wie möglich einem anderen übertragen.“

„An einen Trainingsleiter?“ hakte Wallace nach.

„Du hast recht, mich darauf hinzuweisen“, sagte Brennan. „Ich habe den Trainingsleiter zum erstenmal vorher erwähnt. Denn idealerweise sollte jede Führungskraft in der Lage sein, seine Mitarbeiter zu trainieren. Das Seminar, das wir für Führungskräfte brauchen, wird ein ‚Train-the-trainer‘-Seminar sein.“

Da sagte Clayton: „So wie ich es sehe, haben wir die meisten Aspekte der Qualitätszirkel besprochen. Aber wir müssen uns bewußt sein, daß die notwendigen Maßnahmen, die ergriffen werden müssen, sowohl von den Mitgliedern der Zirkel als auch von den anderen anerkannt werden. Wenn eine Maßnahme nicht durchgeführt werden kann, muß dies einwandfrei begründet sein. Wer stellt am Anfang sicher, daß die Maßnahmen durchgeführt werden? Wirst du es sein, Bob?“

„Nein. Ich glaube, es wird für alle Gruppen Laurie Wallace sein. Für die Produktion allerdings ist Mike verantwortlich, daß die Maßnahmen durchgeführt werden.“

Wallace sagte: „Ich kann dir versichern, daß ich mich – mit Ausnahme der Produktion – intensiv um die Zirkel kümmern werde.“

„Du wirst ganz schön hart durchgreifen müssen, Laurie“, meinte Spurling. „Es wird nicht so einfach sein, wie du es dir vorstellst; in viel zu vielen Fällen wird es ums ‚Geldausgeben‘ gehen. Das passiert immer in den Anfangsstadien. Allerdings, soweit es mich betrifft, sind die Dinge ziemlich klar. Es geht um die Probleme in der Produktion, die gelöst werden müssen, um die Qualität zu verbessern." Brennan ergänzte ihn: „Es gibt einen Faktor, den wir im Auge behalten müssen: Wir alle sind Menschen, und oft werden die Mitglieder eines Zirkels mit einem Problem konfrontiert, für das wir uns bereits vorher eine Lösung überlegt haben müssen. Wenn ich sage ‚wir', meine ich dich, Mike. Es gibt etwas in uns – wenn eine solche Situation entsteht –, das sich einer vorgeschlagenen Idee widersetzt, nur weil wir nicht selbst darauf gekommen sind."

„Das trifft nicht auf mich zu", unterbrach ihn Spurling.

„Ich weiß, daß es nicht zutrifft", sagte Brennan. „Aber ich glaube, es ist wichtig, darauf hinzuweisen. Und damit soll's für heute genug sein.

Sie sprachen noch eine Weile über die QE2 und über die verschiedenen Freizeitmöglichkeiten für die Passagiere.

Clayton sagte: „Es gibt einen Film, den wir uns ansehen werden."

Die Hemmings wollten Bridge spielen, das war in den Augen der Strongs typisch für die beiden.

Strong und Pat hatten vor, ein neues System im Casino auszuprobieren, was in den Augen der Hemmings typisch für die beiden war.

Die Spurlings entschieden sich dafür, in den ‚Queen's Room' zu gehen und einer Hypnosevorstellung zuzuschauen, während die Wallaces, die gerne tanzten, die verschiedenen Tanzangebote ausprobieren wollten.

Brennan wollte am frühen Abend seine Notizen über die Führung von Qualitätszirkeln überarbeiten und sie kopieren lassen.

16 Der Maulwurf

Um zwei Uhr nachts gingen Brennan und Vivienne in ihre Kabine zurück. Viv tanzte gern, Brennan nicht. Deshalb hatten sie sich geeinigt, nur bis 1.45 Uhr zu tanzen und nicht bis zwei Uhr.

Brennan fragte seine Frau: „Was hältst du von den Frauen?"

Viv antwortete: „Wir waren nur etwa einen Tag zusammen, und dann auch nicht die ganze Zeit."

„Aber Liebling, du bist eine gute Beobachterin." Er machte eine Pause. „Natürlich meine Schwächen ausgenommen!" Sie lachte und sagte: „Du hast keine!" Dann sprach sie weiter: „Doris Wallace ist eine sehr energische Frau. Sie dominiert Laurie, aber spielt das eine Rolle?"

„Es könnte sein oder auch nicht", meinte Brennan. „Es hängt nur davon ab, wie stark eine solche Dominanz sich auf sein Berufsleben auswirkt. Der Psychologe Wilbur Burke nennt drei Gründe, weshalb eine Frau ihren Mann dominiert. Erstens, sie wurde mit einem starken Willen geboren, beherrschte ihre Eltern, indem sie sich die Lungen aus den Leib schrie, wenn sie nicht bekam, was sie wollte. Zweitens gibt es Männer, die sich gerne beherrschen lassen und ihre Frauen dazu bringen zu dominieren. Drittens: Der Ehemann hat einen schwachen Charakter, und die Frau ist der Ansicht, daß sie nur durch ihre Dominanz den Ehemann positiv beeinflussen kann."

„Und wo ordnest du Dorothy ein?" wollte Viv wissen.

„Ich weiß noch nicht, aber wenn es der letzte Grund ist, wie ich vermute, daß Wallace eine schwache Person hinter der extrovertierten Fassade ist, dann kann die Dominanz von Dorothy ihn zu einer besseren Führungskraft machen. Eine ganze Menge hängt davon ab, wieviel er ihr über seine geschäftlichen Probleme erzählt. Erzählt er ihr zuviel, wird sie ihm wahrscheinlich Ratschläge geben, dies könnte falsch sein, wenn sie nicht alle Fakten kennt. Dieser Mann hat Fähigkeiten, aber äußerer Druck könnte ihn langfristig beeinflussen. Zum Beispiel sind dominierende Frauen fast immer der Ansicht, ihre Männer seien unterbewertet und unterbezahlt, und dies könnte ein langfristiges Problem sein. Darüber hinaus trinkt er zuviel, aber auch das braucht seine Arbeit kurzfristig nicht zu beeinflussen."

Vivienne wechselte das Thema: „Ich habe Hunger. Trinken wir Tee und essen ein paar Sandwiches."

„Was für eine gute Idee!" Brennan klingelte, und der Nachtsteward erschien schnell, nahm den Auftrag entgegen und kehrte bald mit Tee und Hühner-Sandwiches zurück.

„Du hast es gut", sagte Vivienne, „du brauchst nicht viel Schlaf. Ich werde bis um zehn Uhr im Bett bleiben, aber du mußt um halb sieben aufstehen."

„Versteife dich nicht darauf", sagte Brennan. „Ich habe die Regeln gemacht. Ich wette, daß sie über mich fluchen, weil sie so hart arbeiten müssen. Aber dies wird ein Test für ihren Eifer sein. Was hältst du von Pat Moore?"

„Ich habe gesehen, wie sie dich angeschaut hat und wie du sie von oben bis unten betrachtet hast!"

„Und macht dir das was aus?"

„Überhaupt nicht! Jeder normale Mann wird Pat zweimal anschauen." Dann fügte sie hinzu: „Ich mag sie. Ich glaube, sie ist ein sehr nettes Mädchen – und sie ist auch keine Närrin! All die jungen Offiziere gehen schnurstracks auf sie zu, sobald sie auftaucht, und sie wimmelt sie in einer so liebenswerten Art ab. Ich glaube wirklich, sie liebt diesen großen Teddybär Harvey Strong. Ich glaube, sie wird einen guten Einfluß auf ihn ausüben. Aber warum kannst du nicht für fünf Minuten aufhören, über deine Arbeit zu reden?"

„So bin ich nun mal. Deshalb habe ich Erfolg, wenn andere Mißerfolge haben. Du weißt, Viv, ich habe viele fähige Männer kennengelernt, die Erfolg hätten haben müssen, aber sie waren nicht erfolgreich. Ich habe auch Männer kennengelernt, die keine Allroundfähigkeiten hatten und trotzdem erfolgreich waren, weil sie niemals aufgaben, ihre Ziele zu verwirklichen. Was ich suche, sind Männer mit Fähigkeiten, die nach mehr streben und niemals aufgeben."

„Ich hörte es in einer Ansprache."

„Du mußt alle meine Ansichten schon zweimal und öfters gehört haben."

„Ich höre sie mir gerne an", sagte Vivienne.

„Deshalb liebe ich dich, weil du so sensibel bist." Brennan lächelte.

„Was für ein schreckliches Wort – sensibel!" Vivienne tat empört.

„Gut, du bist auch sexy. Bist du zufrieden?"

Vivienne wechselte wieder das Thema: „Aber du kannst nicht wirklich von jemandem wie Harvey Strong erwarten, die meiste Zeit seiner Freizeit damit zu verbringen, darüber nachzudenken, wie geschäftliche Dinge verbessert werden können."

„Er ist eine Führungskraft – oder etwa nicht?"

„Aber es ist nicht sein Unternehmen. Er wird nicht die Riesengewinne machen, die du machst, wenn du das Unternehmen verkaufst."

„Das", sagte Brennan, „ist das Standardargument vieler Führungskräfte in Mittelbetrieben. Dieses Argument taucht überhaupt nicht bei den Großunternehmen auf – bei den ICIs, den IBMs, den Beechams –, weil dort auch der Vorstandsvorsitzende als Angestellter bezahlt wird und die Führungskräfte die Gewinne des Unternehmens nicht mit ihren persönlichen Einkommen vergleichen. Vorausgesetzt, ihr Einkommen steigt in einem vernünftigen Maße, dann sind sie ganz zufrieden. Und schließlich, Viv, würde ich mich auch dem Erfolg verschreiben, wenn ich nur ein Angestellter wäre. Der Gewinn des Unternehmens würde mich nicht kümmern, solange es dem Unternehmen gutgeht. Nicht jeder kann an die Spitze kommen – es gibt nicht genügend Plätze –, und wahrscheinlich wollen 80 Prozent der Führungskräfte diese Verantwortung sowieso nicht tragen. Menschen, die für sich entschieden haben, daß es sich nicht lohnt, sich voll und ganz einzusetzen, werden immer neidisch auf die Erfolge anderer sein.

Siehst du, was du getan hast, Viv, oder weißt du es nicht? Du hast mich in Gang gebracht, und nun halte ich dir Vorträge. Es ist Zeit, ins Bett zu gehen. Aber bevor wir ins Bett gehen, was hältst du von Penny Hemmings?“

„Ich glaube, sie ist sehr stolz auf ihren Mann, aber sie liebt mehr sich selbst. Sie will für sich und für ihn Anerkennung. Wenn ihr Mann geadelt würde, wäre sie im siebten Himmel. Aber ich glaube, sie sind ein gutes Gespann. Sie erzählt uns ständig, wie brillant ihr Mann ist – was für ein Finanzgenie, usw. –, das spricht zu ihren Gunsten. Ist er wirklich ein Finanzgenie?“

„Genie ist ein oft mißbrauchtes Wort. Er ist höchst effizient, aber ich bin mir seiner Loyalität nicht sicher. Er war nicht sehr loyal Linklater gegenüber, als er mich überzeugen wollte, das Unternehmen zu kaufen. Seine Argumente wären genauso wertvoll gewesen, wenn er nicht abträglich über den Rest des Vorstandes geredet hätte.“

Vivienne gähnte, entschuldigte sich und sagte: „Ich mag wirklich Mary Clayton und Tina Spurling. Und Tina ist auch ein sehr kluges Mädchen. Ich bin sicher, sie wird eine große Hilfe für ihren Mann sein."

Sie stand auf und begann, sich auszuziehen. „Wirst du sie wirklich alle zu Direktoren machen?" fragte sie.

Die Antwort war ein Schulternzucken von Brennan.

Es war Donnerstag acht Uhr. Brennan hatte sich entschieden, Tee und Toast in der Kabine einzunehmen und nicht zum Frühstück zu gehen. Wenn es um gutes Essen ging, konnte er schwach werden, und das Frühstücksmenü im Queen's Grill konnte mit einem Abendmenüangebot mancher Restaurants mithalten. Er hätte zu stark dagegen ankämpfen müssen und hoffte, daß zwei trockene Scheiben Toast bis zum Mittagessen als Grundlage ausreichen würden. Ob zu Hause oder unterwegs, Vivienne aß immer das gleiche zum Frühstück – Müsli und Fruchtsaft.

Als Brennan gerade dabei war, eine Scheibe Toast von der Platte zu nehmen, hielt er inne, als das Telefon klingelte.

Vivienne, an deren Bett das Telefon stand, nahm den Hörer ab. Sie sagte: „Ja, er ist hier, wer will ihn sprechen?" Dann: „Bitte warten Sie."

Brennan schaute fragend seine Frau an.

„Es ist ein persönlicher Anruf für dich, Bob. Die Funkstation wollte wissen, ob du da bist, um persönlich das Gespräch anzunehmen. Der Anruf wird in etwa zehn Minuten kommen."

Brennan vermutete: „Das kann nur Cathy sein. Sag, ich bleibe hier, bis der Anruf kommt."

Nachdem sie die Mitteilung weitergegeben und den Hörer wieder aufgelegt hatte, sagte Brennan: „Ich habe strenge Anweisungen gegeben, wenn ich gebraucht werde, muß der Anruf über Cathy erfolgen. Ich bin mir sicher, daß sie verhindert, wenn mich jemand wegen Kleinigkeiten anrufen will. Meiner Ansicht nach ist etwas faul, wenn eine Abteilung eine Woche lang ohne Abteilungsleiter nicht funktioniert." Vivienne bestätigte ihm: „Dann muß es etwas Wichtiges sein."

„So muß es sein. Überlege mal, Cathy Lipman muß jetzt seit sieben Jahren bei mir sein, und sie weiß, was zu tun ist, falls nötig. Sie würde mich nicht unnötigerweise anrufen."

Der Toast blieb ungegessen, das Müsli unberührt. Das Telefon klingelte wieder. Jetzt griff Brennan nach dem Hörer.

„Herr Brennan?"

„Ja."

„Ich habe einen Anruf für Sie."

Im nächsten Augenblick hörte er Cathys Stimme.

„Herr Brennan?"

„Ja, Cathy, was ist los?"

„Ich hätte Sie nicht gestört, aber..."

„Okay, was ist?"

„Einer unserer Abteilungsleiter ist ein Maulwurf!"

Cathys Stimme klang dramatisch.

„Was ist er?"

„Einer von ihnen arbeitet für die Kanada-Kopier-Werke."

Brennans Magen drehte sich, und sein Herz schlug schneller, aber er sagte ruhig genug: „Beginnen Sie von vorne, und halten Sie sich kurz."

„Der geschäftsführende Direktor für Europa bei den Kanada-Kopier-Werken ist, wie Sie wissen, Mark Cornell. Er hat vor kurzem seinen Personalleiter, Donald Powell, entlassen. Der gleiche Donald Powell hat angerufen, um Sie zu sprechen. Ich sagte ihm, Sie seien unterwegs, und er sagte, er muß unbedingt mit Ihnen sprechen, weil es wichtig für die Zukunft von Linklater sei. Er erzählte mir, daß er weiß, daß Sie auf der QE2 sind, und ich erklärte ihm, daß ich Ihre persönliche Assistentin bin und jede Botschaft an Sie weitergeben würde. Das war gestern abend gegen sieben Uhr.

Er hörte sich an, als ob er betrunken wäre. Glücklicherweise war ich noch im Büro. Er sagte wörtlich, ich habe mitgeschrieben: ‚Dieser Bastard Mark Cornell hat einen ihrer Abteilungsleiter gekauft, und er tut gerade sein Bestes, um zwei weitere Abteilungsleiter von Linklater abzuwerben."

Brennan verschwendete keine Zeit mit nutzlosen Kommentaren. „Warum haben Sie mich nicht gestern abend angerufen?"

„Ich habe es versucht, aber ich hatte Probleme durchzukommen."

„Okay! Hat Powell noch mehr gesagt?"

„Nein."

„Warum hat er den Namen nicht genannt?"

„Er sagte, daß er den Namen nicht kennt. Es wäre alles sehr schnell gegangen – und obwohl er der Personalleiter war, wurde er nicht informiert. Er behauptet, er hätte es durch Zufall herausgefunden. Was passierte, hat er mir nicht erzählt, auch nicht, wie er es herausgefunden hat."

Brennan atmete tief durch, dachte einen Moment nach und fragte dann: „Gibt es noch etwas, Cathy?"

„Nein, genügt das nicht?"

„Machen Sie sich keine Sorgen, Cathy", sagte Brennan. „Alles wird gut werden."

„Es tut mir leid, daß ich Sie beim Frühstück gestört habe."

„Man kann es kaum Frühstück nennen."

„Herr Powell schlug vor, daß er Sie auf der QE2 anruft, wenn Sie ihn sprechen wollen. Ich glaube, er hofft, daß Sie ihn anstellen."

„Das wird nicht nötig sein, und außerdem will ich ihn nicht. Er muß auf der Stelle entlassen worden sein. Ich frage mich nur, warum. Ich kenne ihn. Er ist fast ein Alkoholiker. Wenn er über mehr Informationen verfügen würde, hätte er sie Ihnen erzählt. Danke, Cathy, wir sehen uns am Montag."

Brennan legte den Hörer wieder auf und starrte ihn noch ein paar Augenblicke an, während er angestrengt nachdachte. Vivienne unterbrach seine Gedanken nicht. Dann lächelte er und sagte: „Nichts geht ewig gut."

„Was ist passiert?" fragte seine Frau.

Brennan erzählte es ihr.

„Was wirst du tun?" wollte sie wissen.

„Nichts! Absolut nichts! Ich mache weiter, als ob es keinen Telefonanruf gegeben hätte. Ich werde darüber nachdenken, ich werde Fragen stellen, ich werde Pläne schmieden, wie ich die Kanada-Kopier-Werke in tausend Stücke schlagen kann."

„Ich wundere mich, warum dieser Cornell das getan hat. Warum will er unsere Leute?"

„Das ist einfach! Trotz aller Fehler hat Linklater im Markt ein Loch aufgerissen. Die Kanada-Kopier-Werke sind natürlich ein kanadisches Unternehmen, aber das größte Wachstum konnten sie in Europa realisieren. Sie bekamen Probleme, als sie Mark Cornell zum geschäftsführenden Direktor ernannten. Er ist ein New Yorker und gut bekannt für seine Härte. Es wird eine Geschichte von ihm erzählt. Als er mit einem Freund beim Frühstück saß, sagte ein Direktor fast beiläufig zu ihm: ‚Ich mache mir Gedanken über meine Zukunft.' Cornell antwortete – so wird es berichtet: ‚Wenn Sie sich Gedanken über Ihre Zukunft machen, dann haben Sie keine Zukunft bei uns. Sie sind entlassen!'

Wahrscheinlich feuerte er Powell aus dem gleichen Grund oder einem anderen Grund, und Powell möchte jetzt zurückschlagen. Das passiert von Zeit zu Zeit, und das ist zum Beispiel auch eine Erklärung dafür, warum Steuerbeamte plötzlich Vergehen in Unternehmen aufdecken. Ein geschäftsführender Direktor muß vorausschauend sein und sehr verschwiegen, oder er wäre niemals in der Lage, jemanden zu entlassen, ohne sich Sorgen zu machen, was auf ihn zukommt."

„Aber Cornell machte sich deswegen keine Sorgen?"

„Nein, er dachte wahrscheinlich, daß Powell nichts darüber wußte."

„Aber, Bob, du bist bekannt als ein harter Geschäftsmann."

„Richtig! Aber es ist ein großer Unterschied zwischen Härte und Rücksichtslosigkeit. Cornell ist rücksichtslos. Ich mochte ihn nie, und er mag mich wahrscheinlich auch nicht! Wir beide waren einmal bei einer Konferenz. Wir konnten nicht zusammenkommen."

„Bestimmt tut er dies nicht aus Rachsucht?" vermutete Vivienne.

„Nein, obwohl ich mir bei ihm nicht sicher wäre. Er weiß, daß unter meiner Führung Linklater ein starker Wettbewerber sein wird. Er dachte, Linklater sei erledigt und sein Unternehmen bleibe als einziger Hersteller mit einer Art britischem Hintergrund im Markt übrig. Alle anderen wichtigen Wettbewerber sind Japaner oder Amerikaner.

Die Kanada-Kopier-Werke können ohne uns besser im Markt operieren. Außerdem wüßte Cornell gerne unsere Zukunftspläne. Er kennt auch die Qualifikation, soweit es um unsere Leute geht. Er ist sich bewußt, was für eine Arbeit sie geleistet haben unter sehr schwierigen Bedingungen. Und eines seiner Probleme – ihm fehlt eine gute Führungsmannschaft. Er weiß auch, daß wir unsere Produkte in Ordnung bringen werden, obwohl er noch keine Details kennt. Und für uns ist es fast unmöglich, schnell Leute in Schlüsselpositionen zu ersetzen."

„Was für ein schrecklicher Mann! Aber gibt es keine Gesetze über die Weitergabe von Betriebsgeheimnissen?" fragte Vivienne.

„Ja, es gibt sie. Aber es ist schwierig, sie anzuwenden. Bis ein Gericht in Anspruch genommen wird, lohnt es sich gewöhnlich nicht mehr."

„Aber wer ist der Maulwurf, was glaubst du? Sie alle schauen so nett aus. Gestern abend dachte ich, was für ein großartiges

Team du hast. Sie scheinen so loyal zu sein, und das zu einem so frühen Zeitpunkt."

„Wir wollen uns keine Sorgen über sie machen. Mein erstes Ziel ist, so wie bisher weiterzumachen und zu versuchen, die Unentschlossenen zu beeindrucken. Es könnte sein, daß ich sie für mich gewinne und wir nur einen verlieren, wer immer es sein mag. Viv, ich wußte immer, daß sie alle an eine Alternative denken. Sie müssen so sein, nach all dem Ärger bei Linklater. Einer von ihnen oder mehrere könnten bei den Kanada-Kopier-Werken vorgesprochen haben. Das ist alles, was ich weiß. Aber ich vermute, daß Cornell zuerst einen von ihnen ansprach, wahrscheinlich über einen Kopfjäger.

Nun, um objektiv zu sein, laß uns annehmen, daß Powell uns korrekte Informationen gegeben hat. Welche Probleme ergeben sich daraus?

Wenn Spurling geht, gibt es ein Produktionsproblem.

Wenn Clayton geht, habe ich niemanden, um den Servicebereich zu reorganisieren.

Wenn Strong geht, wird es mich hart treffen, sofortigen Ersatz zu finden.

Ich könnte ohne Wallace auskommen, obwohl es kurzfristig ohne ihn Probleme in der Qualitätskontrolle geben wird.

Wenn Hemmings ginge, das wäre ein schlimmer Schlag. Schau, es wäre ein Rückschlag. Im schlimmsten Fall werde ich mehr Geld investieren müssen. Ich werde mich stärker an Scott & Ballinger binden müssen, und es wird eine Zeitverzögerung geben. In dieser Zeit könnten die Verluste ziemlich schwerwiegend sein. Aber ich werde es durchstehen, das ist keine Frage!"

„Wirst du die Leute in der Sitzung anschauen können, obwohl du weißt, was vorgeht?"

„Natürlich kann ich es! Soweit es mich betrifft, sind sie alle unschuldig, außer einem. Die Mehrheit steht auf meiner Seite.

Es könnte sein, daß ich dem Abtrünnigen bereits Hinweise gegeben habe, die ihn zum Nachdenken bringen. Wer weiß?" Brennan machte eine Pause.

„Du hast ihm bereits eine Menge Informationen gegeben, die er weitergeben kann", sagte Vivienne.

Brennan seufzte: „Möglich, daß du recht hast."

17 Sitzungen

Keiner der Abteilungsleiter konnte Brennan auch nur im geringsten die vorangegangenen Ereignisse anmerken, als er das Sitzungszimmer betrat. Es gab die gewöhnlichen Spötteleien, dann sagte Brennan: „Heute morgen werdet ihr über Qualitätszirkel-Sitzungen diskutieren und wie sie am besten geführt werden. Um euch zu helfen, habe ich einige schriftliche Notizen über das Thema gemacht.

Ich möchte euch bitten, diese Notizen zu ergänzen, zu streichen oder zu verbessern, damit wir bald ein Trainingshandbuch über den Abschnitt Qualitätszirkel abschließen können.

Hier sind die Notizen. Ich lasse euch allein und werde mir eure Urteile und Meinungen später anhören."

Brennan übergab die Notizen und verließ sofort den Raum.

Prinzipien der Führung von Qualitätszirkeln

1. Ein Gruppenleiter ist auch eine Führungskraft. Als Führungskraft hat er die Pflicht, die Gruppe zu führen und zu motivieren, daß sie ihr Bestes gibt.

   Als Gruppenleiter hat er folgende Aufgaben:

sorgfältige Vorbereitung einer jeden Sitzung und Überprüfen der Rahmenbedingungen, z. B. richtige Zahl der Sitzplätze; Aschenbecher; Bleistifte, Papier, Zeichnungen, Charts; nach Bedarf Overheadprojektor, Computer, Kameras etc.

Das Ziel der Sitzung definieren.

Erstellen der Agenda.

Sprechzeiten für jedes Thema festlegen.

Sicherstellen, daß alle Informationen allen Mitgliedern der Gruppe zur Verfügung stehen bzw. gestellt werden.

2. Der Gruppenleiter muß erklärt bekommen, keine sofortigen Resultate zu erwarten. Es wird eine Zeit dauern, bis die Gruppe als Team arbeiten kann.
3. Der Gruppenleiter wird Standard-Fragetechniken einsetzen. Dies sind:

   Offene Fragen:

   „Sag mir, Bill, deine Meinung über das neue Design."

   „Erkläre uns detaillierter, John, wie du dieses Problem gemeistert hast."

   Die geschlossene Frage:

   „Aber hast du, Henry, die Klemmen angeschlossen?"

   „Wirst du in diesem Punkt Einigkeit erzielen, Fred?"

   Motivationsfragen / Suggestivfragen:

   „Ihr alle wißt, daß es im besten Interesse des Unternehmens liegt, dem neuen Testverfahren zuzustimmen, und ihr alle wißt, daß dies richtig ist; ihr werdet euch selbst und eure Teamkollegen im Stich lassen, wenn wir jetzt keine Einigung erzielen. Können wir abstimmen?"

   Die Kontrollfrage:

   „Harry, wie lautet die Formel, die wir damals benutzten?"

   „John, willst du bitte nachrechnen, ob wir richtig liegen?"

   Die allgemeine Frage:

   „Laßt uns nun die Fragen der automatischen Türen und des

Auslaufens des Öls diskutieren. Wie siehst du es, Donald? Oder wer will damit beginnen?“

Die direkte Frage:

„Wir können nicht länger um den heißen Brei herumlaufen. Wir müssen jetzt eine Entscheidung treffen. Was ist eure Entscheidung?“

4. Die einleitenden Bemerkungen des Gruppenleiters müssen sicherstellen, daß alle Mitglieder das Thema voll verstanden haben, den Zweck der Diskussion und die Rahmenbedingungen, die eingehalten werden müssen.
5. Es könnte sein, daß ein Maschinenteil sich durch ständigen Einsatz als fehlerhaft erwies und dies zum Thema der Diskussion wird. Der Gruppenleiter sollte dann denjenigen der Gruppe beauftragen, der am stärksten in seiner Arbeit davon betroffen ist oder am meisten darüber weiß, einen allgemeinen Überblick zu geben.
6. Der Gruppenleiter hat immer die Kontrolle, ohne Mißstimmung zu verursachen.

   Er verhindert, daß einzelne die Diskussion an sich reißen, indem er darauf hinweist, daß auch er selbst in seiner Funktion nicht mehr als jeder andere reden darf.

   Er stellt sicher, daß alle wichtigen Hinweise festgehalten werden.

   Er stellt sicher, daß jeder jeden einzelnen Punkt verstanden hat. Dies wird durch ständiges Fragen überprüft und, falls erforderlich, durch Wiederholen.

   Er versucht, gegenseitiges Unterbrechen zu verhindern.

   Er verhindert nutzlose Diskussionen und Abschweifen.

   Er bringt niemals ein Mitglied der Gruppe in Verlegenheit.

   Er vermeidet direkte Kritik an den Teilnehmern. Wenn kritisiert werden muß, geschieht dies vor oder nach der Sitzung und unter vier Augen.

   Er macht niemals Ideen lächerlich, so närrisch sie auch sein mögen. Denn sie sind niemals närrisch für denjenigen, der die Idee hat.

In regelmäßigen Abständen gibt er eine Zusammenfassung während der Sitzung.

Er strebt immer nach einer einstimmigen Meinungsbildung, aber wenn dies nicht möglich ist, ist er bereit, eine Mehrheitsentscheidung zuzulassen, und gibt dies frühzeitig in der Sitzung bekannt.

‚Lernt die Teilnehmer kennen!'

Menschen ändern sich nicht, weil sie Mitglieder eines Qualitätszirkels werden. Aber etwas sollten sie gemeinsam haben, nämlich die Absicht, die Qualität eines Produktes oder einer Dienstleistung zu verbessern oder eine Abteilung besser zu führen.

Der Gruppenleiter muß sich immer einschalten, wenn persönliche Kritik geäußert wird oder Gewohnheiten und Verhalten der Mitglieder kritisiert werden. Wenn zum Beispiel jemand ein zwanghafter Redner ist, wird er eine sehr unzulängliche Führungskraft sein. Er darf nicht intolerant sein oder Vorurteile haben gegenüber Mitgliedern, sofern es die Arbeit des Zirkels berührt. Die meisten Führungskräfte werden ausgewählt, weil sie bereits die richtigen Führungseigenschaften gezeigt haben. Deshalb liegt es an der Führungskraft, wie das Beste aus den Mitgliedern herausgeholt werden kann. In den meisten Zirkeln werden sie zweifelsohne ähnliche Typen – Männer oder Frauen – vorfinden. Das sind einige Typen:

Der Zwangsredner.
Der stille Zuhörer.
Der Mahner.
Der Neinsager.
Der Ängstliche.

Der Überhebliche.

Der Schuldzuweiser.

Wenn ein Zirkel aus acht Personen besteht, werden wahrscheinlich nur einige der oben genannten Typen in der Gruppe sein. Der Großteil der Freiwilligen wird aus vernünftigen Leuten bestehen, die geben und nehmen können. Manchmal werden sie argumentieren, manchmal werden sie aufgeschlossen sein, aber so verhalten wir uns alle. Eine Gruppe von ‚Jasagern' nutzt niemandem, aber der Gruppenleiter muß wissen, wie er mit einem oder zwei schwierigen Mitgliedern in seiner Gruppe umgeht.

Der Zwangsredner!

Zweifelsohne gibt es eine psychologische Ursache für das Verhalten eines Zwangsredners, aber ich bin kein Psychologe. Warum reden und reden einige Leute und bemerken nicht, daß sie uns langweilen?

Es ist zwecklos, sie indirekt darauf aufmerksam zu machen, daß sie zuviel reden. Sie würden es nicht auf sich beziehen. Sie sind der Ansicht, daß jedes Wort voll von Weisheit ist und jeder ihre Ansichten kennenlernen möchte. Die einzige Lösung: unterbrechen.

In dem Augenblick, wo er Atem holt oder auf seine Notizen sieht oder für einen Bruchteil von Sekunden unterbricht, muß der Gruppenleiter sagen: ‚Das ist eine gute Idee, die du geäußert hast.' Dann wendet sich der Gruppenleiter an ein anderes Mitglied mit den Worten: ‚Nun, Tom, was meinst du?' oder ‚Laßt uns einmal hören, wie jemand anderes darüber denkt!'

Der Gruppenleiter kann dies so oft tun, wie er will, weil der Zwangsredner niemals den Grund für die Unterbrechungen bemerkt. Er bereitet sich bereits für den nächsten Wortschwall vor. Aber unabhängig von dieser Schwäche kann er ein sehr nützliches Mitglied der Gruppe sein.

Der stille Zuhörer!
Dieses Mitglied hat eine ganze Menge zu bieten, aber manchmal ist es Schüchternheit, daß er dasitzt, zuhört und nur wenig sagt. Der Gruppenleiter muß ihn deshalb ständig um Rat bitten oder auffordern, seine Meinung zu sagen. Wenn er Techniker ist, dann ist es ganz einfach, sich seiner Beurteilung zu beugen, ihn aufzubauen und ihm auf diese Art und Weise einen Teil seiner Schüchternheit zu nehmen.

Der Mahner!
Dieser Mensch lebt in der Vergangenheit. Er denkt immer nur an die gute alte Zeit, als die Produkte entweder stark oder schwach, besser oder schlechter waren oder die Führung viel besser oder viel schlechter war. Es spielt in Wirklichkeit keine Rolle. Er knüpft immer an die Vergangenheit an und erzählt eine Geschichte.

Man kann ihn an seinen Wiederholungen erkennen: ‚Sie hätten Herrn Tom oder Herrn Henry nicht dazu gebracht, so etwas zu tun', und er bezieht sich auf frühere Direktoren oder Abteilungsleiter; oder: ‚Er hätte vor Jahren hier sein müssen. Ich erinnere mich, als ich nur . . .'; oder: ‚Ich mußte jeden Tag viel früher zur Arbeit, als die heute aufstehen!'

Was immer das Problem sein mag, Herr Mahner wird eine passende Geschichte erzählen, um zu beweisen, daß heute alles falsch ist.

All dies muß der Gruppenleiter im vorhinein wissen. Er könnte darauf antworten: ‚Eric hat natürlich eine langjährige Erfahrung hinsichtlich der Probleme, denen wir uns heute stellen. Aber laßt uns die Vergangenheit im Augenblick vergessen. Wir müssen heute mit dem Problem leben. Deshalb, Eric, laß uns mit deiner Ansicht beginnen.'

Der Neinsager!
Er ist ein schwieriger Bursche! Er glaubt niemals, daß er etwas

falsch macht. Auf jeden neuen Vorschlag wird er antworten: ‚So kannst du das nicht machen, das funktioniert nicht. Meiner Erfahrung nach gibt es keine Möglichkeit, N und F in einer Linie zu verknüpfen'; oder: ‚Das mag für einige von euch zu komplex sein, aber ich weiß...' Dann folgen Fachausdrücke, die nur von denen mit sehr gutem technischen Verständnis begriffen werden. Er kann nichts mit einfachen Worten erklären.

Der Neinsager versteht es weit besser, zu zerstören als aufzubauen. Dennoch hat er ein umfangreiches Wissen, und es ist die Aufgabe des Teamleiters, ihn zu überzeugen, in einfachen Worten und für jeden verständlich zu erklären, was er für machbar hält.

Er könnte sagen: ‚Harry, wir sind nicht so schlau wie du, erkläre es uns so einfach wie möglich.' Ist er überzeugt, daß seine technischen Fähigkeiten von allen anerkannt werden, dann wird er sich oft nicht ganz so dogmatisch verhalten.

Der Ängstliche!
Er hat sich wahrscheinlich nicht freiwillig für den Zirkel gemeldet, sondern weil ihn seine Frau so lange drängte, bis er es tat. Er wird leicht niedergeredet und steht selten für sich selbst ein. Der Gruppenleiter muß ihn anfangs beschützen – die Kämpfe für ihn austragen – und ermutigen, zu seinen Ansichten zu stehen, und ihn dafür loben, wenn er es tut.

Der Überhebliche!
Dieser schreit viel, und er kann ebenfalls wie ein Elefant im Porzellanladen auftreten. Er glaubt, je lauter die Stimme, desto eher werden die Mitglieder des Zirkels seine Ansichten anerkennen. In den Sitzungspausen muß ihm der Gruppenleiter erklären, daß er eine starke Persönlichkeit ist, und er möge ihm – dem Gruppenleiter – helfen, indem er auch den anderen eine Chance gibt.

Wegen seiner Stärke könnte man nicht mit ihm argumentieren

wollen, aber vielleicht könnte Argumentieren die besten Ergebnisse bringen. Der Gruppenleiter mag in etwa folgendes sagen: ‚Tu mir einen Gefallen, Bill. Nimm es mir nicht übel – sprich bitte leiser. Ich weiß, daß du dich über einige Dinge aufregst, die die anderen vielleicht falsch sehen, aber wir müssen als Team arbeiten, nicht wahr?' Genau wie der Zwangsredner ist er unheilbar, aber er kann zeitweilig im Zaum gehalten werden.

Der Schuldzuweiser!

Ein Mensch, der selten zugibt, daß er unrecht hat. Wenn eine Maschine ausfällt, liegt es an den fehlenden Investitionen durch das Unternehmen. Wenn die Krankmeldungen ansteigen, liegt es an der Unternehmenspolitik, die Arbeiter unter Druck zu setzen. Konstruktionen sind falsch, Computerprogramme sind falsch – in der Tat, es gibt nicht viel, was in Ordnung ist.

Unabhängig davon kann er gewöhnlich sehr gut Probleme lösen, sofern ihn selbst keine Schuld trifft.

Wenn der Gruppenleiter als neutrale Person anerkannt ist und nur Fakten berücksichtigt – Fakten, denen nicht widersprochen werden kann –, dann wird dieses Verhalten den permanenten Schuldzuweiser wehrlos machen. Wenn er die Fairneß des Gruppenleiters schätzt, wird er bis zu einem gewissen Grad sein Verhalten ändern.

Noch einmal der Hinweis, daß diese problematischen Mitglieder eine Minderheit darstellen. Aber der Gruppenleiter muß sich bewußt sein, was auf ihn zukommt, und er muß mit solch unvorhersehbaren Fällen umgehen können, die aus individuellen Empfindlichkeiten und Eigenarten entstehen.

Der Gruppenleiter darf nicht der Ansicht sein, daß Arbeiter sich von den Mitgliedern des Vorstandes irgendwie unterscheiden. Auf Vorstandssitzungen können die gleichen ‚Problemfälle' wie bei Qualitätszirkeln zu finden sein.

Folgerungen aus der Sitzung!

1. Alle schriftlichen Aufzeichnungen müssen der Gruppe vorgelesen, und ihre Zustimmung muß eingeholt werden; anschließend getippt, erneut den Mitgliedern gezeigt, so daß es keine Mißverständnisse geben kann.
2. Das Sitzungsprotokoll, getroffene Entscheidungen, aufgeschobene Entscheidungen, muß angefertigt und dem Qualitätsleiter geschickt werden.
3. Das Sitzungsprotokoll wird auf der folgenden Sitzung vorgelesen, bevor neue Themen diskutiert werden.

Wahrscheinlich hängt der Erfolg einer qualitativen Unternehmensführung von diesen Sitzungen ab, weil sie Problemlöser sind. Wenn sie Mißerfolg haben, können die Firmenziele nicht erreicht werden. Wenn sie Gutes leisten, wird der Qualitätsstandard des Unternehmens gut sein. Wenn aber diese Qualitätszirkel bei guter Führung Außergewöhnliches vollbringen, was die meisten tun, dann werden unsere Ziele sicherlich erreicht werden.

Die Abteilungsleiter machten Wallace eine Freude, als sie ihn zum Zirkelleiter wählten. Dann fingen sie an, Brennans Ausarbeitungen zu verbessern.

18 Die Falle

Als Brennan das Sitzungszimmer verließ, hattc er die Absicht, einen ruhigen Platz zum Entspannen und zum Überlegen zu finden. Er spazierte an den Geschäften vorbei und lächelte in sich hinein, als er daran dachte, daß die folgende Nachmittagssitzung sich mit dem Thema Problemlösungen beschäftigen sollte. Hier stand er nun, mit einem größeren Problem konfrontiert, das ein ideales Fallbeispiel sein könnte.

Er erreichte den ‚Queens Room', wo Vorbereitungen im Gange waren für den Auftritt eines berühmten französischen Filmstars. Das Programm ließ erkennen, daß er Hintergrundgeschichten erzählen und ebenfalls Fragen beantworten würde. Viele Sitze waren bereits mit blaublütigen Matronen besetzt, ihrem Idol nahe – und alle bereit, wirklich persönliche Fragen zu stellen.

Brennan kehrte um, stieg die Treppen zum ‚Double Two Room' hinauf, wo der Designer seine Zuneigung für Rot ausgelebt hatte. Aber der Glanz beeindruckte, und auf der Tanzfläche waren die wundervollen Tänzerinnen: Sie trugen enge Jacken, lange wollene Beinwärmer und probten für die Abendshow.

Brennan kletterte die Wendeltreppe hoch, spazierte wieder an den Geschäften vorbei zur Tür, die zum Signaldeck führte. Oben auf der Treppe wehte der Wind so stark, daß er Schwierigkeiten hatte, die Tür zu öffnen. Auf dem Deck standen Liegestühle, die etwas Schutz vor dem Wind boten. Kaum hatte sich Brennan gesetzt, als ein Steward mit zwei Decken erschien, eine für die Beine und die andere für die Schultern. Plötzlich fühlte er sich warm und geborgen und vollständig entspannt.

„Nichts geht über ein Leben auf See, wie immer das Wetter sein mag“, bemerkte er zum Steward.

„Das stimmt, Sir – aber es ist kalt. Wir werden um elf eine Bouillon servieren, aber wenn Sie jetzt eine gute heiße Tasse Kaffee haben möchten, kann ich sie Ihnen schnell holen.“

„Nein danke, ich bin zufrieden.“

Brennans Gedanken konzentrierten sich bereits auf die Probleme. Zuerst, wie konnte der Abtrünnige gefunden werden? Dann, wie konnten die anderen davon abgehalten werden, die ihm folgen könnten – wenn es welche gab? Und wenn dem so war, wurden sie bereits daraufhin angesprochen? Hatten sie weiteren Gesprächen zugestimmt, oder hatten sie brüsk abgelehnt?

Schließlich überlegte er, was wäre, wenn alle gehen würden.

Sehr unwahrscheinlich, entschied er. Aber er erinnerte sich wieder an die alte Regel: ‚Sei niemals schockiert – sei niemals überrascht.‘ Wenn dies einträte, entschied er, würde er persönlich die Kontrolle über Marketing, Verkauf und Finanzen übernehmen.

Dann würde er nach den besten verfügbaren Leuten suchen, die kommissarisch die Produktion und den Service führen könnten. Er dachte an zwei Leute. Eine davon war eine Frau, die Claytons derzeitige rechte Hand war.

Hemmings war kein Problem, und außerdem war er ganz sicher, wenn er ginge, daß Scott & Ballinger sehr schnell Ersatz finden würden.

Solche Probleme zu lösen, grübelte er, war eine der Aufgaben, die ein Geschäftsführer nicht delegieren sollte. Er sollte mit den schlimmsten Aufgaben selbst fertig werden und durch gutes Beispiel das Unternehmen führen. Brennan begann sich sogar an dem Gedanken der zukünftigen Herausforderung zu erfreuen; aber die Freude dauerte nicht lange. Linklater mußte schnell die Dinge ins Lot bringen und schnell Geld machen. Die abtrünnigen Abteilungsleiter, selbst nur einer, würden das Vertrauen der Angestellten erneut erschüttern.

Aber die Kanada-Kopier-Werke könnten nicht alle übernehmen. Cornell war kein Narr, und er warf auch kein Geld zum Fenster raus; außerdem mußte er auf seine eigenen Leute Rücksicht nehmen.

Er dachte wieder an alternative Möglichkeiten. Wenn einer geht, wer ist es? Spurling könnte sich für die Kanada-Kopier-Werke entscheiden, denn er wollte eine Top-Position. Spurling kannte alle Zukunftspläne, jeden Aspekt der Fertigung und wußte, ob Probleme gelöst werden konnten oder nicht. Ja, er wäre seinen Preis wert!

Aber Spurling schien so versessen auf die neuen Qualitätskontrollpläne. Konnte er ein solch vollendeter Schauspieler sein. Und wenn es Spurling wäre, er könnte offensichtlich in Frage kommen, dann könnte der andere, den er mitnehmen würde, nur Clayton sein.

Wenn es andererseits Wallace wäre – was er sehr stark bezweifelte –, dann konnte Wallace Strong mitnehmen.

Er fuhr fort, Gedanken zu wälzen, bis er eine brillante Idee hatte. Er wickelte sich aus den Decken, verließ das Oberdeck und machte sich auf den Weg zum Zahlmeisterbüro auf dem zweiten Deck. Der Assistent erkannte ihn und sagte höflich: „Guten Morgen, Herr Brennan."

„Guten Morgen", antwortete er. „Ich habe gerade eine Entscheidung getroffen, und ich wollte Sie bitten, mir zu helfen, sie auszuführen. Wie sie wissen, bezahlen meine Kollegen für das, was sie selbst unterschreiben. Da es aber eine Geschäftsreise ist, bin ich der Ansicht, daß ich alle Rechnungen bezahle, egal ob es um ihre Getränke in der Kabine oder um ihre Telefonate geht. Ich habe mich entschieden, all diese Dinge zu bezahlen; würden Sie deshalb bitte alle Rechnungen, die sie abzeichnen, meinem Konto zur Bezahlung belasten."

„Das macht keine Schwierigkeiten", sagte der Assistent, „ich werde es notieren." Er ging weg und kehrte kurz danach zurück: „Das geht in Ordnung, Herr Brennan. Möchten Sie alle Beträge zusammen mit den Belegen zur Kontrolle, oder möchten Sie, daß Ihre Kollegen sie kontrollieren?"

„Nein, geben Sie alles mir, ich möchte meine Kollegen damit nicht belästigen. Wenn sie einen oder zwei Drinks zuviel haben, spielt das keine Rolle. Ich werde am Freitag kommen, um mit Ihnen abzurechnen."

„Danke, Sir."

Als er in den Sitzungsraum zurückkam, sagte Hemmings: „Das waren gute Notizen, Bob. Wir konnten sie nicht verbessern, sondern nur einige Punkte ausarbeiten."

„Gut", meinte Brennan, „ich habe einige Neuigkeiten für euch. Ich telefonierte mit dem Büro und sprach mit Cathy. Sie hatte versucht, mich zu erreichen. Wer, glaubt ihr, hat sie angesprochen, in der Absicht, für uns zu arbeiten?" Sie alle stellten wilde Vermutungen an, aber niemand erriet es.

„Niemand anderes", sagte Brennan, „als der frühere Personalleiter von den Kanada-Kopier-Werken, Donald Powell. Er ist es sicherlich wert, daß man mit ihm spricht, unabhängig davon, ob wir ihn nehmen oder nicht!"

Brennan lächelte seine Abteilungsleiter an und sagte: „Nun laßt uns eure Ausarbeitungen durchgehen und eine endgültige Entscheidung über die Qualitätssitzungen treffen, damit wir die Grundlage für ein Kapitel unseres Handbuchs haben."

Die Diskussion ging bis zum Mittagessen. Später an diesem Tag telefonierte einer der Abteilungsleiter mit Mark Cornell von den Kanada-Kopier-Werken.

19 Das Team löst Probleme

Vielleicht ist es Einbildung, dachte Brennan beim Mittagessen, aber die Fröhlichkeit scheint ein wenig gezwungen. Auf seinem Weg in den Sitzungsraum dachte er wieder an die einzelnen Alternativen. Er hatte nur eine Möglichkeit, bis er sicher die Namen der Abtrünnigen kannte, so weiterzumachen, als ob nichts passiert wäre. Am Freitag muß die Wahrheit ans Tageslicht kommen. Der Maulwurf konnte nicht wissen, ob Donald Powell von den Machenschaften seines Vorgesetzten Kenntnis bekommen hatte, solange er noch bei den Kanada-Kopier-Werken war. Auch würde er schnell herausfinden wollen, ob er, Brennan, wußte, was vor sich ging. Brennan hatte auch entschieden, daß die Konfrontation im Londoner Büro am kommenden Montag morgen stattfinden sollte. Zu diesem Zeitpunkt beabsichtigte er, den Missetäter rauszuschmeißen, bevor einer der Abtrünnigen selbst kündigen konnte. Er richtete sich auf und betrat das Sitzungszimmer. Die Abteilungsleiter waren in Aufruhr. Er fragte sich, worüber sie diskutiert hatten? Indem er seinen Verdacht zur Seite schob, lächelte er, als ob nichts geschehen sei, und sagte: „Laßt uns beginnen."

Die Abteilungsleiter setzten sich, und Brennan fuhr fort: „In dieser Sitzung werden wir uns mit dem Thema Problemlösung auseinandersetzen. Zuerst müssen wir die grundlegenden Regeln festlegen, dann können wir uns mit den Problemen und ihren Lösungen beschäftigen, soweit sie auf uns Führungskräfte anwendbar sind. Damit zurück zu den Grundlagen:

1. Das Problem definieren. Zu oft wird der Versuch gemacht, ein untergeordnetes Problem zu lösen, obwohl das tatsächliche Problem noch nicht erkannt wurde. Ich weiß, Harvey wird mir zustimmen, daß ein Verkäufer fallende Umsätze entweder als ein Problem zu hoher Preise oder als ein Problem extremer Wettbewerbsbedingungen definiert. Der Verkaufsleiter mag sehr wohl erkennen, daß das Problem die Ursache eines technischen Rückstandes ist, ausgelöst durch unzulängliche Produktion oder Unzulänglichkeiten in Forschung und Entwicklung. Ein anderer nimmt an, daß dieses Problem durch schlechten Service oder fehlendes Marketingdenken ausgelöst wurde. Es mag untergeordnete Gründe geben, aber das tatsächliche Problem könnte einfach in der mangelhaften Verkaufsführung liegen.
   Viele Verkaufsleiter verbünden sich sofort mit den Verkäufern, wenn die Umsätze fallen, und stimmen in den Chor ein, daß die Preise zu hoch sind oder die Wettbewerber unterbieten. Sie werden niemals die Tatsache zugeben, daß sie zu ‚Schreibtischmanagern' im Verkauf wurden und ihre Verkaufsmannschaften nicht mehr motivieren, und ohne ständige Motivation wird eine Verkaufsmannschaft Mißerfolge haben, wenn die Marktsituation härter wird.
   Das tatsächliche Problem aufzudecken ist schwierig. Der Verkaufsleiter präsentiert dem geschäftsführenden Direktor eine harte Nuß, nämlich, daß die Preise zu hoch sind. Wenn der geschäftsführende Direktor allerdings sehr gut ist, wird er den ersten Schritt für Problemlösungen einleiten, und zwar ‚das tatsächliche Problem definieren'.

Aufgrund einer sorgfältigen Untersuchung wird er vielleicht das tatsächliche Problem erkennen, und dann wird er den zweiten Schritt machen.
2. Alle Informationen und Fakten, die etwas mit dem Problem zu tun haben könnten, sammeln.
3. Informationen analysieren. Dies kann zu einem Umdenken führen. Es kann bedeuten, daß der geschäftsführende Direktor dann entscheidet, das tatsächliche Problem sei noch nicht erkannt, und zum ersten Schritt zurückkehrt. Ist das Problem identifiziert – daß der Verkaufsleiter die Schuld trägt und seine Mannschaft nicht motiviert –, wird er Schritt vier einleiten.
4. Lösungen für dieses Problem finden.
5. Gibt es mehrere Lösungen, wählt er die praktikabelste Lösung aus und berücksichtigt, wie diese Entscheidung Einfluß auf zukünftiges Geschehen nimmt. Ist er überzeugt, daß seine Entscheidung richtig ist, leitet er den sechsten Schritt ein.
6. Er testet seine Lösung, sofern dies überhaupt möglich ist. Ist dies nicht anwendbar, gibt er die notwendigen Anweisungen und stellt sicher, daß seine Entscheidung ausgeführt wird.

Diese sechs Schritte beinhalten die Standardformel für Problemlösungen und führen meistens zum Erfolg. Es gibt auch eine Kurzformel für Problemlösungen, die ebenfalls angewendet werden kann:

‚Zuerst nach einer offensichtlichen Lösung suchen.‘

Es ist bemerkenswert, wie oft ein mechanischer Fehler, ein Maschinenstillstand oder ein Problem in zwischenmenschlichen Beziehungen die offensichtliche Ursache ist und übersehen wird, während abstrakte Überlegungen angestellt werden. Gibt es keine offensichtliche Ursache, beschäftigt euch mit dem anderen Extrem. Denkt über die unwahrscheinlichsten Lösungen nach. Eine Brain-Storming-Sitzung ist die beste Möglichkeit, ein Ergebnis zu erzielen.“

Brennan machte eine Pause, atmete tief und fuhr dann fort: „Letztendlich denkt an das Hauptproblem beim Problemlösen: an die Menschen. Menschen haben eine feste Meinung und wollen sie nicht aufgeben. Menschen sind emotional engagiert. Ratschläge von Menschen können durch Abneigungen getrübt sein. Menschen werden nur ein Problem anerkennen und Lösungen anstreben, wenn ein anderer schuld ist. Menschen übertreiben. Menschen leiden unter Streß und lassen zu, daß andere zu falschen Schlußfolgerungen kommen. In den Werkstätten geben Menschen den Werkzeugen die Schuld, obwohl es die Schuld der Menschen ist. Verstehe den Menschen, und du bist auf dem halben Wege zur Lösung eines jeden Problems."

Noch einmal machte Brennan eine Pause und blickte seine Abteilungsleiter der Reihe nach an. Er sagte: „Soviel zu den grundlegenden Dingen von Problemlösungen. Nun möchte ich gerne Beispiele, die eher auf Abteilungsleiter zutreffen als auf geschäftsführende Direktoren. Willst du beginnen, Mike?"

Spurling nickte: „Um euch ein gutes Problemlösungsbeispiel für Produktionsabläufe zu geben, benötige ich Stunden, Tage, Wochen, und jeder würde sich langweilen. Aber ich kann euch noch eine andere Problemlösungsformel anbieten, die öfters erfolgreich ist als erfolglos.

Die sechs Schritte, die du anführtest, Bob, sind wertvoll und treffen auf die meisten Arten von Problemlösungen zu. Wir aber suchen in der Produktion nach unkonventionellen Lösungen. Wie immer auch die Standards sein mögen, alles in der Produktion muß zusammenpassen: Spezifikation, Geschwindigkeit, Menge, Zeitplan, eine vorgegebene Aufeinanderfolge, Kontrolle. Jedes Einzelteil muß dem Standard angepaßt werden. Auf jede Schweißnaht muß Verlaß sein, und die Gleichmäßigkeit der Lackierung muß standardisiert sein. Deshalb schauen wir zunächst nach den Abweichungen, wenn ein Problem auftaucht. Wo gibt es Unterschiede – dies aufzuspüren ist unser

Ziel. Entdecke die ‚Abweichung', und du findest die Ursache des Problems.

Ich könnte jedem, der sich mit Problemlösungen beschäftigt, raten, diese Methode der ‚Abweichungen' zu berücksichtigen. Sie ist auf Menschen genauso wie auf Maschinen anwendbar. Jemand verhält sich abweichend – er hält sich nicht an die Norm. Warum? Kein Schlaf, Ärger zu Hause, er trinkt zuviel, schlechte Gesundheit... Könnte diese Person die Ursache des Problems sein? Kann dieses Problem durch das Unternehmen abgewendet werden unter Berücksichtigung der Situation dieser Person? Warum ändert jemand plötzlich seine Meinung, die er so lange vertreten hat? Warum tanzt dieser gesunde, gestandene Gruppenleiter plötzlich aus der Reihe?

Achtet auf die ‚Abweichungen' bei Menschen, und ihr braucht keine sechs Schritte, um das Problem zu lösen."

„Das ist ausgezeichnet", sagte Brennan im allgemeinen Applaus für Mikes Beitrag, dann wandte er sich an Harvey. „Was meinst du, Harvey?"

„Danke, Chef, du hast mir bereits meine beste Geschichte gestohlen. Ich hatte mich schon darauf eingestellt, eine fesselnde Geschichte zu erzählen, wie eine schwache Verkaufsführung mehr Probleme als die Wettbewerber verursachen kann – aber du hast darüber bereits gesprochen."

„Es tut mir leid, Harvey, vielleicht hast du sogar mir diese Geschichte früher erzählt. Aber ich bin sicher, du kennst ein weiteres Beispiel."

Harvey dachte einige Augenblicke nach und begann: „Ein großer Kostenbrocken ergibt sich durch den Druck von Broschüren, Prospekten, Gebrauchsanweisungen usw. Es ist ein echtes Problem, die Kosten niedrig zu halten. Der Top-Verkäufer verteilt keine Prospekte in der vagen Hoffnung, sie könnten Aufträge bringen. Der Durchschnittsverkäufer aber – und das sind bis zu 80 Prozent einer Verkaufsmannschaft – streut Prospekte.

Das ist ein bekanntes Problem. Unglücklicherweise können sich nur wenige Verkäufer in die Situation des Kunden versetzen. Sie wollen nicht wahrhaben – wenn sie Prospekte zur Information zurücklassen, daß diese wahrscheinlich zu neunzig Prozent in den Papierkorb wandern, sobald der Verkäufer gegangen ist. Neun Prozent der Prospekte ereilt das gleiche Schicksal etwa einen Tag später, und ein Prozent werden für den späteren Gebrauch abgeheftet und sind im allgemeinen schnell vergessen.

Es gibt natürlich Ausnahmen. Technische Datenblätter werden für einen späteren Zugriff aufgehoben, aber das sind auch keine Verkaufsunterlagen. Verkaufsprospekte sind etwas anderes. Sie sind hauptsächlich für den Verkäufer gemacht, damit er sein Angebot vollständig und in einer logischen Reihenfolge erläutern kann – und das ist meistens das einzige Einsatzgebiet. Verkaufsinformationen werden nur von Leuten gierig gelesen, die etwas kaufen wollen, zum Beispiel etwas, was mit einem Hobby zu tun hat. Diese Informationen werden Zeile für Zeile gelesen. Aber das liegt an dem starken Interesse für den beabsichtigten Kauf.

Professionelle Einkäufer allerdings studieren selten sorgfältig Verkaufsinformationen. Trotz der vielen Stunden der Beschäftigung mit Direct-Mail-Verkaufssendungen scheint es dem Prospektstreuer niemals zu dämmern, daß die Bitte ‚Lassen Sie mir mal Prospekte da!' nur ein Schachzug ist, den Verkäufer loszuwerden."

Brennan unterbrach: „Ich will deine Geschichte nicht abkürzen, Harvey, aber du hast noch eine ganze Sitzung vor dir. Hier geht es um Problemlösungen."

Strongs Bart stellte sich einen Moment auf, dann entschied er, darüber hinwegzusehen. Er sagte: „Du hast recht, Bob, aber ich habe die Lösung für dieses Problem, und sie trifft auf viele ähnliche Probleme genauso zu. Die Prospektstreuer fühlen sich immer im Recht, deshalb ist jedes Plädoyer Zeitverschwendung.

Eine Mengenkontrolle funktioniert nicht, da die Prospektstreuer immer Mittel und Wege finden, zusätzliches Prospektmaterial zu beschaffen. Das wirkliche Problem ist ein schwaches verkäuferisches Verhalten von schwachen Verkäufern, die ihr Gewissen beruhigen, indem sie fest daran glauben, durch Verteilen von Prospekten zu verkaufen.

Der Lösungsweg heißt ‚Aufklärung', und aufklären löst viele Probleme.

Als mir dies in meinem früheren Unternehmen passierte, gab ich der Verkaufsmannschaft die Fakten über die Kostensituation – daß die Kosten ausufern und gesenkt werden müssen. Ein Faktor war der Anstieg der Kosten für Verkaufsinformationen. Ich sagte ihnen, daß für die kommenden sechs Monate in den Wochenberichten detaillierte Verkaufszahlen für jeden Verkäufer bekanntgegeben werden. Ebenfalls die Verkaufskosten und die Relation Verkaufskosten zu Umsätzen. Die Kosten wurden aufgeschlüsselt, damit auch der Verkäufer, der zuviel mit dem Auto fährt, erkennt, wie er Unternehmensgelder und Zeit verschwendet. Und der Prospektstreuer würde erkennen, wieviel Geld seine Angewohnheit das Unternehmen kostet.

Selbst der Verkäufer mit dem dicksten Fell, wenn er weiß, daß seine Kosten zu hoch sind, wird in Erwägung ziehen, daß seine Tage im Unternehmen gezählt sein könnten, wenn er nichts unternimmt.

Zu viele Unternehmen scheinen Angst zu haben, den Mitarbeitern ihrer Abteilungen die exakten Kosten zu nennen, die jeder einzelne verursacht, indem er seine Pflichten nicht erfüllt."

„Gut gemacht!" Brennan lobte Strong. „Es liegt etwas außerhalb der gewöhnlichen Abteilungsleiterprobleme, aber es ist ein gutes Lehrbeispiel. Ich stimme zu, viel zu viele Abteilungsleiter halten Gewinne oder Kosten geheim. Sie sollten es nicht tun."

Zu diesem Zeitpunkt war für Brennan klar, daß Harvey Strong nicht zu den möglichen Abtrünnigen gehörte.

„Nun zu dir, Laurie."

Wallace wollte seine Kollegen beeindrucken und hatte sorgfältig eine ausgezeichnete Formel für Problemlösungen ausgearbeitet. Er begann: „Wir Abteilungsleiter – ich schätze, wir werden als Führungskräfte der mittleren Ebene bezeichnet – beschäftigen uns wahrscheinlich pro Tag mit mehr Problemen als der Vorstand in einem ganzen Monat. Der Vorstand kümmert sich um große, aber gelegentliche Probleme – das Problem von Verlusten in Übersee, das Problem einer möglichen Verschmelzung, das Problem unzufriedener Aktionäre, das Investitionsproblem, das Strategieproblem –, wir aber haben tagtägliche Probleme, die, wenn wir sie nicht sofort anpacken, sich in große Probleme verwandeln können, die dann auf Vorstandsebene gelöst werden müssen. Der reibungslose Ablauf in einem Unternehmen hängt deshalb stark von uns ab – von der mittleren Führungsebene.

Abteilungsleiter für bestimmte Aufgaben haben Probleme, die mit diesen Aufgaben verknüpft sind – dies bezeugen die ausgezeichneten Beiträge unserer Freunde Harvey und Mike. Ein Hauptabteilungsleiter – und niemand hat eine passende Stellenbeschreibung für einen Hauptabteilungsleiter – hat es überwiegend mit Menschen zu tun.

Es gibt ungeschickte Menschen, und ihre Ungeschicklichkeit verursacht Probleme. Es gibt Menschen, die immer glauben, im Recht zu sein, und auch sie verursachen Probleme. Es gibt Menschen, die sich ständig beschweren. Menschen bekommen Magengeschwüre, weil sie sich nicht beschweren. Menschen stechen dir ein Messer in den Rücken und lächeln dir dabei ins Gesicht – das ist wahrscheinlich unmöglich, aber ihr versteht sicher, was ich meine. Menschen wollen ihr Büro nicht mit einem anderen teilen. Es gibt Menschen, die überarbeitet sind, Menschen, die unterfordert sind. Sie alle verursachen Probleme. Es gibt Menschen, die zu spät kommen, und andere sagen deshalb: ‚Warum sollen wir rechtzeitig da sein, wenn der immer zu spät kommen darf?‘ – ein anderes Problem. Menschen haben Meinungen über alles, was getan werden sollte, und sie äußern diese Meinungen untereinander, verursachen vielleicht Uneinigkeit und mehr Probleme.

Dies ist unser tägliches Leben. Dies geschieht in Familien, in Dörfern, in Städten... Was tut ein Abteilungsleiter, wenn A darauf besteht, daß er nicht zulassen wird, daß eine bestimmte Maßnahme durchgeführt wird? ‚Nur über meine Leiche!‘ wird er sagen. Was passiert, wenn B glaubt, er sei berechtigt, dies oder jenes zu tun, aber die Unternehmensführung hat gegensätzliche Ansichten?

Ich habe einen idealen Weg gefunden, um die meisten dieser Probleme zu lösen. Er basiert auf der Tatsache, daß wir, wenn wir selbst über etwas nachdenken – wie bereits erwähnt –, wir bereitwillig einem Vorschlag zustimmen, der mit unseren Überlegungen in etwa übereinstimmt. Hingegen gehen wir meistens in Opposition, wenn andere Vorschläge machen. Wir müssen deshalb uns an die ‚magischen Worte‘ erinnern, wie ich sie bezeichne. Die magischen Worte sind:

‚Sie haben neulich erwähnt...‘

‚Ich erinnere mich, daß Sie mir erzählt haben...‘

‚Sie erinnern sich, daß Sie zuerst diese Idee vor einigen Monaten ins Spiel brachten...‘

‚Ich habe sehr sorgfältig über das Thema nachgedacht, das Sie ansprachen...‘

Kleine Lügen? Möglich! Aber kleine Lügen können ausgezeichnet akzeptiert werden. Sie verletzen niemand. Alles, was wir tun, ist, Herrn A oder Herrn B zu sagen, daß sie zuerst daran gedacht haben. Sie werden selten ihre Vergeßlichkeit zugeben. Es ist wieder eine Tatsache, daß wir alle es lieben, wenn unsere

Vorschläge berücksichtigt werden. Ich kann euch versichern, meine Herren, dieses System funktioniert. Ihr braucht es nicht ständig zu tun, nur hin und wieder, wenn jemand ziemlich störrisch ist."

Da schaltete sich Spurling ein: „Von jetzt an glaube ich nicht mehr, daß ich dir jemals etwas vorgeschlagen habe."

Gelächter brach im ganzen Raum aus, und Brennan konnte kaum glauben, daß ein oder zwei Abtrünnige an einer solch erfreulichen Sitzung teilnahmen. Sie diskutierten eine Weile die unterschiedlichen Tragweiten von Problemlösungen. Dann sagte Brennan: „Victor, jetzt bist du an der Reihe."

Und Clayton begann: „Der Hauptproblembereich in vielen Unternehmen ist der Umgang mit Reklamationen, um das Vertrauen des Kunden zu behalten, denn Kunden denken immer, daß sie im Recht sind. Viele Vorstandsmitglieder erfolgreicher Unternehmen besuchen ihre Fabriken, Geschäfte oder Zentralläger regelmäßig und sprechen mit so vielen Angestellten wie möglich – eine ausgezeichnete Art, zwischenmenschliche Beziehungen zu pflegen –, aber sie bekommen niemals ein wahres Bild davon, was hinter der Bühne geschieht. Allerdings ist das auch nicht ihr Ziel. Ihr Ziel ist es, hauptsächlich eine Vertrauensbasis zu schaffen. Die Wahrheit über die Effektivität eines Unternehmens kann manchmal nur durch tiefgreifende Nachforschungen in einem Bereich herausgefunden werden, der schönfärberisch ‚Abteilung für Kundenbeziehungen' genannt wird. In kleineren Unternehmen, wie dem unsrigen, gehen Reklamationen direkt an die verschiedenen Abteilungen, und die Serviceabteilung bekommt die meisten davon. Wenn ein Vorstandsvorsitzender die Abteilung für Kundenbeziehungen besucht, bekommt er nur die ‚Verpackung' zu sehen.

Wenn sich jemand die Mühe macht, direkt an den geschäftsführenden Direktor eines großen Unternehmens zu schreiben, ist es höchst zweifelhaft, ob dieser jemals den Brief zu Gesicht bekommt. Seine Sekretärin gibt ihn an die Abteilung Kundenbeziehungen weiter, und der Vorstandsvorsitzende glaubt, alles sei in Ordnung, obwohl dies notwendigerweise nicht so sein muß.

Laurie, du hast vorher die Geschichte erzählt, wie ein weltberühmtes Unternehmen einen Verkaufsleiter, der absolut unfähig war, beschäftigte. Könnte ein geschäftsführender Direktor auf Reisen dessen Unfähigkeit erkennen, indem er nur mit ihm spricht? Könnte er jemals herausfinden, daß Anfragen nicht korrekt behandelt werden?"

„Zweifelhaft!" antwortete Clayton. „Dennoch haben wir hier eines der wichtigsten Probleme – das Problem, die Kunden zufriedenzustellen, vielleicht kleine Kunden, die eines Tages Großkunden werden, wenn ihr Vertrauen erhalten bleibt.

Ich frage mich, ob jemals ein Vorstandsvorsitzender versucht hat, Dienstleistungen seines eigenen Unternehmens in Anspruch zu nehmen. Wenn er versucht, die Serviceabteilung anzurufen, wird fast mit Sicherheit die Leitung besetzt sein, und er wird drei bis sechs Versuche unternehmen müssen, um durchzukommen. Nennt sich das guter Service? Wie viele frustrierte Kunden haben gesagt: ‚Das ist das letzte Mal, daß ich von denen etwas kaufe'? Liegt es daran, daß die Chefs vom schlechten Service nichts wissen wollen? Neigen sie nicht eher dazu, zu behaupten, daß sie sich um die Kunden kümmern, weil sie glauben, es zu tun, obwohl eine Hierarchiestufe tiefer sich niemand um den Kunden kümmert? Mehr Probleme! In all diesen Sitzungen wird über Qualität gesprochen, Bob, und ich habe entschieden, daß von nun an der Service seine Qualität verbessern muß. In vielen Service-Abteilungen kannst du den Abteilungsleiter sagen hören: ‚Sag ihm, ich bin nicht da.' ‚Sag ihm, daß ich vor zwei Wochen nicht zurück sein werde.' ‚Sag ihm, der Ingenieur ist auf dem Weg.'

Diese Abteilungsleiter haben nicht den Mumm, mit ihren

Kunden zu sprechen. Dennoch ist die Lösung einfach: Alle Mitarbeiter, die mit Reklamationen zu tun haben, müssen trainiert werden und sollten demzufolge auch Auffrischungskurse besuchen, zum Beispiel: ‚Wie überzeuge ich Kunden, die glauben, im Recht zu sein, es aber objektiv nicht sind.‘

In zu vielen Unternehmen sind die falschen Leute in der Lage, dem guten Ruf dieses Unternehmens zu schaden. Meine Bitte an alle Vorstandsvorsitzenden – und wenn ich es so sagen darf, dich, Bob, eingeschlossen –, regelmäßige Überprüfungen der Reklamationsverfahren durchzuführen und regelmäßige Kontrollen zu machen, um sicher zu sein, daß Reklamationen in der geeigneten Art und Weise bearbeitet werden. So werden viele Probleme gelöst.“

Der Beitrag Claytons verursachte eine heftige Diskussion. Insbesondere Laurie Wallace tat sich hervor, denn er meinte, daß er als Hauptabteilungsleiter bereits mit Reklamationen beschäftigt sei. Clayton unterließ es, Wallace zu sagen, daß er einer der Leute war, die sagen würden: ‚Sag ihm, ich bin nicht da.‘

Brennan schaute auf seine Uhr: „Es ist Mittagszeit! Wir werden uns deine Ausführungen nach dem Mittagessen anhören, Richard.“

Als sie vom Mittagstisch zurückkehrten, begann Hemmings: „Wie ich bereits erwähnt habe, sollte ein Buchhalter seine Arbeit niemals in allgemeiner Form diskutieren – dies könnte unerwünschte Auswirkungen haben. Ich will allerdings ein Problem ansprechen, das jedes Unternehmen, unabhängig von seiner Größe, angeht, das Spesenkonto. Es ist ein Problem, denn gerät das Spesenkonto erst einmal außer Kontrolle, scheint niemand die Charakterstärke zu haben, es wieder unter Kontrolle zu bekommen. Alle, die Spesen erhalten, sehen sie nicht als Rückzahlung für vorgelegtes Geld an, sondern eher als einen zusätzlichen Nebenverdienst. Ich kann dies nicht als eine moralische Denkweise betrachten. Für mich gibt es immer Rahmenbedingungen für Ausgaben, die nicht überschritten werden dürfen. Wenn sie überschritten werden, gibt es immer Probleme, insbesondere wenn Mitarbeiter der Ansicht sind, daß sie sich besonders stark zum Vorteil des Unternehmens einsetzen, und nicht einsehen wollen, warum sie kritisiert werden, weil sie unnötigerweise Geld ausgeben.

Es ist meine Pflicht, den betreffenden Abteilungsleiter darüber zu informieren, daß in seinem Bereich das Spesenbudget überschritten wird. Von diesem Vorfall erfährt der geschäftsführende Direktor selten. Warum sollte er? Er soll mit diesen Alltagsproblemen nicht belästigt werden. Es ist Aufgabe des Abteilungsleiters, die Dinge in Ordnung zu bringen. Leider sind die Abteilungsleiter des öfteren die schlimmsten Missetäter selbst, und deshalb können sie kaum ihre Mitarbeiter kritisieren, da sie sich ähnlich verhalten. Aber kein geschäftsführender Direktor, wenn es ihm zu Ohren kommt, wird jemals durch Manipulation der Spesenangaben in die Irre geführt, genausowenig wie ein guter Buchhalter. Wir alle kennen denjenigen, der versucht, seinen Urlaub mit einer Geschäftsreise nach Übersee zu verbinden. Wen glaubt er täuschen zu können? Aber natürlich gibt es keinen Beweis, daß er in Wirklichkeit Urlaub auf Kosten des Unternehmens gemacht hat.

Sollte etwas dagegen unternommen werden? Ganz sicher! Wenn nicht, werden andere das gleiche tun.

In vielen Organisationen ist es für manche Verkäufer ein üblicher Nebenverdienst, jedes Familienmitglied Benzin auf Firmenkosten tanken zu lassen. Jeder weiß, wie es gemacht wird, und kein Abteilungsleiter sollte sich täuschen lassen. Werden Berichte aufbewahrt, die dann geprüft werden, kommt es schnell ans Tageslicht, daß Geld für eine Menge unnötiger Kilometer gefordert wurde.

Ich will nicht weiter ins Detail gehen, aber diese Dinge sind weit verbreitet, und die Antwort ist einfach: Sobald jemand eingestellt wird, muß eindeutig darauf hingewiesen werden, daß die Spesenangaben ständig kontrolliert werden. Jeder muß wissen, daß Spesenabrechnungen sehr sorgfältig geprüft werden. Denkt daran: Erst der kleine Finger, dann die ganze Hand. Wenn große Spesenabrechnungen gemacht und geduldet werden, ist es immer die Schuld des Abteilungsleiters. Und wenn das gleiche auf Abteilungsleiter zutrifft, dann trägt immer der geschäftsführende Direktor die Schuld.

Wenn wir Qualität in einer Organisation wollen, sollte das Einkommen hoch sein – damit niemand Nebenverdienste braucht. Wenn ein Abteilungsleiter Angst hat, seine Mitarbeiter wegen einer Kritik an der Spesenabrechnung zu verärgern, sollte er als Abteilungsleiter abtreten."

Hemmings hörte auf zu reden, und Brennan klatschte in die Hände, obwohl niemand sonst es tat.

Möglicherweise fühlten sie sich alle ein bißchen schuldig, dachte Brennan, aber er sagte: „Ich werde hierzu keinen Kommentar abgeben – es ist ein guter Beitrag über ein Thema, das selten angesprochen wird." Dann fuhr er fort: „Und nun möchte ich eine Schlußbemerkung machen.

So viele Probleme auf der mittleren Führungsebene werden nicht gelöst, weil die Beteiligten an den Führungsstil des ‚Nur-nicht-Hinsehens' glauben. Ein offensichtliches Beispiel, wie wir es alle gelegentlich kennengelernt haben, ist, wenn ein Menü in einem Restaurant gegenüber dem Kellner reklamiert wird und der Restaurantleiter sofort in die Küche verschwindet. Führen durch ‚Wegsehen' ist weit verbreitet, aber damit werden keine Probleme gelöst. Laßt uns einig sein, daß wir als qualifizierte Führungskräfte sofort reagieren, wenn ein Problem entstanden ist. Wir müssen durch Beispiel führen."

Tee wurde vom Steward gebracht. Während die anderen tranken, sagte Brennan: „Wir könnten heute abend früher Schluß machen, wenn Harvey uns nicht zu lange in der letzten Sitzung festhält."

„Ist das ein Befehl?" fragte Strong.

20 Ein Zwischenspiel

Brennan hatte sich mit Vivienne um 16 Uhr verabredet. Er brauchte jemand zum Reden, und Vivienne war ein wundervoller Zuhörer. Als er die Kabine betrat, saß Vivienne in einem Sessel und las ein Unterhaltungsmagazin. Sie begann sofort zu reden: „Ich hoffe, daß du nicht so spät aufhörst, denn wir müssen um 19.15 Uhr auf der Party sein."

„Was für eine Party?" fragte Brennan erstaunt.

Vivienne erklärte es ihm. Alles war so schnell gegangen, und Brennan hatte ganz vergessen, daß sie und das Team am Abend zu einem Cocktail in der Kapitänskajüte eingeladen waren.

Brennan sagte: „Ich hatte es vergessen, aber alles ist unter Kontrolle. Ich bat Harvey, die letzte Sitzung nicht zu lang auszudehnen. Wir müßten gegen 18 Uhr fertig sein, und das bedeutet ausreichend Zeit zum Entspannen und zum Umziehen."

„Wie ist es dir gelungen, die Sitzung durchzustehen", fragte Vivienne, „ohne sie merken zu lassen, daß du nicht, wie gewöhnlich, gut gestimmt bist?"

„Es ist mir gelungen. Außerdem sind Harvey und Richard aus dem Kreis der Verdächtigen ausgeschieden. Also bleiben Laurie, Mike und Victor, und von den dreien muß es meiner Meinung nach Mike sein. Er ist der einzige, den Mark Cornell haben möchte. Aber ich werde es bis morgen abend wissen, also machen wir uns keine Sorgen, Viv."

„Aber du machst dir Sorgen, Bob."

„Nein, überhaupt nicht. Ich habe dir bereits gesagt, daß Probleme zu lösen keine Sorgen bereitet. Sorgen macht man sich, wenn die Aufgabe jenseits deiner Möglichkeiten liegt und du niemandem dein Problem anvertrauen kannst und niemanden hast, der für dich den Knoten durchschneidet. Ich löse ein Problem und mache mir keine Sorgen. Was hast du für Neuigkeiten?"

„Penny ist gefallen und hat sich den Knöchel verletzt. Sie ging zum Doktor, der sie offenbar so sehr beeindruckt hat, daß sie seine Diagnose in den Wind schlug und behauptete, die Verletzung sei viel schlimmer und kalte Umschläge würden keinesfalls genügen. So schaffte sie es, daß der Doktor ihr für heute abend einen neuen Termin geben mußte. Hättest du so etwas von Penny gedacht?"

„Warum nicht? Ich wäre nicht überrascht, wenn wir als nächstes hören, daß Tina ebenfalls zum Doktor muß."

„Ich zweifle daran! Übrigens, Tina hat den Scrabble-Wettbewerb gewonnen. Mary beschäftigt sich mit Astronomie und nimmt an Vorlesungen teil. Von Pat oder Dorothy habe ich nichts gehört und gesehen." Dann wechselte sie das Thema und fragte: „Was wirst du tun, wenn du den Maulwurf kennst?"

„Nichts, solange wir noch auf der QE2 sind. Ich werde sie alle überraschen, wenn wir uns am Montag treffen."

21 Jeder Vorgesetzte ist ein Verkaufsleiter

Brennan eröffnete die letzte Sitzung mit den Worten: „Bei unserer ersten Sitzung in London – es scheinen Jahre dazwischenzuliegen, nicht wahr? – habe ich euch erklärt, daß wir unsere Wettbewerber in Stücke zerreißen werden, weil wir die besseren Führungskräfte sind, weil wir qualitätsbesessen sind – und ebenso wichtig –, weil wir sie im Verkauf übertrumpfen werden.

Weshalb bin ich vom Sieg so überzeugt? Weil weltweit verkäuferisches Verhalten überwiegend schlecht oder durchschnittlich praktiziert wird. Ausnahmen sind die Unternehmen, deren Vorstandsvorsitzende wissen, daß Aufträge hereinkommen, wenn sie hochkarätige und respektierte Verkäufer beschäftigen. Dies tritt sogar auch ein, obwohl nicht alle Wettbewerbsvoraussetzungen gleich sind. Ihre Mitbewerber geben so viel wie möglich für Werbung aus; ihre Mitbewerber geben so viel wie möglich für Promotion aus. Aufträge werden gemacht, obwohl die Technologien der Mitbewerber mindestens so gut wie die eigenen sind.

Die meisten Vorstandsvorsitzenden sind Verwaltungsleute, Ingenieure, Wissenschaftler, Bankiers – selten Marketingleute. Ein Vorstandsvorsitzender, der nicht verkaufsorientiert denkt, kann natürlich eine hervorragende Führungskraft sein, aber unglücklicherweise glauben immer noch einige, daß die Kunden vor ihrer Türe Schlange stehen, wenn ihr Produkt einen technischen oder einen Preisvorteil bietet. Aber die Kunden tun es nicht! Abhängig von der Größe und dem Reichtum halten diese Unternehmen gewöhnlich ihren Marktanteil. Aber das ist alles. Ein geschäftsführender Direktor, der sich mit dem Halten eines Marktanteils zufriedengibt, sollte sich pensionieren lassen. Sie glauben nur, sie seien effizienter als ihre Mitbewerber, brillante Führungskräfte aber wollen mehr als den zugewiesenen Anteil.

Wir müssen gewinnen, wenn jeder unserer Führungskräfte ein Teilzeit-Verkaufsleiter wird. Was meine ich damit? Wer ist daran schuld, wenn eine Anfrage nicht sofort beantwortet wird? Die Führungskraft. Wer ist daran schuld, wenn niemand überprüft, wenn eine Anfrage an einen Verkäufer geschickt wird, ob dieser Verkäufer beim Kunden nachgefaßt hat? Die Führungskraft.

Wer ist daran schuld, wenn ein guter Kunde durch einen irrtümlichen Mahnbrief verärgert ist? Die Führungskraft. Wer ist schuld daran, wenn ein Verkäufer entmutigt wird, weil sein Provisionsscheck zu spät kommt oder unzulässige Abzüge vorgenommen wurden? Die Führungskraft.

Wer ist schuld daran, wenn ein Verkäufer schlecht verkauft, weil er einen ernsthaften schriftlichen Verweis bekommen hat, obwohl ein freundliches Telefonat die Streitfrage gelöst hätte? Die Führungskraft.

Wer ist daran schuld, wenn eine Telefonistin, ein Buchhalter oder ein Assistent nicht weiß, wie man sich korrekt am Telefon verhält? Die Führungskraft.

Ich hoffe jetzt, daß ihr meine Bemerkung verstanden habt, daß alle Führungskräfte Teilzeit-Verkaufsleiter sind. Abteilungsleiter in allen Bereichen können oft einen Auftrag machen oder verhindern. Es gibt einige Führungskräfte, die nicht nur einem Verkäufer nicht helfen, sondern ihn oft sogar behindern.

Warum? Weil Verkäufer nicht beliebt sind, wenn sie nörgeln, beharrlich sind und Forderungen stellen, weil sie glauben, im Recht zu sein. Unter diesem Verhalten leiden Führungskräfte, die keine Vorstellung haben, was Verkaufen beinhaltet. Sie bemerken nicht, daß, wenn ein Verkäufer nicht nörgelt, beharrlich ist, Forderungen stellt – weil er glaubt, recht zu haben –, er niemals ein guter Verkäufer wäre.

Noch ein weiterer Punkt: Techniker werden von technischen Abteilungsleitern zum Kunden geschickt und glauben, dieser mögliche Kunde möchte nur technische Daten hören. Diese Abteilungsleiter vergessen, weil sie vom Verkaufen nichts verstehen, daß alle Kunden hören wollen, welchen Nutzen ihnen die technischen Fakten bringen.

Wiederum, wer ist schuld? Warum hat der technische Leiter keine Ahnung vom Verkaufen ..."

„Hör auf", unterbrach Strong, „du beackerst mein Gebiet. Du hast mir gesagt, daß deine Einleitung sich darauf beschränkt, wie jeder Abteilungsleiter den Verkauf beeinflussen kann. Jetzt bist du dabei, ans ‚Eingemachte' im Verkauf zu gehen."

Brennan lachte: „Du hast recht, Harvey, tut mir leid! Du hast jetzt das Wort."

Strong stand auf: „Ich denke immer klarer, wenn ich stehe."

„Du meinst, es verhilft dir zu mehr Autorität", lachte Wallace.

„Das auch!" erwiderte Strong und fuhr schnell fort: „Bob hat erklärt, daß ein Unternehmen nur verkaufsorientiert ist, wenn alle Führungskräfte erkennen, daß ihre Arbeitsplätze, genauso wie die Arbeitsplätze aller Beschäftigten, so sehr davon abhängen, ob sich die Produkte im Markt verkaufen lassen oder nicht. Sehr oft machen Unternehmen Konkurs, weil niemand auf den Verkäufer hörte: Er wird als Dummkopf angesehen, wenn er darauf besteht, etwas sei mit dem Produkt oder der Serviceleistung nicht in Ordnung. Aber der Verkäufer weiß, wann ein Produkt die falsche Form, Größe oder Farbe hat. Auch wenn der

Verkäufer anprangert, was geschieht? Niemand gibt ihm recht. Der geschäftsführende Direktor sagt möglicherweise zum Verkaufsleiter: ‚Er soll seinen Hintern bewegen und verkaufen gehen.‘

Die meisten Direktoren sind auf der Seite ihres Innendienstes, da dieser Innendienst ihnen nur die eine Seite der Medaille präsentieren kann. In jedem Fall liebt kein geschäftsführender Direktor den Gedanken, mit ‚seinem Unternehmen‘ oder mit ‚seinem Produkt‘ könnte etwas falsch sein.

Um zu wiederholen, was bereits gesagt wurde: Was nutzt es dem Chefkoch, der sein Essen für vorzüglich hält, wenn der Gast den Kellner bezichtigt, ihm Schuhleder mit Kaugummisauce zu servieren? Nur der Kellner kennt die Wahrheit, weil er sie vom Gast zu hören bekommt.“

Strong schaute jeden der Abteilungsleiter der Reihe nach an, als ob sie schuldig wären, und sagte: „Wenn ihr verkauft, dann lernt ihr die Wahrheit kennen, nicht wahr?“

„Aber wir verkaufen nicht“, widersprach ihm Spurling.

„Natürlich verkauft ihr!“ antwortete Strong. „Was ist der Hauptzweck eines Kundenbesuches für den Verkäufer? Sicherlich den Gesprächspartner zu beeinflussen – verbunden natürlich damit, die Kundenwünsche zu erfüllen. Mike, du bist Mitglied des örtlichen Komitees der Konservativen Partei, und bei der letzten Wahl hast du Stimmen für deine Kandidaten geworben. Wenn du jemand besuchst, von dem dir erzählt wurde, daß er ein treuer Konservativer ist, wirst du ihn nicht beeinflussen wollen, sondern ihm die Hände schütteln und auf Wiedersehen sagen. Wenn du bei dem nächsten Besuch auf jemanden triffst, der die Sozialdemokraten oder die Arbeiterpartei unterstützt, dann wirst du es sofort zu hören bekommen. Du kannst entweder weggehen – und du würdest nicht viel von einem Verkäufer halten, der weggeht, weil der Kunde einwendet, nicht kaufen zu wollen –, oder du könntest bleiben und versuchen, die Meinung des

Wählers zu beeinflussen. Du tust es, indem du die vorgetragenen Einwände beantwortest und dann alle Nutzenvorteile für die örtliche Gemeinde und für das Land herausstellst, wenn die Konservativen an der Macht wären. Nun, Mike, das ist zu achtzig Prozent Verkaufen. Du siehst nun, daß auch du ein Verkäufer bist, weil du gelegentlich versuchst, Meinungen zu beeinflussen."

Spurling lächelte, aber er widersprach der Feststellung Harveys nicht.

Strong wandte sich an Clayton: „Und du, Victor, hast uns erzählt, als du dein neues Haus gekauft hast, daß du zur Bank wegen eines persönlichen Kredites gegangen bist. Wie bist du vorgegangen?

Zuerst – ich kenne dich ja – hast du diese Angelegenheit peinlich genau vorbereitet, und das sind wahrscheinlich zehn Prozent des Verkaufens. Dann hast du vor dem Gespräch im Kopf die Reihenfolge wiederholt, in der du deine Vorschläge unterbreiten wirst.

Du hast uns erzählt, daß der Bankdirektor einen zu hohen Zinssatz gefordert hat. Dann hast du versucht, ihn dahingehend zu beeinflussen, dir bessere Bedingungen einzuräumen.

Deshalb, Victor, mußt zu zustimmen, daß es viele Gelegenheiten gibt, wo auch du ein Verkäufer bist und dein Bestes gibst, um ‚Meinungen zu beeinflussen'.

Warum schätzen so viele Menschen das Verkaufen dann so gering ein, obwohl sie einen Großteil ihrer Zeit damit verbringen, anderen ihre Ideen zu verkaufen. Der Grund: Sie bilden sich ein falsches Urteil, weil sie im Fernsehen ‚Verkäufer in Aktion' sehen oder über unehrenhafte Verkäufer in Zeitungen und Büchern gelesen haben.

Deshalb laßt mich zu eurem besseren Verständnis über Verkaufen sprechen, weil, wie Bob sagte, eure zukünftige Beteiligung an den Verkaufsbemühungen für unseren Erfolg wesentlich ist.

Zuerst kann die Arbeit eines Verkäufers ständig beurteilt werden. Wenn bestimmte Forderungen nicht erfüllt werden, droht dem Verkäufer die Entlassung. Dies trifft kaum auf eine andere Arbeit im Geschäftsleben zu. Bei einem Büroangestellten mag es Jahre dauern, bis allgemein bekannt wird, wenn überhaupt, daß er unfähig ist. Es gibt so viele Möglichkeiten, in einem Büro oder in einer Fabrik seine Unfähigkeit zu verbergen. Aber es gibt keine Möglichkeit für den Verkäufer. Nirgendwo kann er sich verstecken.

Im Verkaufsbereich lebt jeder nur von den Verkaufsergebnissen, und diese Ergebnisse werden bis zur Vorstandsebene genau geprüft! Kein Verkäufer kann andere über seine Brillanz täuschen. Verkaufszahlen zeigen alles!

Obwohl im Leben unverrückbar feststeht, daß wir Menschen nicht mögen, die uns langweilen, daß wir uns an der Kleidung und den Manieren anderer stören und wenig Zeit haben für diejenigen, die uns ständig ihre Sorgen erzählen, müssen wir dennoch mit diesen Menschen, möglicherweise mit unseren Partnern, zurechtkommen, so gut wir können. Aber Kunden können sich anders verhalten. Sie brauchen keine Gesprächstermine zu geben, keine Zeit zu verschwenden, keine Aufträge denen zu geben, die sie langweilen oder deprimieren.

Deshalb leiden Verkäufer an Kopfschmerzen, Erkältungen, Nachwirkungen von Familienstreitigkeiten, steigendem Blutdruck, weil sie keinen Parkplatz finden usw., und dennoch müssen sie beim Kunden aufgeschlossen sein und begeistern.

Wenn die Unternehmensführung Verständnis für die Verkäufer draußen hätte, gäbe es mehr Kooperation und Freundlichkeit – und mehr Bereitschaft zu helfen, obwohl ein Verkäufer gelegentlich taktlos ist oder die Beherrschung verliert."

Wallace schaltete sich ein: „So schlecht sind wir auch wieder nicht!"

„Ich meine nicht dich, Laurie, ich meine es allgemein."

Wallace sagte: „Danke Harvey. Ich freue mich, daß du zugibst, daß einige deiner Hochdruckverkäufer mehr als schwierig sein können, und wir alle haben einen Punkt, wo die Geduld aufhört."

Strong antwortete: „Wir haben keine sogenannten Hochdruckverkäufer. Wenn wir die hätten, würden die nicht verkaufen, auch wenn wir fünfzig Prozent Nachlaß gäben. Professionelle Einkäufer verwahren sich strengstens dagegen, unter Druck gesetzt zu werden."

Dieses Mal unterbrach Hemmings: „Ich sah kürzlich eine Fernsehaufzeichnung über einen armen alten Teufel, der von einem Verkäufer dazu gebracht wurde, Aktien zu kaufen, die er nicht wollte, und schließlich Geld verlor."

„Richard, auf dieses Stichwort habe ich gewartet! Es gibt überall schwarze Schafe – zwielichtige Anwälte, Ärzte, die mit Drogen handeln, unehrenhafte Kirchenmänner, bestechliche Politiker – aber sie alle sind eine winzige Minderheit. Es gibt keine Nachrichten über die neunundneunzig Prozent der Kirchenmänner, die jede Woche ihr Bestes tun, damit wir ein besseres Leben führen; und sicherlich gibt es keine Nachrichten über die Anwälte, die ehrlich ihre Klienten nach bestem Wissen beraten.

Wenn ein Verkäufer im Fernsehen gezeigt würde, wie er seiner täglichen Arbeit sorgsam nachgeht mit dem Ziel, die Wünsche seiner Kunden zu erfüllen, dann würden die Fernseher abgeschaltet werden. Hochdruckverkaufen, das bedeutet, daß Menschen zum Kaufen gezwungen werden, und dies trifft nur auf wenige Verkäufer zu, die diese Techniken beim Verkaufen an der Haustür anwenden. Diese Techniken sind auf professionelle Einkäufer nicht anwendbar. Habe ich dem Hochdruckverkäufer den Garaus gemacht?"

„Ja", sagte Spurling mit einem Lächeln. „Aber nur, weil die Zeit für einen abendlichen Trunk nahe ist. Aber Scherz beiseite, sofern es mich betrifft, hast du überzeugt."

Auch Hemmings bestätigte: „Das trifft auch für mich zu. Offensichtlich habe ich mir nicht genügend Gedanken über die Verkaufsseite im Geschäftsleben gemacht."

„Du bist entschuldigt", antwortete Strong. „Ich habe mir auch nicht viel Gedanken über die finanzielle Seite gemacht, aber ich beabsichtige, es in Zukunft zu tun."

Spurling sagte: „Zu einem Punkt habe ich noch eine Frage. Du hast dargestellt, daß im allgemeinen das verkäuferische Verhalten vielleicht nicht so gut ist, wie es sein könnte. Wie steht es mit deiner Mannschaft? Schätzt du sie gut, schlecht oder mittelmäßig ein?"

„Sie sind gut, verdammt gut! Sie beweisen, auch wenn die Verkaufssituationen ungleich sind, daß der brillante Verkäufer sehr oft den schlechten Verkäufer aussticht, trotz eventueller Nachteile – sagen wir – im Preis oder Design. Allerdings gibt es zwei oder drei in der Mannschaft, die bessere Leistungen bringen müssen, wenn sie bei uns bleiben wollen. Die von Bob vorgeschlagenen Änderungen, sich auf bestimmte Verkaufsbezirke zu konzentrieren, werden dem Top-Verkäufer überhaupt keine Sorgen machen. Wir haben immer noch ein verdammt gutes Produkt – das beste auf dem Markt meiner Ansicht nach. Unsere Probleme rühren alle von den Extras her, die schiefgingen."

Bob freute sich sehr über den Verlauf der Sitzung. Er konnte fühlen, wie er die Abteilungsleiter auf seine Seite zog.

Da stellte Wallace noch eine Frage: „Welche Rolle spielt das Marketing? Du hast nur einen Aspekt des Marketing angesprochen: das Verkaufen. Mir scheint, daß dies in deinen Augen der allüberragende Faktor ist."

„Nein, diesen Anspruch stelle ich nicht. Nur, daß dies ein sehr bedeutsamer Faktor für ein erfolgreiches Unternehmen ist und diesem Faktor manchmal nicht der richtige Platz in der Marketing-Planung zugewiesen wird. Bob weiß, daß unsere Marketingstrategien ebenfalls überdacht werden müssen. Verkäufer können nicht gewinnen, wenn sie isoliert sind. Marketing deckt die Bereiche Werbung, Promotion, Preispolitik, Strategien ab, und ich habe nicht in Anspruch genommen, daß ein Verkäufer ohne diese Rückendeckung überleben kann; genausowenig können alle Marketingweisheiten dieser Welt das eigentliche Kampffeld der Verkäufer und Käufer einnehmen."

Wallace fragte nach: „Wenn du recht hast, warum wird den Verkaufsanstrengungen nicht mehr Beachtung geschenkt? Trotz alledem haben wir einige hochqualifizierte, professionelle Marketingspezialisten in unserem Land."

„Eine gute Frage! Ich glaube, dieses Problem entstand, als die wahre Bedeutung des Marketing vor einigen Jahren erkannt wurde und die Verkaufsleiter Marketingleiter wurden – es hat sich nur der Titel geändert. Dieser Marketingleiter selbst beförderte damals jemanden aus dem Büro oder einen Bezirksleiter, um seine Position als Verkaufsleiter zu übernehmen. Dies führte zu einer Abwertung der Verkaufsführung. Dieser Vorgang wird von den neuen professionellen Marketingspezialisten wieder rückgängig gemacht.

Du hast mich gefragt, warum einige Unternehmen dem Verkauf keine Priorität einräumen. Der Grund liegt wahrscheinlich darin, daß es eine Zeitlang dauert, die Verkaufsführung wieder aufzuwerten und sie organisatorisch wieder direkt unterhalb der Vorstandsebene anzusiedeln."

Strong schaute auf seine Uhr. „Ich glaube, keine weiteren Erläuterungen geben zu müssen. Ich habe nur versucht, euch zu überzeugen, daß alle Führungskräfte verkaufsorientiert denken müssen, wenn die Verkäufer Rückendeckung bekommen sollen, um höhere Umsätze machen zu können."

Bob lobte Strong: „Gut gemacht, Harvey. Du hast einen hervorragenden Vortrag gehalten. Ich möchte dir versichern, daß es mein Ziel ist, das verkaufsorientierteste Unternehmen auf dem Kopierermarkt zu werden."

Es gab Applaus für Strong. Dann sagte Brennan: „Morgen

wird in der letzten Sitzung das Thema ‚Delegation', danach das Thema ‚Motivation' behandelt werden.

Ich habe bereits mit Laurie über den Abschnitt Delegation diskutiert. Er hat eine Studie über dieses Thema gemacht und wird die Sitzung eröffnen. Aus Zeitgründen habe ich ihn gebeten, nur die wichtigsten Punkte zu behandeln."

Er machte eine kurze Pause und fuhr dann fort: „Das ist alles für heute. Denkt daran, um 19.15 Uhr müssen wir in der Kapitänskajüte zur Cocktailparty sein. Anschließend gibt es ein Galadinner im Queen's Room. Wie vereinbart, konnte bisher jeder seine eigenen Wege gehen. Ich bin sicher, daß dies dazu beigetragen hat, die Überfahrt für jeden erfreulich zu machen. Die Ehefrauen brauchten nicht die ganze Zeit den geschäftlichen Gesprächen zuzuhören. Aber ich glaube, es wäre schön, wenn wir alle das Ende unserer Sitzungen und das bevorstehende Ende unserer Reise gemeinsam feiern. Brian und Jill Moss werden auch dabeisein. Was haltet ihr davon?"

Jeder stimmte mit ganzem Herzen zu, und die Abteilungsleiter zogen sich zurück.

Brennan dachte, daß alle voll begeistert schienen. Er seufzte tief und folgte ihnen.

22 Motivation

Der vorherige Abend war ein voller Erfolg. Nachdem man sich die Star-Ballett-Schau angesehen hatte, tanzten alle im Lido Night Club und gingen anschließend ins Casino zum Spielen.

Im Schlafzimmer, kurz nach zwei Uhr nachts, hatte Bob zu Vivienne gesagt: „Es war ein wundervoller gemeinsamer Abend, nicht wahr? Für mich bleibt es das größte Geheimnis, wer unter ihnen sein Spiel treibt."

Um neun Uhr morgens freuten sich alle Abteilungsleiter, die alle, mit einer Ausnahme, leicht gerötete Augen hatten, auf den Nachmittagsschlaf, bevor gepackt werden mußte. Das Gepäck mußte um sechs Uhr zum Einsammeln bereitstehen. Die Ausnahme der rotäugigen Brigade war Laurie Wallace. Er sah schmuck, gepflegt und munter wie immer aus, als ob er am vorherigen Abend nur Perrier-Wasser getrunken hätte. Jeder war der Ansicht, daß er am meisten vertragen konnte.

Es gab keine einführenden Worte von Bob, und Wallace begann: „Meine Freunde, dies ist meine letzte Chance, euch in Verzückung zu versetzen."

Dies führte sofort zu einer Reihe scherzhafter Bemerkungen.

„Ich werde noch einmal von vorne beginnen", sagte Wallace. „Ich beabsichtige, euch in Verzückung zu versetzen durch meine

Ausarbeitung über die Kunst zu delegieren. Bob aber hat nach der gestrigen Nacht entschieden, daß ich mich noch kürzer fasse, als ich es ursprünglich vorhatte. Bob sagte zu mir in Kurzform: ‚Gib ihnen die Fakten!‘ So soll es sein! Zunächst muß ich betonen, daß Delegation die stärkste aller Motivationswaffen ist. Sogar die ‚Immer-dagegen-Leute‘ ändern sich zum Besseren, wenn eine Führungskraft fragt, ob sie eine spezielle Aufgabe übernehmen wollen. Delegieren heißt dann Verantwortung übertragen, und Verantwortung motiviert Mitarbeiter, ihr Bestes zu geben. Dies sind die Hauptgründe für das Delegieren:

1. Die Führungskraft spart Zeit ein und kann sich auf wichtigere Aufgaben konzentrieren.
2. Die Führungskraft gewinnt Zeit zum ‚Nachdenken‘, statt zu ‚agieren‘.
3. Wie kann jemand besser die Fähigkeiten eines Mitarbeiters beurteilen, als ihm Aufgaben zur Erledigung zu übertragen.
4. Es selbst zu tun ist der beste Weg, zu lernen und zu üben. Deshalb werden Mitarbeiter durch ‚Delegieren‘ trainiert, um ihre Fähigkeiten und ihr Können zu verbessern.
5. Mitarbeiter bekommen das Gefühl, daß sie dazu beitragen, Führungsaufgaben zu erfüllen.
6. Das Ego der Mitarbeiter wird gestärkt, und wir alle brauchen gelegentlich eine Ego-Stärkung.
7. Wird eine Führungskraft befördert, wird sie schneller den Namen des Nachfolgers benennen können, weil sie bereits verschiedene Aufgaben an ihn delegiert hatte.

Wallace machte eine Pause und wandte sich an Brennan: „Ist das kurz genug, Bob?“

„Nein“, sagte Bob mit einem Lächeln. „Du kannst alles noch mehr abkürzen.“

„Sehr gut! Nun zu den Delegationsregeln:

1. Fange an, einfache Aufgaben zu delegieren.
2. Delegiere nicht an empfindsame Menschen, für die sogar die einfachste Aufgabe Streß bedeutet.
3. Laßt nicht zu, daß Aufgaben weiterdelegiert werden ohne eure Erlaubnis.
4. Erklärt immer vollständig den Zweck der Aufgabenstellung, und nennt nicht nur die Zielsetzung, sondern, wenn möglich, welchen Nutzen diese Zielsetzung für den Mitarbeiter, für den Abteilungsleiter, für das Unternehmen hat.
5. Erklärt immer den Umfang seiner Entscheidungsbefugnisse, sonst können Konflikte mit anderen entstehen.
6. Auch wenn Entscheidungsbefugnisse zur Aufgabenerfüllung übertragen wurden, sollte die Aufgabendurchführung überwacht werden.
7. Wenn die Aufgabe nicht voll zufriedenstellend beendet wurde, kritisiert nicht hart. Versucht eine Lehrstunde daraus zu machen, damit der Mitarbeiter aus seinen Fehlern lernen kann. Ist die Aufgabe zufriedenstellend gelöst, gebt Anerkennung und Lob."

Wallace machte eine Pause, nahm einen Schluck Wasser und bat um Fragen. Da niemand eine Frage stellte, fuhr er fort: „Laßt uns nun einige Aspekte der Delegation überlegen:

1. Möglicherweise führt ein Mitarbeiter eine Aufgabe nicht so gut aus, wie es der Abteilungsleiter selbst kann – am Anfang sowieso nicht. Gibt es irgendwelche Zweifel an den Fähigkeiten des Mitarbeiters, sollte die Führungskraft die Aufgabendurchführung ständig überwachen, so daß sein Rat und seine Führung zum Erfolg des Mitarbeiters führt und er Selbstbewußtsein für die Zukunft aufbaut.
2. Die Führungskraft, die zuviel delegiert, könnte den Bezug zur Praxis verlieren.

3. Nicht jeder ist bereit, Verantwortung zu übernehmen. Die Führungskraft muß dies beachten und deshalb vermeiden, an die falschen Leute zu delegieren, weil er eine ungeliebte Aufgabe loswerden will.
4. Da ein Mitarbeiter nicht so schnell wie die Führungskraft sein kann, muß ein Zeitziel vorgegeben werden, das dem Mitarbeiter ausreichend Zeit zur Erfüllung seiner Aufgabenstellung läßt, und der Mitarbeiter muß dieser Zeitplanung zustimmen.
5. Macht ein Mitarbeiter einen Fehler, kann die Führungskraft zur Verantwortung gezogen werden. Das ist in Ordnung! Allerdings sollte deshalb die Führungskraft nicht aufhören zu delegieren."

Bevor Wallace fortfahren konnte, fragte Strong: „Was werden wir mit unserer Zeit anfangen, wenn wir delegieren und delegieren – und noch weiter delegieren?"

Brennan antwortete, bevor Wallace etwas erwidern konnte: „Mach dir deswegen keine Sorgen, Harvey! Ich werde immer dafür sorgen, daß du niemals Zeit hast, deine Füße auf den Schreibtisch zu legen, um die Rennergebnisse zu studieren."

Übermütige Spötteleien folgten dieser Bemerkung für ein paar Minuten. Dann schrie Wallace: „Ich bitte um Ruhe, Ruhe bitte!"

Als dann Ruhe einkehrte, sprach Wallace weiter: „Wir verschwenden Zeit, und das richtet sich gegen Bobs Anweisung. Laßt uns über einige Grenzen der Delegation nachdenken. Während manche Abteilungsleiter es für richtig halten zu delegieren, denkt ein größerer Teil der Abteilungsleiter, daß Delegieren für die ‚anderen' zutrifft, aber nicht für sie selbst. Warum?

Hier sind einige Gründe:

1. Wenn ein Abteilungsleiter Gedankensprünge liebt – sein Büro aussieht wie ein Buchladen für Bücher aus zweiter Hand, wenn er keine Ahnung von Zeitmanagement hat – wird er niemals ausreichend gut sich selbst organisieren können, um zu delegieren.
2. Wenn ein Abteilungsleiter intolerant, ungeduldig ist – nicht daran glaubt, daß Mitarbeiter so fähig oder so eifrig sind, wie er selbst in jungen Jahren war, dann unterliegt er einer Selbsttäuschung. Er glaubt, nur er könne immer eine Aufgabe schneller und besser als andere erledigen.
3. Ein anderer Abteilungsleiter wird die Ansicht vertreten, möglicherweise wahrheitsgemäß: ‚Ich habe niemand zum Delegieren.' Heutzutage hat eine Abteilung selten zuviel Personal; das könnte dazu führen, daß alle unter Druck stehen. Die Antwort: Training für Zeitmanagement in einer solchen Abteilung. Druck entsteht oft aus Mangel an Verständnis – was Zeitmangel meist beinhaltet. Es trifft genauso auf die Schreibkraft, das Computerbedienungspersonal, auf den Techniker, den Ingenieur oder auf den Kassierer zu.
4. Dies trifft zwar auf niemanden von uns zu, aber wir sollten es uns merken. Wenn ein Abteilungsleiter sich unsicher fühlt, wird er nicht zum Delegieren neigen. Die Fähigkeiten eines Mitarbeiters könnten in diesem Falle bemerkt werden und ihm Nachteile bringen. Deshalb wird ein unsicherer Abteilungsleiter niemals sehr fähige Mitarbeiter haben – ja, und deren Inkompetenz ist der Grund, warum nicht delegiert wird.
5. Vergeßlichkeit ist eine Grenze für die Delegation. Der emsige Abteilungsleiter wird von seiner Arbeit aufgefressen, und er vergißt seine Pflicht, zu delegieren, sooft es möglich ist.
6. Ein Abteilungsleiter sträubt sich, seine Theorie, daß niemand es besser machen kann als er selbst, auszuprobieren. Das Gegenteil könnte bewiesen werden.

7. Ein Abteilungsleiter möchte den Eindruck eines dynamischen Erfolgsmenschen erwecken. Er ist ständig voll beschäftigt, benutzt das Telefon ununterbrochen, und öfters, als man glaubt, schaltet er außerhalb seines Büros auf ‚engagiert' um. Dieser Abteilungsleiter befindet sich gewöhnlich auf einem persönlichen Ego-Trip. Seine Delegation ist ein Bluff, mit der Absicht, daß er um Unterstützung gebeten wird. In Wirklichkeit ist er nicht so beschäftigt, wie es den Anschein erweckt."

Wallace dachte einen Moment nach, schaute sich im Raum um und fragte: „Kennt jemand weitere Grenzen der Delegation?"

Niemand gab einen Kommentar ab. Wallace fuhr fort: „Der wichtigste Punkt: Wir alle neigen dazu, die unerfreulichen Aufgaben zu delegieren. Das ist nicht fair! Das sind Aufgaben, die wir Abteilungsleiter selbst übernehmen sollten. Zum Beispiel mit erzürnten Kunden telefonieren, die sich über jemand beschweren, oder den Mitarbeitern gegenüber notwendige Sparmaßnahmen vertreten..."

Spurling unterbrach ihn: „Wie verhält es sich mit diesem Fall? Ein Gruppenleiter wird beauftragt, einem Arbeiter wegen unentschuldigter Abwesenheit oder weil er schlechte Arbeitsgewohnheiten hat einen Verweis zu erteilen. Wenn der Verweis erfolglos bleibt, muß der Gruppenleiter den Missetäter zum Vorgesetzten bringen. Angenommen, der Vorgesetzte erkennt, daß der Missetäter in der Tat die Unternehmensrichtlinien doch befolgt hat? Deckt er den Gruppenleiter trotzdem, oder stellt er sich auf die Seite des Arbeiters aus Gründen der Gerechtigkeit?"

Wallace antwortete: „Mike, du kennst die Antwort genausogut wie ich. Ich vermute, du beziehst dich auf einen bestimmten Vorfall, der dich angeht. Die Schuld liegt beim Vorgesetzten, seinen Gruppenleiter nicht richtig geschult zu haben. Der Gruppenleiter muß wissen, daß der Vorgesetzte keinen Verweis erteilen darf, wenn ein Arbeiter Regeln mißbraucht, sie aber nicht bricht. Zum Beispiel bleibt der Arbeiter seiner Arbeit fern, weil er sich krank meldet. Der Gruppenleiter verdächtigt ihn zu simulieren. Er kann keinen Verweis bekommen, es sei denn, es kann bewiesen werden. Deshalb muß der Vorgesetzte in diesem Fall unglücklicherweise Partei für den Arbeiter ergreifen. Er sollte es aber in einer Art und Weise tun, ohne den Gruppenleiter bloßzustellen. Und dann sollte ein längeres klärendes Gespräch mit dem Gruppenleiter folgen, damit er seinen Vorgesetzten niemals wieder in eine solche schwierige Situation bringt. Einverstanden, Mike?"

„Das ist fair!" bestätigte Spurling mit einem Lächeln.

„Noch ein weiterer Punkt", sagte Wallace. „Vergeßt nicht, wenn eine Aufgabe dringend ist, übertragt diese Aufgabe an jemanden, der ein Gefühl für Dringlichkeit hat. Routinearbeiten sollten denjenigen übertragen werden, die Routinearbeiten vorziehen.

Ihr könnt euch freuen, denn ich komme zu den Schlußbemerkungen: ‚Wie wird delegiert?'

1. Erklärt die Aufgabenstellung genau. Das Ziel der Übung und die tatsächlichen Ergebnisse müssen dem Mitarbeiter genauso bewußt sein wie euch selbst.
2. Stellt klar, welche Einschränkungen beachtet werden müssen und welche Möglichkeiten zur Verfügung stehen. – Endzeitpunkt, Ausgaben, Sicherheitsüberlegungen usw.
3. Bestätigt kurz schriftlich alle Aspekte der Aufgabe, es sei denn, Mißverständnisse oder eine spätere Fehlinterpretation können ausgeschlossen werden.
4. Weist auf die notwendige Schulung, Ratschläge, Unterstützung und Hilfeleistungen hin, die zur Verfügung stehen.
5. Erstellt einen Zeitplan, damit ihr die Fortschritte beurteilen könnt."

Wallace schaute sich um: „Nur keine Angst, meine Herren“, sagte er. „Ich habe meine Hausaufgaben gemacht. In der Kürze liegt die Würze, das ist von nun an mein Motto. Und das war’s. Denkt daran, sicherzustellen, keine Verantwortung zu übertragen, ohne auch die notwendigen Entscheidungsbefugnisse zu geben. Macht niemanden für Maßnahmen verantwortlich, ohne notwendige formale Autorität zu geben, um die Situation zu kontrollieren und zu beeinflussen.

Denkt auch daran, daß Delegieren eine ‚innere Einstellung‘ bedeutet, die sich entwickeln muß. Sagt nicht: ‚Ich werde es selbst tun‘, es sei denn, es handelt sich um eine schwierige Angelegenheit, zum Delegieren ungeeignet. Vermutet im Zweifel lieber, daß ihr delegieren könnt, es sei denn, es handelt sich um eine harte Nuß – kaum zu knacken. Führungskräfte müssen Ergebnisse erzielen, und die meisten Führungskräfte werden nach ihrer Fähigkeit, ihre Mitarbeiter zu motivieren, beurteilt. Wie ich in der Eröffnung meiner Rede feststellte: Delegation ist ein mächtiger Motivator.

Und dies Bob, du wirst mir zustimmen, ist das perfekte Stichwort für deinen Part.“

Wallace strahlte seine Kollegen an und setzte sich.

Brennan schloß sich dem Applaus an und sagte: „Meine Glückwünsche, Laurie, daß du alle Aspekte der Delegation so kurz und bündig behandelt hast. Jetzt werde ich versuchen, dir nachzueifern.“

Er machte eine Pause, um seine Worte wirken zu lassen, und fuhr dann fort: „Wie Laurie richtig ausgeführt hat, ist Delegation einer der stärksten Motivatoren. Dies wurde bereits in unserer Sitzung über Qualitätszirkel betont. In der Tat mag es euch überraschen, aber ich glaube, daß Verantwortung ein ebenso starker Motivator ist wie Vergütungen oder andere Anreize.“

Die Abteilungsleiter stimmten dieser Behauptung nicht zu, obwohl niemand seine Meinung bekanntgab.

„Zu diesem Zeitpunkt“, fuhr Brennan fort, „erwarte ich es von niemanden, mir zu glauben, aber ich werde auf diesen Punkt später zurückkommen. Gebt mir zuerst eure Ansichten bekannt, wie ihr eure Mannschaften motiviert, damit sie versuchen, etwas mehr zu geben. Du zuerst, Mike.“

Spurling sagte: „Das ist eine schwierige Frage. Laß mich sagen, warum.

In fast jeder Arbeitergruppe überall im Land gibt es militante Personen. Ich meine damit nicht notwendigerweise Marxisten, Trotzkisten und die militante Tendenz von Verrückten. Ich beziehe mich ebenfalls auf Männer und Frauen, die ganz einfach aggressiv sind. Dann gibt es Menschen, die einer Führung nicht zutrauen, möglicherweise auch gute Absichten zu verfolgen, was immer die Absichten sein mögen. Es gibt den ‚chronischen Kritiker‘ – er kritisiert alles. Das Licht ist zu hell oder nicht hell genug. Auf jeden Fall tut es seinen Augen nicht gut. Der Tee ist zu stark oder zu schwach. Die Produktionsbänder laufen zu schnell oder zu langsam...

Wenn ihr in Betracht zieht, daß alle Unternehmen einige dieser Militanten und Halb-Militanten beschäftigen, werdet ihr mein Problem, eine Arbeitergruppe zu motivieren, verstehen. Ein Militanter ist immer in der Lage, seine Kollegen weit besser zu motivieren als irgendein Abteilungsleiter. Es braucht kein Hetzen zu sein, er braucht nicht einmal angesehen zu sein, aber wenn er sagt: ‚Die wollen uns was anhaben‘, ‚Schaut euch die Gewinne an, die sie machen‘, ‚Die wollen uns nur dazu bringen...‘, wird er immer ein zustimmendes Nicken bekommen. In neun von zehn Fällen wird zwar nicht gestreikt, aber es macht sich zeitweilig eine Verdrossenheit unter den Arbeitern breit, die zu einem Leistungsabfall führen kann. In unserem Fall geschieht es selten, aber es kommt vor.

Trotz all dieser Probleme ist es meine Aufgabe, die Arbeiter zu motivieren, um die Produktion aufrechtzuerhalten, und gelegentlich müssen alle Hemmschuhe entfernt werden, um den Endtermin einzuhalten.

Wie erreiche ich dieses Ziel?“ Spurling machte eine Pause, und alle schauten ihn erwartungsvoll an.

„Ich habe vor etwa einem Jahr ein Seminar besucht. Es hieß: ‚Situativ Führen‘. Der Referent führte aus, er wolle beweisen, daß unter den heutigen Umständen es einen bestimmten effizienten Führungsstil nicht mehr gibt. Alle Führungskräfte müssen sich den einzelnen Situationen anpassen. Ich glaube, dies trifft auch auf Abteilungsleiter und auf die Motivation zu. Was heute funktioniert, muß morgen nicht auch funktionieren. Deshalb passe ich meinen Motivationsstil entsprechend der Situation an. Manchmal wird Härte benötigt, aber nicht sehr oft. Manchmal bringt ein gemütliches Schwätzchen Erfolg. Manchmal hilft ein Schulterklopfen, manchmal ein Wort von Mann zu Mann, um das Ziel zu erreichen. Ich habe herausgefunden, daß es nur sehr wenige Motivationsfaktoren gibt, die langfristig wirken; aber es gibt sehr viele, die kurzfristig wirken. Dies trifft auf Produktionsanreize zu, aber nicht auf Gehaltserhöhungen. Den Grund nannte Bob bereits. Die Forderung eines Arbeiters wird niemals voll erfüllt, und er ist deshalb niemals wirklich mit der Bezahlung zufrieden. Aber zurück zur situativen Motivation. Sehr oft benutze ich die Information als Motivator. Es ist überraschend, welche Reaktionen Arbeiter zeigen, wenn sie die wahren Exportumsätze erfahren, die Inlandsumsätze, Gewinnspannen... Aber am stärksten motiviere ich, indem ich absolut ehrlich bin und fair zu allen Arbeitern, das ganze Jahr über. Ich belüge sie niemals. Wenn sie eine gerechte Sache vertreten, Richard kennt es, riskiere ich meine Stellung für sie. Ich kritisiere niemals einen Arbeiter im Beisein eines anderen, und dies ist oft eine Schwäche von Führungskräften. Ich glaube, meine Entschlossenheit, fair zu sein, hat eine Bedeutung für den Fall, daß ein Störenfried – welcher Art auch immer – eine Kampagne gegen die Unternehmensführung startet. Die Mehrheit der Arbeiter wird nicht so bereitwillig die Kritik akzeptieren. Wenn die Mehrheit den Abteilungsleiter für fair hält – nicht weil er nur von Zeit zu Zeit gerecht ist, sondern ständig –, dann wird er geachtet sein, und selbst der brillanteste Militante des linken Flügels der Arbeiter wird es schwer haben, seine Position zu unterminieren.

Das ist mein Motivator, der langfristig seine Wirkung tut. Wir können alle möglichen Tricks anwenden, um kurzfristig zu motivieren. Keiner davon hält dem Motivator stand, die Achtung der Arbeiterschaft zu gewinnen."

Es war bereits Praxis zu applaudieren, und ein langer Applaus belohnte den Beitrag Spurlings.

Brennan sagte: „Du bist an der Reihe, Victor."

Clayton begann: „Mein Problem läßt sich mit dem von Mike nicht vergleichen. Mein Problem ist es, Ingenieure zu motivieren, auf ihr Äußeres zu achten, beim Kunden ‚Goodwill' zu schaffen und jede Aufgabe zufriedenstellend und sauber zu erledigen, ohne unmittelbar kontrolliert zu werden.

Mike weiß, was jeden Arbeitstag geschieht. Ich aber kann nicht beobachten, was auf dem Kundengelände passiert. Deshalb benutze ich den Stolz und das Wettbewerbsdenken als Motivationsfaktoren.

Etwa zweimal pro Jahr schicken wir einen Beurteilungsbogen an unsere Kunden, nachdem ein Wartungsbesuch stattfand. Er hat die gleiche Form wie hier auf dem Schiff. Ihr wißt, in jeder Kabine liegt dieser Bogen, um die Meinung der Passagiere zu erfahren – über den Steward, das Essen, Hygiene, allgemeine Dienstleistungen usw. Wir haben verschiedene Kriterien auf unserem Bogen aufgeführt. Die Punktzahl eins bis zehn kann angekreuzt werden, wobei eins schlecht und zehn ausgezeichnet bedeutet. Diese Kriterien sind natürlich äußeres Erscheinungsbild, Ausführung, Fähigkeiten, Sauberkeit usw.

Alle sechs Monate gibt es besondere Belohnungen aufgrund der Auswertung unserer Fragebogen. Aber meiner Ansicht nach sind es in Wirklichkeit nicht die Preise, die motivieren, obwohl auch diese einen kurzfristigen Effekt haben. Die Motivation tritt durch das Wettbewerbsdenken ein. Jeder möchte im Bekanntmachungsblatt für Ingenieure in der Liste der Preisgewinner – wo wir ihre Fotos drucken – abgebildet sein.

Deshalb meine ich, daß der ‚Stolz', eine Lösung gefunden zu haben, plus ‚Wettbewerbsdenken' Ingenieure motivieren, etwas mehr als ihr Bestes zu geben. Und dies ist mein Beitrag."

Wieder gab es Applaus, und Brennan lobte: „Gut gemacht! Bis jetzt kennen wir die Motivationsfaktoren Verantwortung durch Delegation, Situativ-Führen, Ehrlichkeit und Fairneß, Stolz und Wettbewerbsdenken und kurzfristige Anreize. Wir müssen praktizieren, was wir lehren, und behaltet sie im Gedächtnis. Viele Führungskräfte lesen, hören zu und lernen; dann vergessen sie die Grundlagen der Motivation."

Er wandte sich an Hemmings und sagte: „Was hast du zu bieten, Richard?"

„Nichts, fürchte ich. Es tut mir leid, nicht so viel wie die anderen dazu beitragen zu können. Über diese Fragestellung habe ich mir nicht viel Gedanken gemacht. Meine Position unterscheidet sich ziemlich stark."

„Ich glaube nicht", widersprach Brennan. „Aber solange du bereit bist zu lernen, zählt nur das.

Du bleibst noch übrig, Harvey. Ich bin sicher, du erklärst uns, warum Zulagen Verkäufer motivieren, obwohl ich nicht glaube, wie du weißt, daß sie Führungskräfte motivieren."

Strong sagte: „Provisionen oder ein Zulagensystem waren auf Verkäufer immer anwendbar. Sie gehören zur Gruppe der Menschen, wie Bob es bereits erwähnte, die nach Ergebnissen beurteilt werden. Dies ist der Grund. Dazu kommt, daß die Verkäufer ‚einsame Einzelkämpfer' ohne direkte Kontrolle sind. Im

Unterschied zu den Service-Ingenieuren haben die wenigsten eine Aufstellung terminierter Besuche, die gemacht werden müssen. Untersuchungen haben gezeigt, daß der Durchschnittsverkäufer nur sechzig Prozent seiner Arbeitskapazität nutzt – ich beziehe mich auf die Arbeitszeit, nicht auf seine Fähigkeiten –, und dies meistens aus Gründen schlechter Zeitplanung.

Der Durchschnittsverkäufer braucht deshalb ein Zulagensystem, das ihn treibt, härter zu arbeiten.

Die Gründe sind offensichtlich. Der Verkäufer hat keine Stechuhr. Er kann um acht Uhr morgens beginnen oder seinen ersten Besuch um zehn Uhr oder später machen. Er kann seine Kinder am Morgen zur Schule bringen oder jeden Abend früh nach Hause kommen und seine Frau beim Einkaufen begleiten – und viele tun das. Ein Provisionssystem aber motiviert ihn, keine Zeit zu verschwenden. Viele Verkäufer bekommen gewöhnlich kein Gehalt, das gut genug ist, um ihre Bedürfnisse zu befriedigen. Das ist ganz unabhängig davon, wie hoch das Gehalt ist. Der Provisionsanreiz motiviert sie, bessere Zeitplaner zu werden. Seid nicht zu hart zu den Verkäufern. Wie viele Arbeiter würden eine Leistung von sechzig Prozent erreichen, wenn sie nicht auf irgendeine Art und Weise überwacht würden? Soweit es Verkäufer betrifft, wirken alle Motivationsfaktoren: Aufmunterung, Wettbewerb, Beteiligung, Stolz. Aber das wichtigste ist der Provisionsanreiz, der sie dazu bringt, das bißchen mehr aus sich herauszuholen.

Ich glaube, recht zu haben, wenn ich sage, daß niemand von uns härter als bisher arbeiten könnte, obwohl wir möglicherweise unsere Zeitplanung verbessern könnten. Alle Verkäufer aber haben die Möglichkeit, ihre Verkaufsumsätze zu steigern, indem sie ein einfaches Rezept anwenden, nämlich mehr Besuche machen. Die meisten von ihnen machen diese Anstrengungen, wenn die Bezahlung den Anstrengungen entspricht. Und dies ist mein Beitrag.“

In diesem Moment wurde Kaffee gebracht, und es gab eine kurze Pause. Brennan verließ den Raum und eilte schnell ins Zahlmeisterbüro. Dort fragte er, ob alle Rechnungen zur Bezahlung vorbereitet seien.

„Ja", kam die Antwort. „Sie wollten auch alle unterschriebenen Belege, nicht wahr?"

„Ja, aber eine Frage: Wenn ein Telefonat über Funk geführt wurde, mußte dann ein Beleg unterschrieben werden?"

„Nein, in diesem Falle nicht. Möchten Sie eine Aufstellung der Anrufe?"

„Ja bitte, und auch die angewählten Telefonnummern."

„Das wird etwas dauern, Herr Brennan."

„Ich möchte jetzt nicht warten. Ich werde um zwölf Uhr wiederkommen."

„Bis dahin habe ich für Sie alles fertig."

„Danke schön."

Brennan spazierte langsam zum Sitzungsraum zurück. Die Kaffeetassen waren weggeräumt, und er begann die letzte Sitzung.

Brennan begann: „Wenn Verantwortung eine so große motivierende Kraft ist, dann wird unsere Zielsetzung der Qualitätsverbesserung in allen Bereichen gesichert sein. Ihr alle habt Verantwortung für unsere Zukunft während dieser Woche gezeigt, und sicherlich unter ‚Qualitäts'-Bedingungen.

Wir stellen uns einer starken Herausforderung: ‚Wie können wir unsere Arbeiter und Angestellten motivieren, daß sie die Vergangenheit vergessen und bereit sind, unsere Zukunftspläne auszuführen?'

Ich werde nur wenige Hauptpunkte ansprechen. Zuerst müßt ihr nicht länger daran glauben, daß erhebliche Gehaltserhöhungen oder ein Bonussystem oder Gewinnbeteiligung Führungskräfte motivieren.

Auf der Führungsebene glauben wir alle, daß Bonussysteme

und Gewinnbeteiligungen Anreize darstellen. Wie kann dem so sein?

Bedeutet es, daß eine Führungskraft nur halbherzig arbeitet, wenn sie keine zusätzliche Vergütung erhält, und nur bereit ist, ihr Bestes zu geben, wenn eine Extravergütung angeboten wird? Wenn dem so ist, sind diese Führungskräfte – meiner Meinung nach – nicht wert, um gehalten zu werden. Extravergütungen usw. sollten gegeben werden, da zusätzliche Einnahmen immer willkommen sind. Aber es sind keine Motivatoren.

Ich kann nicht glauben, daß du, Laurie, oder du, Harvey, mehr arbeitest, wenn eine Extravergütung geboten wird."

„Ich gebe dir recht", sagte Wallace. „Aber es ist trotzdem schön, eine zu bekommen."

Mit einem Lächeln fuhr Brennan fort: „Du hast den Nagel auf den Kopf getroffen. Ich wollte es gerade ansprechen. So lange ihr immer daran denkt – obwohl Anreizsysteme keine Motivatoren sind –, kann das Fehlen demotivierend wirken. Damit meine ich, daß zu viel Zeit von Führungskräften vertan wird, über das Thema zu streiten, daß diejenigen, die zum Erfolg eines Unternehmens beitragen, auch am Erfolg teilhaben sollten. Wir werden dieses Thema ausführlich am kommenden Montag diskutieren, wenn ich ebenfalls Einzelheiten über eure neuen Gehaltsspielräume bekanntgebe. Ich glaube, sie werden euch gefallen."

Brennan machte eine Pause, damit die Tragweite seiner Bemerkungen erkannt werden konnte, und sprach weiter: „Am Anfang redeten wir über zwischenmenschliche Beziehungen als Motivator.

Zwischenmenschliche Beziehungen locken kaum jemand hinter dem Ofen vor, wenn die Bezahlung schlecht ist. Aber ist die Entlohnung richtig, dann können zwischenmenschliche Beziehungen die stärksten Motivatoren sein. Ein Wort des Lobes kann Wunder wirken. Mike sprach davon, daß es viele kurzfristige Motivationsfaktoren gibt. Dem stimme ich zu. Und es gibt viele Demotivationsfaktoren. Damit stimme ich auch überein. Aber es gibt wenige langfristige Motivatoren. Mike betonte, daß Fairneß, Integrität, Ehrlichkeit langfristige Motivatoren sind, weil sie Respekt einbringen.

Ein anderer langfristiger Motivator: durch gutes Beispiel zu führen, und dies gilt nicht nur am Arbeitsplatz, sondern für die gesamte Organisation. Ich will eure Intelligenz nicht beleidigen durch eine Aufzählung von Führungsfehlern, aber ihr könnt an einige Vorgesetzte denken, mit denen ihr in der Vergangenheit zusammengearbeitet habt und die kein gutes Beispiel waren – solche, die zu familiär waren, die immer einer ‚von denen' sein wollten, solche, die zu hart waren und zeigen wollten, wie hart sie sind, die Unpünktlichen, die Mittagszeitüberzieher, die, die ihr Fähnlein nach dem Wind hängen ..." Brennan lachte.

„Was tue ich?" sagte er. „Gerade habe ich gesagt, daß ich keine Führungsfehler aufzählen wollte. Unser Ziel muß sein, unseren Angestellten ein gutes Beispiel zu geben, so daß jeder irgendwann einmal sagt: ‚Er hat seine Fehler, aber ich würde ihn nie fallenlassen.'

Nun möchte ich einige Maßnahmen aufzählen, von denen ich glaube, daß sie Menschen motivieren.

Erstens: Gehaltserhöhungen sollen auf der Durchführung gesetzter Ziele basieren.

Zweitens: Großer Wert muß auf Training und Ausbildung gelegt werden, beginnend beim Auszubildenden bis zum Direktor. Vergeßt, daß manche, die wir trainieren und in deren Ausbildung wir Geld investieren, uns verlassen werden. Allerdings bin ich überzeugt, wenn wir die Politik verfolgen, aus eigenen Reihen zu befördern, wird eine tragfähige Grundlage geschaffen, so daß bei weitem die Mehrheit der Angestellten bei uns bleiben und von unserem Wohlergehen profitieren will.

Viele Menschen haben Ehrgeiz und wollen ihre Fähigkeiten

verbessern. Dies trifft insbesondere auf technologische Fähigkeiten zu. Wenn unsere Angestellten sie sich aneignen, hält uns dies nicht davon ab, Zukunftstechnologien einzusetzen oder Pläne zu ändern, weil die Möglichkeit besteht, loyale Mitarbeiter im Überfluß zu haben.

Wir werden solche Angestellten für die geforderten neuen technischen Fähigkeiten schulen.

Schließlich müssen wir regelmäßig Führungssitzungen abhalten mit dem einzigen Ziel, die wahren Gefühle unserer Angestellten zu erfahren. Wir müssen die möglichen Gründe von Unzufriedenheit herausfinden, bevor sie offen zutage treten.

Ich glaube, wenn Angestellte respektvoll behandelt werden, werden sie an ihrer Arbeit Freude finden, und wenn dies eintritt, gibt es einen größeren Goodwill, größere Produktivität und größere Renditen. Das ist alles!“

Als der Applaus nachließ, hielt Laurie eine vorbereitete Dankesrede.

Dann sprach Clayton. Er bedankte sich bei Brennan im Namen der Ehefrauen für die Chance einer Schiffsreise mit dem weltgrößten Passagierschiff, der QE2. Aus unerfindlichen Gründen schüttelten sie sich alle die Hände, bevor sie zum letzten Mal den Raum verließen, und redeten angeregt miteinander. Es war elf Uhr fünfzig.

Brennan eilte noch einmal ins Zahlmeisterbüro, sammelte die Rechnungen ein und zeichnete die Belege ab. Dann rannte er die Treppen hoch, anstatt auf einen der Aufzüge zu warten. In seiner Kabine begann er, die Belege durchzusehen. Als Vivienne den Raum betrat, hatte er gerade gefunden, was er suchte.

Mit einem flüchtigen Kuß, der fast die Wange Viviennes verfehlte, verließ er die Kabine und war schnell in der Bücherei. Hier fand er das Londoner Telefonbuch für die Anfangsbuchstaben A–K.

Schnell blätterte er die Seiten um und hielt bei den Kanada-

Kopier-Werken an. Ihre Telefonnummern stimmten nicht mit denen auf den Belegen überein.

Brennan blätterte ein paar Seiten zurück und fand die Telefonnummer von M. Cornell, Pont Street. Diese Nummer stimmte mit beiden Anrufen, die vom Schiff geführt wurden, überein.

Er hatte den Maulwurf gefunden.

23 Das Urteil

Vivienne sagte: „Du hast diesen abwesenden Blick, und das sagt mir, du hast keinem einzigen Wort, das ich gesagt habe, zugehört."

Brennan, der mit einem Stück Toast spielte, sagte: „Ich bin dabei, meine Meinung zu ändern."

„Warum?"

„Weil ich mir immer noch nicht sicher bin, ob noch jemand anderes mitverwickelt ist."

„Ist es denn nicht besser, es so schnell wie möglich hinter sich zu bringen? Warum bis zur Sitzung um elf Uhr warten? Es entspricht dir mehr, den Kerl an die Wand zu stellen – wie ich ihn hasse! Sag ihm die Wahrheit, und wirf ihn raus, bevor die anderen kommen."

„Das kann ich nicht machen!"

„Warum nicht?"

„Weil dann die anderen seine Version der Geschichte zu hören bekommen. Er wird erklären, wie er mir einige kleine Wahrheiten gesagt hat, daß ich jeden an der Nase herumführe. Er wird den Anschein erwecken, daß ich der Verlierer bin. Nein, jeder muß von mir aus erster Hand die Fakten hören – und nicht aus zweiter Hand. Und ich werde jedes Mitglied dieses Teams der Reihe nach fragen: ‚Möchtest du bleiben oder gehen?'

Und ich werde eindeutig klarstellen, daß ich einen Pfifferling darauf gebe, ob jemand geht. Ich mache mir keine Sorgen."

„Doch, du machst dir Sorgen!" Vivienne sah es ihm an.

„Viv, bitte..."

„Tut mir leid, Liebling." Sie lehnte sich über den Tisch und küßte ihn. „Du mußt es selbst wissen."

„Richtig, ich weiß es!" Brennan stand auf, streckte sich, lächelte und sagte: „Über eine Herausforderung habe ich mich immer gefreut. Daran ändert sich nichts."

Um 10.45 Uhr saßen alle Abteilungsleiter um den Vorstandstisch in der Hauptverwaltung von Linklater in London. Brennan betrat das Sitzungszimmer um elf Uhr, setzte sich und sagte schnell: „Zuallererst werde ich ein paar klärende Worte sagen."

Bevor er fortfahren konnte, unterbrach ihn Richard Hemmings: „Bob, ich bestehe darauf, zuerst ein paar Worte zu sagen."

„Nein." Brennan wurde etwas laut.

„Aber ich muß." Hemmings bestand darauf.

Brennan überlegte schnell, entschied, seine Meinung zu ändern, und ließ Hemmings reden.

Hemmings begann: „Ich kann nicht für meine Kollegen sprechen, aber ich war der Ansicht, bevor du kamst – und auch noch danach –, daß alle intensiv über ihre berufliche Zukunft nachgedacht haben, weil sich jeder über die Zukunft Linklaters unsicher war. Ich war nur in einer geringfügig anderen Situation wegen meiner Verbindungen zu Scott & Ballinger. Niemand würde auf einen Finanzdirektor hereinfallen, der auch am zweiten Konkurs eines Unternehmens beteiligt war."

Er machte eine Pause, und Brennan forderte ihn ruhig auf: „Mach weiter!"

„Vor einigen Wochen wurde ich von einem Kopfjäger angesprochen, den Mark Cornell geschickt hatte. Um eine lange Geschichte abzukürzen – Cornell machte folgenden Vorschlag: Er wollte nach Kanada zurückgehen, um den Vorstandsvorsitz der ganzen Gruppe zu übernehmen. Ich sollte seine Stelle als Geschäftsführer – zuständig für Europa – übernehmen. Eine sehr gute Gelegenheit. Das mußt du zugeben. Wir trafen uns dreimal. Ich kann nicht sagen, daß ich ihn mochte, aber er ist sehr überzeugend und offensichtlich hochqualifiziert. Er führte meine Frau und mich bei Connaught aus, und danach lud er uns in seine Wohnung in der Pont Street ein. Ehrlich gesagt, ich war in einer Zwickmühle. Ich kannte dich nicht gut genug, Bob, und ich war mir nicht sicher, ob ich fähig wäre, die Position zu übernehmen. Es gibt immer eine Menge ‚Wenn' und ‚Aber' in einem solchen Fall. Allerdings sprachen zwei Punkte dafür, mich für ihn zu entscheiden. Einer war, daß Cornell mich zu überzeugen versuchte, auch Harvey Strong mitzubringen."

„Dieser Bastard!" schrie Strong.

„Nicht ganz", sagte Hemmings. „Ein richtiger Industriemanager, der nur an sich und sein Unternehmen denkt. Er wollte Harvey, weil er mit seinem eigenen Verkaufsdirektor nicht zufrieden war. Harvey hatte ihnen Umsätze weggeschnappt, und außerdem hätte der Wechsel schwerwiegende Folgen für Linklater.

Vielleicht lag es an meiner Ausbildung als Finanzfachmann – ich will damit nicht zum Ausdruck bringen, daß ich ein Mann mit strengen moralischen Prinzipien bin –, aber damit konnte ich mich ganz und gar nicht anfreunden. Cornell gab mir eine Woche Bedenkzeit. Die Woche war um, als wir unsere Londoner Sitzung hatten, an der du, Bob, uns all deine Pläne für die Zukunft und das Seminar auf der QE2 bekanntgabst. Ich telefonierte mit Cornell am gleichen Abend nach der Sitzung und sagte ihm, daß ich an diesem Tag noch keine Entscheidung treffen könne, aber innerhalb der nächsten Woche würde ich ihn informieren. Er war einverstanden.

Ihr mögt denken, daß es ein Täuschungsmanöver war, unter

diesen Bedingungen an der Reise teilzunehmen. Aber um ehrlich zu sein, ich war bereits zu diesem Zeitpunkt zu neunzig Prozent sicher, nicht zu Cornell zu gehen. Aber als Finanzfachmann mit Leib und Seele mußte ich die restlichen zehn Prozent ins Kalkül ziehen.

Du kannst mich fragen, Bob, weshalb ich nicht mit dir über diese Angelegenheit gesprochen habe. Ich tat es nicht, weil ich aus langjähriger Erfahrung weiß, daß ein geschäftsführender Direktor – wenn er über ein solches Angebot informiert wird – meint, dies sei ein Schachzug, um gleiche oder bessere Bedingungen auszuhandeln.

Nach dem ersten Tag auf dem Schiff traf ich meine Entscheidung. Ich versuchte, Cornell anzurufen, aber er war nicht zu Hause. Seine Frau sagte mir, er sei für ein paar Tage verreist.

Nachdem du uns über das Gespräch mit Donald Powell und deiner Sekretärin erzählt hattest, telefonierte ich wieder mit Cornell. Dieses Mal war er da, und ich sagte ihm, daß ich nicht wechseln werde. Bob, du hattest mich bereits überzeugt, daß meine Zukunft bei Linklater liegt. Das ist alles. Ich wollte dir und den Kollegen klarlegen, was wirklich passierte."

Brennan hoffte, daß das Gefühl der Erleichterung in seiner Brust nicht bemerkt wurde. Er vermied sogar, tief einzuatmen. Er freute sich, die richtige Entscheidung getroffen zu haben, indem er Hemmings erlaubte, zuerst zu reden. Er entschied in diesem Moment auch, nichts von seiner Überprüfung der Telefonate zu sagen.

Dann hörte er Hemmings sagen: „Übrigens, Bob, ich werde diese Telefonate natürlich selbst bezahlen."

Brennan lächelte und sagte: „Mach dir keine Gedanken darüber, denn ich habe Respekt vor deiner Ehrlichkeit. Ich freue mich sehr, daß du bei uns bleibst. Das gleiche gilt für dich, Harvey."

„Ich wäre nicht gegangen", sagte Strong, „auch wenn sie mir

einen Rolls-Royce, eine Yacht, ein Apartment auf Florida angeboten hätten!"

Brennan lachte laut: „Für ein solches Angebot wäre ich übergewechselt! Die Spannung ließ nach, und alle stimmten in das Lachen ein.

Hemmings sagte: „Bevor wir weitermachen mit unserer Diskussion, sollten wir sie vielleicht ein wenig aufschieben – ich habe hier etwas mitgebracht."

Er holte eine Kiste unter dem Tisch hervor und entnahm drei Flaschen Krug-Champagner. „Wir sind nun als Gastgeber an der Reihe", sagte er, „uns mit einer kleinen Geste für deine Gastfreundschaft zu bedanken."

Korken schossen in die Luft. Gläser wurden gefüllt und herumgereicht. Ein Toast wurde ausgesprochen.

„Auf Bob Brennan und Linklater!"